國民朝鮮歷史

최남선 한국학 총서 18

국민조선역사

최남선 지음
이영화 옮김

景仁文化社

• 목 차 •

중고

근세

최근

일러두기

본 총서는 각 단행본의 특징에 맞추어 구성되었으나, 총서 전체의 일관성을 위해 다음 사항은 통일하였다.

1. 한문 원문은 모두 번역하여 실었다. 이 경우 번역문만 싣고 그 출전을 제시하였다. 단, 의미 전달상 필요한 경우는 원문을 남겨 두었다.

2. 저자의 원주와 옮긴이의 주를 구분하였다. 저자 원주는 본문 중에 ( )와 ※로 표시하였고, 옮긴이 주석은 각주로 두었다.

3. ( )는 저자 원주, 한자 병기, 서력 병기에 한정했다. [ ]는 한자와 한글음이 일치하지 않는 경우와 한자 조어를 풀면서 원래의 한자를 두어야 할 경우에 사용했다.

4. 맞춤법과 띄어쓰기는 『표준국어대사전』의 「한글맞춤법」에 따랐다. 다만 시문(詩文)의 경우는 운율과 시각적 효과를 고려하여 예외를 두었다.

5. 외래어 표기는 『표준국어대사전』의 「외래어표기법」에 따랐다. 「외래어표기법」의 기본 원칙은 현지음을 따른다는 것으로, 이에 의거하였다.

   1) 지명: 역사 지명은 우리 한자음으로, 현재 지명은 현지음에 따르는 것을 원칙으로 하였다.

   2) 인명: 중국은 신해혁명을 기준으로 이전의 인명은 우리 한자음으로, 이후의 것은 현지음으로 표기하였고, 일본은 시대에 관계없이 모두 현지음으로 바꾸는 것을 원칙으로 하였다.

6. 원래의 글은 간지·왕력·연호가 병기되고 여기에 일본·중국의 왕력·연호가 부기되었으나, 현재 우리에게 익숙한 시간 정보 규준에 따라 서력을 병기하되 우리나라 왕력과 연호 중심으로 표기하였다. 다만, 문맥상 필요한 경우에는 해당 국가의 왕력과 연호를 그대로 두었다.

7. 이 책에 수록된 사진은 모두 새로 작업하여 실은 것들로, 장득진 선생이 사진 작업 일체를 담당하였다.

서문

　역사는 국민 행동의 훌륭한 귀감이요 국민 정신을 배양하는 토양으로, 국민 생활에서 거의 절대적으로 필요한 것이다. 8·15 해방은 무엇보다도 한국 국민의 역사를 일체의 훼손되고 가려지고 왜곡된 역사에서 건져내어 진정한 본모습으로 돌아오게 했다는 데에서 의의를 생각하고 가치를 발양하여야 할 것이다. 대개 정당한 역사를 소유하는 것이 국민 생활의 출발점이고 진행선이고 또 귀착할 목표이기 때문이다.

　한국이 그릇된 문화 가치 관념 때문에 자기 역사의 존엄성과 진면목을 잊어버린 지 오래이다가, 겨우 이를 깨우치고 파내고 붙들어 세우려 할 때에 악독한 이민족의 철저한 국성(國性) 파괴력이 역사의 파멸에 가장 힘썼다. 그리하여 마침내 한국 역사라는 말을 입에도 올리지 못했다. 이 악몽을 돌아다보면 누가 몸서리를 치지 않을 것인가.

　한국 역사의 해방은 진실로 크고 또 힘든 일이다. 어지러이 널려 싸여 있는 옛일에 조리를 주고 연락을 붙여서 거기서 국가 사회가 생성해 온 범주를 찾기도 쉽지 않다. 세계 속에서의 한국의 지위와 함께 한국에 대한 세계의 교섭을 아울러 밝혀서 역사적 민족으로

서의 한국인의 품질과 능력을 비판하기도 쉬운 일이 아니다. 한국인이 옛 역사에 남겨 놓은 구체적 사실을 가지고 장점과 결점을 뚜렷이 표현하여 새 역사 창조에 정당한 시사를 주는 일은 결코 쉽지 않다.

그런데 해방된 역사는 이밖에 또 구래의 인습적 선입견과 타성적 곡해를 씻어내고 벗어나서, 확실한 국민 생활적 표준으로부터 과거 일체의 인물과 사건에 대하여 새로이 적절한 가치 판단을 고쳐 내려야 한다. 오염된 노예 사상과 내재한 당파 논쟁과 천부(淺膚)한 신학(新學) 방법과 어그러진 단편적 생각과 편벽된 이해를 죄다 초극한 그 너머에 있는 고랑자여(孤朗自如)[1]한 이 땅 풍광을 드러내고 나타내서, 자기에 대한 인식·비판 내지 개화·발분의 절대 표준을 세워야 한다. 국가 흥폐와 민족 성쇠는 전 인민의 연대 책임임을 증명하여 한 사람 한 가지 일에서도 방종하거나 제멋대로 하는 것을 허락하지 않는 까닭을 깨달아 살피게 하는 것이어야 한다. 이것이 어찌 얼른 말하고 손쉽게 이뤄질 바이겠는가.

진실로 신흥 한국은 대철학가와 대시인과 대예술가와 대종교가를 얻어서 전 인민의 마음과 입과 솜씨와 힘을 맡기기를 요구하고 있다. 그와 동시에, 아니 그보다 먼저 우리 국민의 참된 실력을 그대로 알려주는 대역사가를 절실히 기다리고 바라는 것이 분명한 사실이다.

프랑스가 기조(Guizot)를 가진 것처럼, 독일이 랑케(Ranke)를 가진 것처럼, 로마의 쇠망에 기번(Gibbon)이 있고, 프랑스의 혁명에 칼라일(Carlyle)이 있는 것처럼, 한국 역사의 정신 추역(抽繹)과 그 개개 사실의 가치 발견, 그리하여 한국인이 역사의 책장에서 생명과 활력과 용기의 샘과, 양심의 숫돌과, 고질을 고칠 침폄(針砭)[2]과, 예막

---

1 밤하늘의 달처럼 홀로 밝아서 태연하다는 뜻이다.

(翳膜)³을 고칠 금비(金篦)⁴를 얻어야 할 것이다.

이른바 '뒤돌아보는 예언자'가 오늘의 한국에 나와서 우리 국민 생활의 궤도를 부설하고 시대 인심의 초점을 지시하지 않는다면, 그전 동방의 '은자의 나라'가 다시 20세기에 세계 네거리의 미아가 되어 남이 딱하고 가엽게 여기게 될지 모를 것이다. 어허! 역사가야. 신한국에 나거라! 그래서 한국인에게 참되고 올바른 한국을 보여주거라! 그렇지 않으면 신한국 건설의 근거 있는 구도를 어디다가 의거할 것이냐. 그런데 내가 그 사람 아님은 물론이거니와 세상에 또한 그런 이가 보이지 않는구나!

다만, 한국의 역사에는 언제든지 하늘의 두터운 도우심과 민족의 양심이 있었으니, 이 도움과 양심이 또한 반드시 위대한 역사가를 이때에 만들어내서 한국 국민의 앞에 영원한 보촉(寶燭)을 켜 주게 할 것을 우리는 확신하고 의심치 않는다. 그러나 거기까지 가는 데는 시간도 걸리고, 계단도 있고, 또 갖가지 보조 임무도 있을 수밖에 없다.

내 진실로 공적 없고 불민하지만, 한국 역사를 어찌할까 하는 근심과 고충을 품고서 험난한 가시밭길에 동심과 장혈(壯血)을 다 소모하고 성성한 백발이 이미 연적을 비추고 있다. 바라되 기약치 못하던 8·15의 기쁜 운이 문득 다닥치매 혹시 남은 생명과 끼친 정력으로 한국 역사에서 고봉(高峰)에 이르는 한 작은 길이 되고, 한국 역사의 태양이 중천할 때까지의 횃불 하나가 되라는 소임이 내 어깨에 짊어져 있는 듯한 생각이 다시 났다.

이에 석 달 밤낮을 문 닫고 쉼 없이 공부하여 겨우 이 초고 한 편을 마쳤는데, 이는 물론 시급한 시대의 수요에 따른 계몽 초보에

---

2 치료에 쓰이는 쇠로 만든 침과 돌로 만든 침을 말한다.
3 붉거나 희거나 푸른 막이 눈자위를 덮는 눈병이다.
4 조그만 칼처럼 생긴 쇠붙이로 안막을 긁어 치료하는 데 쓰인다.

지나지 못하는 것이므로 여기에 제비한 건수(建樹)를 말할 무엇이 없다. 겨우 해방된 신국사로서

① 왕실과 정치 군사 본위의 문헌을 국민 문화 본위로 계열화 한 것
② 한국과 세계가 언제든지 함께 있는 것
③ 한국 역사의 내부에 인류 진보의 최고 요소인 독창력과 과학 심이 누구 못지 않게 간직되어 있는 것
④ 한국 역사의 행진은 매우 느리고 완만하지만 그런대로 생장 발전의 도정을 걸어 나가는 형상임
⑤ 한국의 전통은 어떠한 경우에든지 흔들려진 일이 없는 것
⑥ 국민 생활이 단합 통제되는 때에 영광과 복리를 얻고, 분열 대립하는 때에 치욕과 화해(禍害)를 받는 원리를 세계의 어느 역사보다 한국 역사에서 가장 명료하게 증명하고 있는 것

등을 사실로써 느껴 알게 하는 데에 공력이 약간 드러났으리라고 스스로 기대한다.

돌아보건대, 광무 말년에 가냘픈 조국의 목숨이 끊기려는 것을 보고 차마 나만 옳다 스스로 안주할 수 없어서 일본 유학의 책상을 내어던지고 『대한사』・『대한지리』의 미완성 원고와 활판 인쇄 기구를 신고서 부산히 화란 속의 고국으로 돌아와 의탁한 지가 어느 덧 40년이 지났다. 이 동안에 이것저것을 합네 하면서 아무것 하나를 이루지 못하고, 천지간에 이는 비바람에 한갓 흙탕물 뒤집어 쓴 구정물 옷만을 남겨 가진 것을 생각하면 북받쳐서 벅찰 뿐이다.

그러나 시운이 바뀌어서 거의 소망을 끊을 뻔한 이 제목 이 편장 (篇章)에 몽당붓을 다시 놀리게 된 것은, 이 어찌 사람마다 만나볼 기행(奇倖)이며 쾌사(快事)이랴. 흐흐, 이 책이 변변치 못한 것을 자

책 자핵(自劾)하기 전에 내 목숨이 있는 동안에 이런 것이나마 세상에 내놓게 된 것을 우선 다행이라 여기고 기꺼워하고 싶을 따름이다.

해방된 해 동짓달 스무날 씀

탈고한 뒤 곧바로 인쇄에 부치려고 했으나 물료(物料)가 여의치 못하여 조금조금 기다려 본 것이 한갓 세월만 허비하였을 뿐이고, 마침내 이 거친 꼴로 세상에 보내고 마는 것은 몹시 애달픈 일이다. 그러나 더 참아 보아야 별수 없겠기에 아뭏게나 먹칠한 종이나 한번 세상에 보내 보고 완전한 체제는 오는 날을 기약하기로 한다.

해방 1년에 또 씀

국민조선역사

상 고

제1장 신시

세계의 오랜 국민들은 다 역사에 앞서 신화를 가졌다. 신화란 유치한 시대의 사람들이 천지 만물의 내력을 신령님이 마련하신 것으로 설명하는 말로, 이것을 사실로 믿어서 입에서 입으로 일러 내려왔다.

조선의 옛 백성들은 그 나라의 시초에 대하여 이러한 신화를 전하였다. 우주의 상층에는 광명 세계가 있어 선신(善神)이 사시고, 하층에는 점점한 구덩이가 있어 악령이 살고, 그 중간에 인간의 국토가 있어 사람이 악의 힘을 물리치면서 사는데, 사람의 힘이 모자라는 때에는 상계에 계신 하느님의 어느 아드님이 내려오셔서 세상을 바로잡는 법이었다.

아득한 옛날에 세계가 질서를 잃고 뒤숭숭할 때, 하느님의 여러 아드님 가운데 환웅이라는 어른이 인간으로 내려가시기를 간절히 바라자, 하느님께서 그 뜻을 살피시고 인간을 두루 보시다가 태백산이 좋은 일터임을 발견하시고 천상의 세 가지 보배를 내어주시면서, 이것을 가지고 가서 인간을 아름답게 만들라 하셨다.

이에 환웅 어른이 부하 3천을 데리고 태백산 꼭대기의 신단수 아래로 내려오셔서 거기에 신시(神市; 신령님이 모여서 일하는 터)를 배포하고 스스로 천왕이 되셨다. 천왕은 풍백 · 우사 · 운사들을 거느리고서 양곡에 관한 일, 생명에 관한 일, 질병에 관한 일, 형벌을 시행하는 일, 선악을 변별하는 일 등 무릇 인간 360여 가지 일을 다스리셨다.

이때에 곰 한 마리와 호랑이 한 마리가 한 구멍에 살면서 항상 천왕께 기도하며 사람의 몸을 얻고 싶다 하였다. 천왕이 영약을 주면서, "이것을 먹고 백일 동안 햇빛을 보지 않으면 사람의 몸을 얻을 것이다." 하셨다. 호랑이는 그대로 하지 못하고, 곰은 이르신 말을 잘 지켜서 여자의 몸을 얻었다.

　곰에서 변화한 사람이라 하여 장가들려 하는 이가 없자 웅녀가 또 단수 아래에 나와서 아이를 낳고 싶다고 발원하였다. 천왕이 이에 사람으로 변화하여 웅녀와 혼인하여 이 사이에서 아드님이 나시니, 이름 짓기를 단군 왕검이라 하셨다. 단군 왕검이 조선의 나라를 배포하셨다.

　우리의 먼 조상들은 우리나라가 이렇게 생겨났음을 믿었다. 신화니까 상식으로 해석하기 어려운 점이 있지만, 그 큰 뜻은 하늘에서 귀한 사람이 내려오셔서 우리 국조(國祖)가 되시니 옛날부터 정치의 규범이 정비되었다는 데에 있다.

　태백산이란 옛날에 인간과 천상의 연락점이 되어서 신령님이 내려와서 머물러 계신다고 생각하는 높은 산을 부르는 이름이다. 맨 처음의 일은 모르지만 조선 백성이 대륙 동방의 해 뜨는 고장을 찾아와서 영구한 국토를 잡았을 때에는 지금의 백두산을 이러한 신산(神山)으로 모셨다. 환웅 천왕이 신시를 배포하셨던 곳이라 하여 백두산 주위의 큰 들판에는 천평(天坪: 하늘 벌)이라는 이름이 지금까지 남아 있다.

제2장 단군 왕검

　단군 왕검이 국토의 근본을 이리저리 찾으시다가 산과 들, 강과 바다의 이점을 다 갖춘 지금의 평양 땅에서 근본을 얻었다. 여기에 동방 최초의 나라를 세우시고 이름을 조선이라 하고, 도읍을 왕검성이라 하셨다.

　조선이란 맨 먼저 개명하는 곳을 나타낸 말이었다. 때는 중국에서는 당요(唐堯) 25년이고 서력 기원전 2333년이므로, 지금으로부

터 약 4,280년 전에 해당한다. 단군이
란 하늘에서 내려온 신인(神人)이란 뜻
이고 왕검이란 대존장(大尊長)의 뜻이
므로, 대개 천신의 후예로서 인간의
큰 어른 되신 이라는 뜻이다.

당시의 정치는 대개 이러한 신인(神
人)의 지시를 따라서 하느님을 공경하
고, 또 하느님이 정해 놓으신 도리를
지켜서 공동생활을 구순하게 하였는
데, 이른바 신정(神政)이란 것이다. 단
군 시대는 이러한 신정의 세상이고,
신정의 대강은 신시 때로부터 마련되
었다는 것이다.

신정의 세상에는 모든 일이 단순
소박하여 따로 들추어 말할 사실이 없
으며, 이러한 가운데 세월이 흘러서

단군상(서울 종로)
단군 성전 안에 있는 단군상이다.

백천 년을 지냈으나 두드러진 변화가 생기지 않았다. 다만 인구가
늘고 종족이 번성하여 나라의 범위가 사방으로 넓어져 나갔을 뿐
이었다. 이렇게 새로 생기는 백성들의 덩어리를 '불'이라 하고, 큰
불을 '고불'이라 일컬었다.

단군 왕검이 첫대 둘째대로 서로 이어 세상을 다스리시기를 일
천 년이 넘자, 백성이 많아지고 일이 어수선하여져 정치와 신앙을
분리할 필요가 생겼다. 그래서 단군은 하느님 섬기는 소임을 따로
떼어 가지고 구월산 밑 당장이벌[唐莊坪]에 새 터를 잡아서 옮기시
고, 평양의 왕검성에는 세상일을 다스리는 새 임금이 서서 위호(位
號)를 '개아지'라고 일컬었다. 개아지는 태양의 자손을 의미하는 옛
말이었다.

개아지 왕조는 오랜 동안에 문화가 크게 발달하여, 인민이 예의와 염치를 숭상하고, 부인은 정신(貞信)하여 의심 받는 일이 없고, 장가들고 시집가는 일에 재물 받는 일이 없으며, 농사에 능하여 경지가 훨씬 개척되고, 양잠과 직조를 할 줄 알며, 음식에는 대나무 그릇을 썼다.

8조의 범금(犯禁)이 있어 이로써 사회 질서를 유지하니, 살인하면 죽이고, 사람을 다치게 하면 곡물로 배상하고, 도둑질한 자는 그 집에 가 노비가 되는 등이었다. 이렇게 노비가 된 자는 재물로 속량할 수가 있지만, 그러더라도 사회적으로 그를 돌려내므로 세상에 도둑이라고는 없어서 문을 닫지 않고 살았다. 혹시 중국으로부터 와서 이 미풍양속을 보는 이는 감탄을 금하지 못하였다.

단군은 인간을 교화하시다가 돌아가시면 구월산에 들어가서 신이 되셨다고 백성들이 믿었으므로 구월산에는 예로부터 단군의 신전이 있으며, 후세에는 아버님 환웅과 아버님 하느님을 합사하여 삼성사(三聖祠)라고 일컬어 왔다.

제3장 부여

단군 계통의 인민이 사방으로 헤어져 나가서 살기 좋은 땅을 만나는 대로 한 '불'을 만들었다. 이러한 '불'들은 수십 또는 수백의 작은 것으로부터 시작하여, 차차 수천만의 큰 덩이로 자라났다. 또 한옆으로 큰 것이 작은 것을 어우르고, 강한 자가 약한 자를 집어들여서 마침내는 커다란 '불' 몇 군데가 띄엄띄엄 생겼다. 이러한 큰 불은 대개 큰 강물을 끼고 성립하고, '불'이 '벌' '부리' 또 '부여'로 전변하니, 후세에 부여(夫餘) 또는 부여(扶餘)로 쓰는 것이 그 하나이다.

단군의 아드님 해부루(解夫婁; 개부르)란 어른이 북으로 올라가서 '숭가리(松花江)'의 물이 'ㄱ'자로 꺾이는 큰 바닥을 차지하여 만든 나라는 북부여라고 불렀다. 북부여는 땅이 평평하고 흙이 기름져서 농업이 일찍 발달하고, 따라서 모든 문화가 앞서 개명하여 이방인들이 크게 존경하였다.

북부여의 고전(古傳)에 부루 임금이 늙도록 아들이 없다가 산중에서 금빛 나는 기이한 어린애를 얻어서, 이름을 금와(金蛙)라 짓고 장성하자 태자로 삼았다. 부루가 돌아가고 금와가 뒤를 잇자, 하느님이 이 땅에는 새 임자가 있으니 너희는 동방 바닷가로 옮겨라 명령하고 거기에 '가섯벌'이 있어 땅이 기름지고 살기 좋다 하셨다.

금와 임금이 거기로 옮아가고, 북부여의 옛 땅에는 또한 천왕랑(天王郎)이라 하는 해모수(解慕漱) 어른이 와서 대신 임금 노릇을 했다는 말이 있다. 여하간 어느 시절에 북부여의 동해변에 새로 나라가 생겨서 동부여라고 일렀던 것이다.

이밖에 어루물[鴨綠江]의 윗녘 졸본천 고을에는 졸본 부여가 있는데, 또한 북부여로부터 찢겨 나왔다 하였다. 훨씬 남으로 내려와서 한강가에는 남부여가 있는데, 본래 졸본 부여로부터 찢겨 나왔다 하였다. 남부여는 뒤에 더 남으로 옮아가서 금강가에 그 이름이 남아 있게 되었다.

부여의 여러 나라 가장자리에는 다른 계통의 백성이 군데군데 뭉쳐 살았는데, 부여인은 이들을 '되'라고 불렀다. '되'라 함은 무지하다는 뜻이다. 부여인은 평야에서 농업 생활을 하였고, '되'는 산림에서 수렵으로 업을 삼았다. 부여인은 국가를 만들고 관제(官制)를 베풀었지만, '되'는 저급한 취락 생활을 하고 있을 뿐이었다.

제4장 위만 조선

조선과 부여의 서쪽에는 중국인의 나라가 이웃하고 있었다. 그들은 어떤 때는 합하여 한 나라가 되고, 어떤 때는 허다한 소국으로 분열하였다. 지금으로부터 1,300~1,400년 전에는 주(周)라는 나라가 어른이 되고, 그 밑에 여러 나라가 갈라져 있었다.

조선과 접경한 동북 지방에는 연(燕)이란 나라가 있었는데, 요수(遼水; 구리물)를 사이에 두고 땅이 서로 들쑥날쑥하였다. 조선이 강할 적에는 우리 땅이 서쪽으로 유수(濡水; 지금의 롼허 강)를 넘어 들어가기도 하고, 연나라가 강하여지면 그 땅이 동으로 어루물을 지나 들어오는 일도 있었다. 이러는 동안에 두 나라 백성이 서로 넘나들어 살았다.

2,170년쯤 전에 진(秦)이 연과 다른 모든 나라를 어울러서 중국 땅이 비로소 한 임금 아래로 통일되었다. 진은 조선 · 부여와 다른 북방 여러 나라를 방어하기 위하여 경계에 만리장성을 쌓아서 동쪽 끝이 요수에 다다랐다. 그래서 조선인이 서쪽으로 나아가는 형세가 얼마만큼 방해를 받았다.

그와 반대로 진나라가 기울어지고 대신 한(漢)나라가 일어나려하여 중국 땅이 다시 어지러워지자 그 인민이 많이 조선으로 피난하여 오고, 이어 조선 풍토가 아름답다는 소문이 나서 바다에서 육지로 밀려들어오는 무리가 갈수록 늘었다.

처음에는 그들을 불쌍히 여겨서 따뜻하게 포용하여 주었지만, 수가 늘고 성가신 일이 많아지자 차차 그들을 억제하여야 할 형편이 되었다. 마침 이때 중국에서 정치적 경험을 가진 위만이란 사람이 돌아오자, 개아지 나라에서 그에게 서북 국경을 떼어 맡겨서 중국 유이민에 대한 일을 맡아 보게 하였다.

위만이 능란한 솜씨로 이 일을 처리하여 위엄이 내외에 떨치게

되었다. 한나라가 서면서부터 들어오는 유민들이 격증하자 대책을
강화해야만 하게 되었다. 이에 위만이 기운 없어진 개아지의 묵은
나라를 몰아내고 대신 새로 튼튼한 나라를 세우려고 혁명을 일으
켜서 성공하고 스스로 주권을 잡았다.

지금으로부터 2,100년쯤 전의 일이다. 단군 때로부터 왕조가 이
미 세 번 갈렸지만 국호는 줄곧 조선 그대로 있었다. 뒤에 단군 조
선, 개아지 조선, 위만 조선이라는 말을 써서 구별하고, 다시 합해
서 삼조선 또는 고조선이라는 말을 쓴다.

제5장 삼한

개아지 조선의 마지막 임금은 준(準)이라는 어른이다. 준이 위만
에게 쫓기게 되자 해로로 남쪽 한의 땅으로 들어가서, 거기 있던
소국들을 모아 가지고 새 나라를 배포하였다.

원래 북방에 조선 나라가 있는 동안에 백성 중 남하한 이들이 아
리물[阿利水; 한강] 저쪽의 여기저기에 읍락을 만들어 지냈다. 오랫
동안에 그것들이 자라서 스스로 작은 나라를 이루었다. 한강 남쪽
의 이러한 나라들이 흩어져 있는 곳을 그때 '한'이라고 부르고, 뒤
에 한문으로 한(韓)이라는 글자를 썼다.

준 임금은 한의 땅 가운데서 금마벌(지금의 익산평야)을 골라서 나
라를 벌이고, 도읍을 미루산 밑에 정하였다. 한의 백성은 본래 심히
무무했으나[1] 준 임금의 교화를 말미암아서 비로소 개명하여 갔다.

한의 땅은 지세 때문에 차차 세 무더기로 뭉쳐졌다. 가장 넓은
바닥인 서부에 준 임금을 모시고 50여 국이 단합한 것을 마한이라

---

1 교양이 없어 말과 행동이 서투르고 무식하다는 뜻이다.

하였다. '마'는 웃어른의 뜻이다. 한문으로 마한(馬韓)이라고 썼다. 마한의 동쪽으로 큰 산맥이 둘러막힌 안을 진한이라 하였다. '진'은 마한의 동편 덜미에 있다는 뜻이다. 진한(辰韓)이라고 썼다.

가라물[伽倻津; 낙동강]의 아랫녘으로부터 해변에 걸쳐서 뭉킨 무더기를 '가라'라 하였다. '가라'는 물가에 있는 나라라는 뜻이다. 이 가라가 변하여 갈한이라 하고, 다시 '갈'을 한문으로 옮겨서 변한(弁韓)이라고 썼다. 진한과 변한은 각각 12국씩이었다.

점치는 뼈(국립중앙박물관)
마한에서 발굴된 유적이다.

마한 · 진한 · 변한을 합하여 삼한이라 하였다. 삼한 가운데 마한이 가장 높아서, 다른 한이 다 마한의 절제(節制)를 받았다. 삼한의 백성은 다 농사에 힘쓰고, 삼을 심어 길쌈하고, 누에를 쳐서 비단을 만들고, 또 세찬 일 잘 하기로 유명하였다.

한의 여러 나라에는 정사하는 군주 외에 하느님 섬기는 일을 맡은 어른이 따로 땅을 떼어 가지고 있었다. 이름을 단굴이라 하고 한문으로는 천군(天君)이라 하였다. 단굴 계시는 곳에는 소도(蘇塗; 솟대)를 세워서 표를 하고, 범죄 저지른 이라도 이 마을로 들어가면 잡아 내오지를 못하였다.

마한의 서쪽 해상에 큰 섬이 있어 먼 해외로부터 떠돌다 온 사람이 거기 몰려 살았는데, 이를 주호(州胡)라고 일렀다. 주호는 뒤에 제주라고 부르게 된 곳이다.

제6장 옥저와 예

백두산의 남으로 뻗은 줄기가 지금의 함경도·평안도 사이로 곧바로 내달린 것을 옛날에 개마대산이라 일렀다. 개마대산의 서쪽에 조선 나라가 생겼을 때, 그 동쪽에는 옥저라는 나라가 있었다. 옥저의 땅에는 또 중간을 가로막고 있는 산맥(마천령산맥)이 있어 나라를 둘로 구분하였다. 남쪽에 있는 것은 그냥 옥저라 하고, 북쪽으로 지금 두만강 부근에 있는 것을 따로 북옥저라고 불렀다.

옥저 사람은 성품이 소박 정직하고 강용(彊勇)하며, 긴 창으로 보병 전투 잘하기로 유명하였다. 또 큰 바다를 끼고 있기 때문에 가끔 기이한 사람과 물건이 멀리서 들어와서, 세계가 넓은 줄을 혼자 알고 있었다. 북옥저는 일명 치구루(置溝婁)라 한다. 그밖에 읍루(挹婁)라는 이민족이 있어서 항상 배를 타고 와서 도둑질을 하여 심히 귀찮았다.

개마대산의 남쪽 끝이 지금 강원도 지경으로 내려가서 바다를 끼고 바짝 붙어 내려가는 줄기를 옛날에 단단대령(單單大嶺)이라 하였다. 그 동쪽의 홀쭉한 바닥에는 예(濊)라는 나라가 있었다. 예는 부여 계통의 가운데서 가장 유명한 지파로서 오랜 옛날에 이리로 밀려 내려 왔던 것이다.

예나라 사람도 용감하여 긴 창을 가지고 보병 전투를 잘하였다. 창의 길이가 3장(丈)도 넘어서 여러 사람이 마주 들며, 즐기는 욕구가 적어서 남의 것을 빼앗거나 남에게 비럭질하는 일이 없었다. 삼 심기와 누에칠 줄을 알아서 면포를 생산하였다. 바다와 육지 양쪽으로 활발히 대외 무역을 하여, 단궁(檀弓)·과하마(果下馬)·반어(斑魚)·문표피(文豹皮) 등이 수출 상품으로 이름났다.

예나라 땅에서는 역사(力士)가 많이 난다는 소문이 진작부터 있었다. 진의 시황제가 당시의 6국을 멸망시켰을 때에 한(韓)의 애국자 장량(張良)의 청을 받고 120근 철퇴를 메고 가서 박랑사(博浪沙) 안에서 진시황이 탄 수레를 때려 부순 이를 창해역사(滄海力士)라고 전한다. 창해는 예의 별명으로 창해역사는 곧 예나라에서 나온 장사를 가리키는 말이었다. 창해 한 구석에서 힘 올린 팔뚝이 한번 천하를 뒤흔들고 또 만인의 쓸개를 써늘하게 한 것이었다.

제7장 낙랑

위만으로부터 그 아들을 지나 손자 우거(右渠)의 대에 이르기까지 80여 년 동안에 위씨는 안으로 국토를 넓히고 밖으로 중국 유민의 기세를 누르면서 엄연히 동방의 한 강국으로 있었다. 이때 중국에는 한의 무제가 재위하여 국외 공략에 뜻을 두었다. 위씨의 건국 이래로 동방 제국의 물산을 마음대로 날라 가지 못하게 된 것에 걸핏하면 화를 내서 옥신각신 트집을 하다가 양국 간에 마침내 일대 충돌이 일어났다.

지금부터 2,050여 년 전에 한의 무제가 병력 5~6만을 일으켰다. 수군은 제(齊)로부터 발해를 건너 부리물[分剌水; 지금의 대동강]로 거슬러 올라가게 하고, 육군은 요동으로부터 아리물을 건너 들어가서 힘을 합쳐 왕검성을 포위 공격하게 하였다.

그러나 위씨는 방비가 든든하므로 적군이 들어오는 대로 파멸을 당하여 싸움이 1년에 걸쳐도 끝나지 않았다. 하는 수 없이 한에서 계략으로 위씨의 내부를 분열시켜서 내응하는 놈이 있게 하고, 이 바람에 억지 항복을 받아서 위씨 조선이 그만 멸망하였다.

이렇게 되자 이때까지 눌려 지내던 중국의 유이민들이 기운을 내고 한은 이들의 힘을 모아서 조선 땅에 그들의 군현을 설치하였다. 처음에는 조선 본토에 낙랑(樂浪), 옥저 방면에 현토(玄菟), 예 방

낙랑 고분(『조선고적도보』)

면에 임둔(臨屯), 한 방면에 진번(眞番), 합하여 4군을 두었다. 그러나 본토 주민의 세력이 강성한 다른 3군은 금방 철폐되고, 저희 유이민이 많은 낙랑군 하나만이 유지되어 내려갔다. 낙랑은 지금 대동강의 본토 옛 이름인 '억냥'에서 따온 이름이다.

낙랑은 이 뒤 유이민이 더욱 몰려들어 25현 40만 인구를 포용하기에 이르고, 직접 중국 본국의 보호 아래에 있어서 문화와 번영이 이를 길 없었다. 또 중국 본토는 한나라 후에 위(魏)와 진(晉)의 흥망이 있어서 그러는 족족 도읍이 파괴되고 문물이 황폐하였지만, 낙랑은 그 테두리 밖에 있어서 영향을 받지 않은 까닭에 본국에서는 없어져 버린 문물이 여기만 남아 있는 것이 많았다. 근래 평양 부근의 고분에서 출토하여 세계의 이목을 놀라게 한 낙랑 유물이란 이를 가리키는 것이다.

제8장 민족의 자각

중국의 유이민이 각지에 흩어져 살고 있을 때도 이미 귀찮은 일이 있었지만, 낙랑과 같은 큰 군현이 우리의 한가운데를 차지하여 은근히 압박을 주니, 계통 다른 백성이 우리 땅에 세력을 가지고 있는 것이 얼마나 괴로운 일인지를 절실히 깨달았다. 이에 그들을 몰아내야 하겠다는 생각이 저절로 우리나라 사람들의 사이에 일어났다.

처음에는 여러 조선 사람 나라들이 제각기 자기 쪽으로부터 힘을 썼으나 낙랑 고을의 자위가 얼른 뜨지 않자, 이제는 각국을 하나로 합친 민족 전체의 총력으로 여러 방면에서 한꺼번에 달려들어야 할 필요를 깨달았다. 이에 북쪽이나 동북에 있는 여러 소국은 서로 합하여 고구려가 되고, 동에서는 모든 힘이 예나라로 모이고, 남에서는 마한 여러 나라를 뭉쳐서 백제가 생겼다.

이 커다란 나라들이 세 방향으로부터 부쩍부쩍 우그려들자 이제야 4백 년이나 배겨 나오던 낙랑 고을도 견딜 수 없어 저희 본국으로 쫓겨 가고 말았다. 지금부터 1,640년쯤 전의 일로, 중국에서는 서진(西晉) 말년에 해당한다. 민족 단합의 힘이 얼마나 강대한 줄을 처음 경험한 것이었다. 낙랑 고을이 밀려나가고 나자 그 자리에서 북에서 내려오는 고구려와 남에서 올라가는 백제가 저절로 마주쳐서 누가 이 땅의 임자인지를 다투게 되었다.

그래서 지금의 한강·대동강 사이에서 고구려와 백제와의 싸움이 쉴 새 없이 벌어졌으며, 이러는 동안에 진한·변한의 작은 나라들이 합하여 신라라는 새 나라가 되어 두 틈을 뻐개고 들어와서 한강 윗녘을 갉아 뜯기 시작하였다. 이로부터 조선 반도는 고구려·백제·신라의 삼국이 서로 패권을 다투는 마당이 되었다. 이른바 삼국 시대이다.

제9장 고구려의 강대함

고구려는 어루물 윗녘의 졸본 부여가 차차 근처에 있는 동족 부락을 어울러서 한 나라를 이룬 것이다. 시조는 또한 천제(天帝)의 아들이라 하는 동명 성왕이고, 도읍은 국내성(지금 만주의 퉁거우)에 있었다.

처음 고구려의 땅은 산골짜기라 농사를 지을 수 없어 식량을 남에게 빼앗아 와야 하는데, 그러자면 단결이 굳세고 군사가 강해야 할 형편이었다. 그래서 진작부터 무력이 발달하여 사방이 다 두려워하며, 혹시 다른 부족이나 이민족이 와서 집적거리는 일이 있더라도 그러는 족족 탄력이 더 단련되어서 마침내 그 앞에 벗서는 이가 없게 되었다.

광개토대왕비(『조선고적도보』)

더욱이 낙랑을 몰아낸 자리에서 삼국이 경쟁적으로 실력을 양성할 때에, 고구려는 대륙의 타국과 가장 접근하여 있는 만큼 중국과 서역 각처로부터 지식과 기술을 활발히 수입하여 국력이 우적우적 증가하여 다른 이의 추종을 허락하지 않았다.

제19대 광개토왕은 지금으로부터 1,560년쯤 전에 즉위하였다. 임금 노릇하는 22년 동안에 부여·옥저·예(그 일부)를 병합하고, 무릇 24개 성 1,400개 촌을 공격하여 쳐부수었다. 반도 방면에서는 한강 이북이 다 고구려로 들어갔다. 본래 고구려는 반도 안보다도 대륙 저쪽으로 뻗어나가려 했으나, 마침 서쪽에 선비족이 발흥하여서 마음대로 힘쓸 수 없어서 먼저 남으로 발길을 돌려서 반도를 공략하기로 생각하게 된 것이다.

광개토왕이 죽은 뒤에 아들 장수왕이 뜻을 이어서 도읍을 압록 강에서 평양으로 옮기고, 백제와 신라를 더욱 압박하여서 경계가 지금의 강원도와 충청도의 절반까지 내려오고, 그 위풍은 바다 넘어 왜국까지 떨게 하였다. 한편, 북방에서도 고구려의 지위는 심히 높았다. 다른 여러 나라들이 서로 항쟁하는데, 고구려의 역성을 얻으면 이기고 그렇지 못하면 패배하는 것이 보통이었다.

또 고구려인으로서 타국에 가서 큰일한 이도 많았다. 바로 광개 토왕 때는 중국의 북방이 이른바 5호 16국으로 한참 뒤숭숭할 판인데, 고운(高雲)이라는 이는 후연(後燕)으로 들어가서 활동하다가 되돌아서 대연국(大燕國) 황제가 되기까지 하였다.

제10장 백제와 신라

백제는 본디 졸본 부여의 백성이 찢겨 나와서 남방으로 떠돌다가 한강 유역에 집단을 이루어 드디어 한 나라를 이룬 것이다. 시조는 온조 대왕이고, 도읍은 위례성이라 하여 한산(漢山)에 있었다. 한산은 지금의 광주(廣州)이다.

처음에는 마한 54국의 하나로 끼어 있다가 차차 타국을 합병하여 세력이 커졌다. 낙랑의 남쪽 경계를 공략하여 그들을 쫓아내는데 성공하고, 그 자리에서 고구려와 힘을 다투어 한때는 대동강까지 밀어 올라갔다. 그러나 고구려 광개토왕과 장수왕의 압박을 견디지 못하여 제21대 개로왕 21년(475)에 도읍을 웅진(지금의 공주)으로 옮겼다. 제26대 성왕 16년(538)에 다시 사비(지금의 부여)로 내려가서 국호까지 잠시 남부여라고 개칭하였다.

신라는 진한 12국 중의 하나이다. 처음 계림(지금의 경주)벌에 6부가 있어 각각 한 모를 차지하고 살다가, 다른 쪽의 적을 방비할 필요 때문에 먼저 6부가 단합하고 이어 진한 여러 나라를 합병하고 변한에까지 손을 내밀어 지금의 경상도 전부를 차지하였다.

시조는 혁거세 거서간이다. 혁거세는 '불그뉘'라고 읽는데 신의 세상이라는 뜻이고 거서간은 제사장이라는 뜻으로, 이 둘을 합하여 시조의 이름이 된 것이다. 도읍은 처음에 금성에 두었다가 차차 계림 전체의 벌로 발전하여 나갔다.

신라에서는 임금 노릇을 한 성씨가 계속 이어가지 않고 박(朴)·석(昔)·김(金) 3성 중에서 지혜와 능력이 탁월한 이를 골라서 임금으로 모셨다. 또 남자뿐 아니라 여인도 군주가 되었는데, 3성 중에는 김씨가 가장 많이 임금 자리에 올랐었다.

고대의 정치는 어디서든지 부족 전체의 동의를 얻어 행하고 전제적인 군왕은 없었다. 신라에서는 합의 처리 원칙이 가장 엄준하여 회의가 열릴 때 한 사람이라도 반대하면 의논을 파하고 말았다. 신라에서는 부족 회의를 화백(和白)이라 하였다.

제11장 부루의 가르침

우리 옛날에는 위에서 하는 대로 아랫사람이 본받는 것을 감히 어기지 못하는 국민의 큰 도(道)가 있었는데, 이것을 '부루'의 가르침이라 하였다. 번역하면 신교(神敎) 또는 천도(天道)를 의미한다. 이 도는 태고로부터 고유하여 언제 어디서고 한 모습으로 지켜 나왔다.

상고 시대에는 이 가르침을 맡으신 이가 그대로 세상을 다스리는 임금이었다. 단군이 이미 그러하신 어른이시고, 신라의 거서간이 또한 그러한 것이었다. 이러한 시대를 '불그뉘'라 하는데, 곧 천신이 가르치신 대로 믿고 따르는 세상이라는 뜻이다.

우주는 하느님이 다스리시고 나라는 하느님이 보내신 아드님이 개창하셨으므로, 무릇 백성 된 이는 국조(國祖)와 하느님을 높이고 섬겨서 마련하신 법과 배포하신 일을 다쳐서는 안 되는 것이었다. 하느님과 그 신령님들은 높은 산을 디디고 인간 세상으로 오르내리신다 하여, 국토 가운데 높은 산 상봉이 신의 대궐로 존경되고 이러한 산을 '백(白)'이라 불렀다. '백'은 옛말에 신을 나타내는 '밝'을 한문으로 표시한 것이다.

부루의 가르침에서 가장 정신 쓰는 일은 몸과 마음을 청결하게 하는 일이다. 그러므로 더러움은 죄악이고, 혹시라도 몸이나 집안에 더러움이 붙었다고 생각하면 그것을 떨어 버려서 하늘 버력[2]을 입지 않기 위하여 '가심' '풀이'를 하여야 하였다.

예로부터 옷을 희게 입는 것이 깨끗함을 숭상하는 데서 나온 일이다. 또 해마다 6월 15일이면 동류수(東流水)에 가서 미역을 감는 풍속이 있는 것은 몸의 더러움을 떨어 버리기 위하는 것이다. 섣달

---

2 하늘이나 신령이 사람의 죄악을 징계하려고 내린다는 벌을 이른다.

그믐에 무서운 탈을 쓰고 집안을 두루 뒤져서 '덧보기' 놀음을 하는 것은 한 해 동안 집에 붙은 더러움을 가져내는 것이었다.

사람이 힘써야 할 윤리로는, 부모를 위하고, 나랏일에 목숨을 아끼지 않으며, 의(義)에 용맹하고 악에 접근하지 않으며, 이론을 캐지 않고 실행을 위주로 하는 일 등이었다.

또 단체 행사로는 가무와 음악을 숭상하여 화동(和同) 정신을 기르며, 명산대천과 사적지를 부지런히 순례하여 애국심을 구체적으로 고취하는 데 힘썼다. 교단(敎團) 안에는 항상 솜씨 있는 시인이 있어서 거룩한 조상과 아름다운 국토, 특히 장렬하게 순국한 이의 사실을 읊음으로써 단원과 일반 국민들이 읊는 데에 이바지하였다.

부루의 도가 행하는 나라에서는 1년에 한두 번씩 제천 대회를 열고 깨끗한 몸과 마음으로 천지와 선조의 은공에 정성을 들였다. 또 이 기회에 국왕 선거나 전쟁 결행, 형옥 처단 등 대사를 처리하였다.

그 시기는 대개 농사가 끝나고 만물이 풍성한 겨울철이었다. 부여에서는 12월에 설행하여 이름을 영고(迎鼓)라 하고, 고구려에서는 10월에 행하여 이름을 동맹(東盟)이라 하고, 예에서도 10월에 행하여 이름을 무천(舞天)이라 하였다. 이 제천 대회는 엄숙한 의식인 동시에 국민 전체의 일대 친목회로, 여러 날 동안 질탕하게 가무 음식하는 가운데 국민 의식을 새로 가다듬고 결합력을 새로 굳혔다.

부루의 가르침은 모든 국민이 머리에 새기고 존경하여 받들었다. 특히 그 교단에 속한 이는 서로 '부루네'라고 부르며, 교단에는 신앙의 대상으로 총명 미려한 귀동(貴童)을 모시고 '부루님'이라 일컬었다. 한문으로 사음할 때에는 '풍월주(風月主)'나 '풍류선랑(風流仙郎)'이라 쓰고, 의역해서 '화랑(花郞)'이나 '국선(國仙)'이라고 하였다.

제12장 유학과 불교

고구려가 한참 신지식을 늘리려 할 때에 두 가지 큰 문화가 외국으로부터 수입되었다. 하나는 중국에서 생겨난 유학으로, '수신제가치국평천하'를 수양 목표로 하는 공자의 가르침이다. 유(儒)는 세상일 할 만한 자격이 있는 사람이라는 뜻이므로, 유학은 곧 세상일하는 공부이고, 세상일이라는 것은 예악정교(禮樂政敎)를 가리키는 것이다. 한편으로 유학에서는 글 잘 짓기를 숭상하는 까닭에 유학의 유행과 함께 문학의 기능이 와짝 늘었다.

또 하나는 인도에 일어난 불교로, 마음을 밝혀서 본연한 바탕이 환하게 드러나게 하라는 석가모니의 가르침이다. 불(佛)은 깨달은 사람이라는 뜻이므로, 불교는 곧 외물(外物)에 헤매는 버릇을 끊고 참마음을 깨달으려는 공부이다.

불교에서는 불상을 만들고 사찰을 이룩하고 불전(佛前)을 장식하고 여러 가지 법회를 설행하기 때문에, 오묘한 수학(修學) 외에 회화 · 조각 · 건축 · 연금 · 기와 제작 · 기물 제작 등 여러 가지 공예와 가무 음곡(音曲) 등이 그 속에서 발달하였다. 이런 것들이 불교와 함께 들어와서 우리 문화에 큰 보탬이 되었다.

그뿐 아니라 불교는 처음 인도에서 성립하여 서역 제국을 지나 중국을 거쳐 우리나라로 들어왔으므로, 승려들이 모든 지방에 남아 있는 스승들의 끼친 자취를 찾아뵙고 또 미처 이리로 들어오지 않은 경전을 얻어 오기 위하여 서역과 인도 방면으로 여행 다니기를 예사로 하였다. 다른 한편으로 서역 승려들도 무시로 왕래하여, 불교가 들어온 뒤에 그 너머에 있는 세계가 넓음을 새로 알았고, 또 거기에 대한 생각이 퍽 활달하게 되었다.

고구려에서 처음 유교의 대학(大學)을 둔 것과 불교 사찰을 지은 것이 다 광개토왕의 큰아버지인 소수림왕 2년(372)의 일로, 지금으로부터 1,600년쯤 전에 해당한다. 백제와 신라도 이 얼마 뒤에 유학과 불교를 다 얻어서 삼국의 문화 내용이 거의 비슷비슷하게 진보하였으며, 양자 중에서도 불교의 공덕이 더 컸었다.

제13장 고대의 음악

옛날에 중국의 여행가가 와서 실지로 보고들은 바를 돌아가서 기록한 것을 보면, 우리나라 사람들은 정결을 좋아하는 백성이고, 환호하면서 역작(力作)하는 사람이고, 노래를 즐겨하여 입에서 소리가 끊이지 않는 특성이 있다 하였다.

자연히 노래를 좋아하는 곳에 음악이 발달한다. 피리와 북과 같은 간결한 악기는 물론이고, 여러 가지 재료를 모아서 기묘한 소리를 내는 복잡한 악기도 매우 일찍부터 생겨났었다. 그중의 하나가 고이다. 고는 한자로 금(琴) 또는 쟁(箏)이라고 쓰는 것으로, 홀쭉한 복판 위에 긴 줄 여럿을 걸고 그것을 손끝이나 채로 뜯어서 소리를 내게 하는 악기이다.

이 종류의 악기는 동서양을 물론하고 퍽 옛날부터 있어 온 것으로 어디가 먼저고 어디가 나중이라고 단정하기 어렵지만, 우리나라에도 아주 옛날부터 이 악기가 있고 또 남의 것에 비하여 스스로의 특색이 있었다. 고의 줄 수효는 5현, 7현, 10현 등으로 서로 같지 않았다.

맨 처음 칠현금이 중국의 진(晉)나라로부터 고구려로 들어왔는데, 재상인 왕산악(王山岳)이 6현으로 변통하여 우리 음조에 맞게 하고, 스스로 100여 곡을 만들어서 세상에 전하였다. 이 본새를 거문고(한문으로는 玄琴)라고 하였다. 거문고가 신라로 전해져 옥보고(玉寶高) 이하 여러 악사의 손에 수백 곡이 늘고, 그 법이 더욱 성해

우륵 추모비(충주 탄금대)

져서 후세로 물려 내려왔다.

한편으로 가야국(곧 가라 나라)의 가실왕은 당나라의 쟁을 보고 나라마다 성음이 다른데 타국의 악기를 그대로 쓰겠는가 해서, 악사 우륵(于勒)에게 우리 음조에 맞게 개작하게 하였다. 이어 우륵에게 신곡 12곡을 만들어서 세상에 행하게 하였다. 이것이 이른바 가얏고[伽倻琴]라는 것이다. 뒤에 가야국이 어지러워지자 우륵이 가얏고를 가지고 신라로 들어가서 진흥왕의 보호 아래 계속 발달하고, 뒤를 이어 명인이 나와서 185곡이 생기게 되었다.

백제에는 둥글하게 만든 것을 세워 놓고 타는 고가 있는데 이름을 공후(箜篌)라고 하였다. 공후는 본디 서방의 옛 나라 아시리아에서 행하던 하프(Harp)란 것과 계통을 한가지로 하는 것이다. 그전에는 조선과 고구려에도 성행하였지만 백제에 들어와서 특별히 유명하여졌다.

고 이외에도 여러 가지 악기가 있고, 거기에 맞추어서 갖가지 노래와 춤이 허다하게 있었다. 그 가운데는 먼 곳 이국으로부터 전래한 것이 많아서 전 세계의 멜로디가 조선의 공기를 흔들고 있었다.

제14장 왜

신라의 바다 건너 저편에 크고 작은 여러 섬이 있는데, 예로부터 바다로 떠도는 종족이 들어가서 의지하고, 반도와 대륙에 큰 변동이 있을 때마다 피난하는 백성이 건너가서 살았다. 여기를 왜(倭)라 부르고 거기 사는 사람을 왜노(倭奴)라고 불렀다.

서쪽에 있는 츠쿠시(筑紫: 지금의 규슈)라는 섬이 먼저 열리고, 그 세력이 차차 동쪽으로 뻗어나가면서 수백 개의 작은 나라로 나뉘었다. 뒤에 아키쓰시마(蜻蛉洲: 지금의 혼슈)의 '야마토' 평야를 차지한 나라가 가장 강하여서, 차차 여러 나라를 통일한 정권을 만들었다. 이는 대개 고구려 · 백제 · 신라 삼국 성립 전후의 일일 것이다.

처음에는 '야마토'가 그대로 국명이 되어서 오래 쓰다가, 신라에서 일본이라고 불러 준 일이 있은 후로 차차 이 이름을 쓰기 좋아하고 마침내 한 나라의 정식 명칭을 이루었다. 그러나 조선과 중국에서는 뒤에도 왜라는 말을 흔히 쓰고 또 조선에서는 그 음을 예로 읽었다.

왜는 늦도록 문화가 열리지 않고 사방의 유이민이 가장 무무하게 살더니, 우리나라로부터 건너간 사람들이 농경 · 관개 · 방적 · 직조 · 양잠 · 토기 제조 · 양조 · 떡 제조 · 맷돌 · 건축 · 기와 제조 · 가교(架橋) · 착지(鑿池) · 재봉 · 회화 · 채색 · 조각 · 제피(製皮) · 연금(鍊金) · 기구 제조 · 매 사냥 등 온갖 기술을 전수하여 차차 개명으로 향하였다.

후에 백제가 왜와 더불어 가까이 지내는 가운데 다시 고등 문화가 많이 전하여 갔다. 1,660년쯤 전에 박사 왕인(王仁)이 『논어』와 『천자문』을 가져다가 주어 왜에 비로소 문학이 있게 되었다. 1,400년쯤 전에 백제 성왕이 불상과 경론(經論)을 보내서 왜가 불교를 알게 되었다. 이밖에 천문 · 지리 · 역법 · 의학 · 음양 술수 · 고상한

왕인 동상(전남 영암)
백제 사람 왕인은 일본에 『논어』와 『천자문』을 최초로 전해주었다.

음악 등이 다 백제로부터 왜로 건너갔다. 우리나라로부터 얻어 간
악기의 중에 가얏고는 신라금이라 부르고 공후는 백제금이라 불렀
는데, 그 실물이 지금까지도 전하여 내려온다.

　왜는 이렇게 온갖 것을 우리나라로부터 가져가고, 특히 철 ·
동 · 금 · 은 등을 얻어다가 썼기에 그들이 보통 우리나라를 '금은
보국(金銀寶國)'이라고 일컬었으며, 또 이를 욕심내어서 도둑질하여
가는 이야기가 그들 신화의 첫머리에 이미 나온다.

　한편 왜의 백성들은 저희 종족이 조선으로부터 건너왔다고 생각
하여 우리를 비국(妣國; 하하노쿠니)이라고 부르는 일이 있었다. 또 태
고 때부터 우리나라 사람이 많이 유입하여서 살았고, 특히 동해 건
너편의 이른바 산인(山陰) 지방에는 신라의 식민지가 많이 생겨서
그때의 유적과 유물을 여기저기 찾을 수 있다.

제15장 신라의 장성

고구려의 광개토왕과 장수왕 부자가 남방으로 군사를 부릴 때쯤은 신라가 오히려 반도 동쪽 가장자리의 한 소국에 불과하였다. 그러나 어진 임금과 충신이 서로 이어 나서 훗날에 대성할 조짐이 가끔 나타났다.

제17대 내물왕 때에 왜국이 사신을 보내어 문안하고 왕의 아들 하나를 답방으로 보내주기를 희망하여 10세 된 어린 아들 미해(美海)를 보냈는데, 왜국이 그냥 붙잡아 두고 돌려보내지 않은 일이 있었다. 신라는 아직 무력으로 탈환할 힘이 없어서 다만 민망하게 지냈다. 내물왕의 장자 눌지가 왕위에 오르자 아우를 몹시 생각하여, 군신들에게 누가 왜국으로부터 빼내 올 수 있겠느냐고 물었다.

삽량주(지금의 양산) 태수로 있는 박제상(朴堤上)을 추천하는 이가 있어서 그를 불러 이야기하자, 박제상이 선뜻 그 책임을 지고 그 길로 바로 왜국으로 건너갔다. 신라에서 박해를 입고 도망하여 왔다 하자 왜왕이 머물러 두고 후하게 대접하였다. 이로부터 박제상이 미해와 함께 날마다 해변으로 나가서 물고기와 새를 잡아다 주자 왜왕이 매우 기뻐하여 믿고 의심하지 않았다.

박제상이 필요한 준비를 다 하여 두었다가 안개 자욱한 날 새벽을 타서 미해를 재촉하여

북한산 진흥왕 순수비 유지(서울, 종로)
북한산 진흥왕 순수비가 있던 곳으로 실물은 국립중앙박물관에 있다. 진흥왕 대의 신라의 영토 개척을 보여준다.

떠나보내고 혼자 돌아왔다. 이 핑계 저 핑계로 미해가 없어진 것을 숨겼으나 여러 날 지나자 저절로 드러났다. 왜왕이 박제상을 가두고서 어째서 배반하려 마음먹었느냐 물었다. 신라의 신하로서 신라 임금의 근심을 덜려 했다고 박제상이 대답했다.

왜왕이 성내며 말했다. "네가 내 신하된 지 오래인데 신라의 신하라니 웬 말이냐. 다시 신라의 신하라 하면 악형을 더할 것이고, 왜국 신하라 하면 큰 상을 주겠다." 이에 박제상이 말하길 "차라리 신라의 개돼지가 될지언정 왜국의 신하는 되지 않을 것이고, 차라리 신라의 매를 맞을지언정 왜국의 표창을 받지 않겠노라."하였다.

왜왕이 더욱 노하여 갈대를 베어다가 쌓고 박제상에게 그 위로 달음질시키며 물었다. "네가 어디 신하냐?" 또 신라의 신하라고 답했다. 다시 벌겋게 달군 철판 위에 세워 놓고 어느 나라 신하냐고 물었다. 아무 짓을 하여도 신라 신하라고 여전히 답했다. 왜왕이 마침내 굴복시키지 못할 줄을 깨닫고 목도(木島)라는 곳에서 불살라 죽였다. 지금부터 1,530년쯤 전의 일이다.

신라에는 이러한 국민 정신이 있어서 차차 국력을 키워갔다. 제22대 지증왕 때에 이르러서 나라 제도가 정돈되고, 다음 법흥왕 때에 낙동강가에 있는 가야 여러 나라를 합병하고, 그 다음 진흥왕 때에는 고구려 장수왕에게 빼앗겼던 한강가의 땅을 되찾았다. 다시 내켜서 지금 함흥 저쪽까지 세력을 뻗어서 삼국 가운데 뚜렷한 한 나라가 되었다.

제16장 수나라를 꺾다

고구려의 옛 도읍 국내성과 새 도읍 평양성 근처에는 당시의 유적이 많다. 특히 지하에 묻힌 고분에는 당시의 건축과 그림이 선연하게 남아 있어, 그때의 호화스런 생활 상태와 함께 높은 문화 수준을 분명히 알려 준다. 국력이 강대하여 가끔 대군으로 중국의 변두리 군을 공격하였고, 여러 번 침략해 온 큰 적들을 수월히 물리친 사실에서 그 대강은 짐작할 것이다.

1,600년쯤 전에 중국 대륙이 크게 분열하여 남북의 여러 왕조가 엎치락뒤치락 오래 싸우다가, 1,360년쯤 전에 양견(楊堅: 문제)이란 자가 나와서 이것들을 통일하여 수나라 제국을 세우고 위광을 사방에 빛냈다.

다만 동북방에 고구려가 범 같은 눈으로 중원을 흘겨보고 있는 것이 마음 놓이지 않던 차에, 고구려의 영양왕이 말갈의 무리 1만여 명을 데리고 요서의 영주(營州)를 들이치고 간 일이 있었다. 이에 양견이 화를 내어 수륙군 30만을 보내서 고구려를 침노하였지만, 고구려의 성이 단단하여 어찌하지 못하고 반년 만에 싱겁게 군사를 돌려 가는데, 죽는 놈이 열에 여덟아홉이었다.

양견이 죽고 아들 양광(楊廣: 양제)이 제위에 오르자, 양광이 아비의 뜻을 받아서 고구려를 도모하려 했다. 양제 3년(607)에 북방의 강한 부족인 돌궐에게 협력해 주기를 청하러 갔는데, 뜻밖에 고구려의 사신이 먼저 와 있는 것을 보았다. 그래서 이 둘이 한데 어울렸다가는 더욱 큰일이라 여겨 은근히 출병 준비를 해 가지고, 영양왕 23년(612)에 스스로 수륙군 130만을 거느리고 만리장성을 넘어서 단번에 고구려를 때려 부술 기세를 보였다.

이때 고구려에는 을지문덕이 재상으로 있어서 군사를 내어 요동 벌판에서 수나라 군대를 맞아 싸웠다. 을지문덕은 싸우다가 패하고 패하고는 다시 덤벼 수나라 군대를 늙히면서 슬금슬금 이쪽으로 유인하여 도읍에서 30리 거리 되는 곳까지 적군을 끌어들였다.

수나라 군대가 쫓아 들어와서 보니 평양성은 철통 같아서 손톱 하나 질러 볼 수 없고, 어언간 군사들은 매우 피곤하여 다시 싸울 수가 없었다. 을지문덕이 그만하고 돌아가면 그대가 바라는 대로 될 것이라 기별하자, 수나라 장수가 번연히 모략임을 알면서도 그만 말머리를 돌려서 퇴군하였다.

을지문덕은 수나라 군대가 다리를 끌고 돌아가는 것을 보고 예비해 둔 병력을 내어서 그 덜미를 천둥번개같이 치고 풍우같이 몰아쳤다. 이에 수의 군대가 눈코를 뜨지 못하고 서로 밟고 밟혔다. 살수(薩水; 지금의 청천강)에 다다라서는 무수한 군사가 물속 귀신이 되었고, 하루 낮 하루 밤에 450리를 달음질하여 압록강을 건넜는데, 요동성(지금의 랴오양)까지 다다른 자는 겨우 2,700인에 지나지 못하였다. 요동성에서 기다리고 있던 양광은 이 꼴을 보고 대노하여 장수들을 처벌하고 풀이 죽어 돌아갔다.

이듬해에 양광이 다시 대군을 징발하여 어마어마한 차림차림으로 고구려를 다시 침공하였다. 그러나 반년이 지나도록 변변한 결과를 보지 못하여 초조한 판에 국내에 반란이 일어났다는 기별이 오자 그만 군사를 거두어 퇴각하였다. 그리하여 수의 고구려 침략은 세 번 다 실패로 돌아가고, 도리어 이 빌미로 하여 애꿎게 저희 나라가 망하고 말았다.

제17장 당나라를 누르다

고구려가 수의 대군을 여러 번 물리쳐서 국력이 든든함을 나타냈지만, 국외의 정세로는 전보다 더 강경한 정책을 쓸 필요가 있었다. 이 요구에 따라 연개소문이 나서서 국내를 새로 조직하여 어떠한 사변에도 움쭉하지 않을 만한 체제를 만들고, 스스로 막리지(莫離支; 최고 지휘관)가 되어서 국책을 추진하고 있었다.

중국에서 수를 대신하여 일어난 나라는 당이었다. 당은 고구려 같은 강국을 머리 위에 두고는 베개를 높이 베고 잘 수 없으므로 무슨 언턱이든지 잡아서 한번 씨름 붙어 보기로 마음먹고 있었다.

마침 이때에 신라가 와서 고구려에게 땅을 자꾸 빼앗기는 설움을 호소하자, 당이 좋은 거리를 얻었다 하여 사신을 고구려로 보내서 그 땅을 신라로 돌려보내라고 권고하였다. 고구려가 이 권고를 받아들일 까닭이 없자 당은 무안하여 멀쑥하여진 낯을 둘 데가 없었다.

이때 당의 왕은 이세민(李世民: 태종)이었다. 이세민은 어차피 고구려와 자웅을 겨룰 바에는 이런 기틀에 거사하는 것이 옳다 생각하였다. 드디어 수 이래의 원수도 갚고 연개소문에게 평화 교란의 책임도 묻는다는 이유로 고구려에 대한 출병을 결행하였다. 원래 고구려가 딱딱하다는 걸 아는지라 군사·양식·병장기 모든 것에 인력으로 할 수 있는 모든 준비를 다하고, 또 고구려의 주위에 있는 모든 부족으로 하여금 죄다 구원병을 내게 하여, 이번에는 꼭 실수 없기를 기약하였다.

보장왕 4년(645) 3월에 드디어 수륙군 30만을 휘둘러 움직여 여러 장수로 하여금 각각의 길로 고구려를 침입하게 하고, 스스로 중군을 거느리고 요동으로 나아갔다. 이세민 스스로 노상에서 몸소 흙일도 하고 무거운 짐도 나누어져서 사기를 고취시켰다. 이렇게 하여 5월에 요수(遼水)를 건너서 죽을 힘을 다하여 요동성을 빼앗고, 6월에 백암성을 얻고, 다음으로 안시성(지금의 남만주 해성 동남의 영성자 산성)을 포위 공격하였다.

안시성은 산을 의지하여 세운 작은 성이지만, 지키는 장수가 영특하여 작전이 귀신 같고 군관민이 혼연 일체가 되어서 잘 싸우고 잘 지켰다. 어떤 공격 방법도 효험이 없자 포위한 지 88일에 어쩔 수 없다는 걸 깨달았다. 9월 찬바람 머리에 이세민이 날이 추워 간

백암성(중국 등탑현)
중국 동북 지방의 랴오닝 성에 있었던 고구려 성으로 당 태종의 침략 때 함락되었다.

다는 핑계로 남은 군사를 돌렸는데, 이세민 이하 모두 헤진 옷을 입고 어깨가 처져서 저희 나라로 돌아가니 우는 소리가 길가에 널렸다.

바야흐로 이세민이 안시성에서 물러나자, 안시성 성주가 성 위에 올라와서 어제까지 교전하던 적의 장수를 향하여 허리를 굽히고 송별하는 인사를 하니, 이세민도 못내 감탄하고 이는 고구려 무사 정신이 고상하다는 걸 나타낸 것이라 하여 길이 찬미를 받았다.

이세민이 돌아간 뒤에 기어이 이 수치를 씻는다고 하여 여러 번 해상으로부터 고구려를 집적거렸으나 변변한 공이 없었다. 또 여러 해 두고 다시 거사할 계획을 강행하려 했지만, 그때마다 유력한 반대가 많아서 마음대로 되지 않았다. 그러는 동안에 이세민은 한을 머금고 죽어 버렸다.

제18장 신라의 삼국 통일

고구려는 건국 이래로 오직 자력자강(自力自强)하는 데 힘썼다. 그 보람으로 한창 왕성할 때에는 고구려의 주위에 고구려와 더불어 번설 만한 나라가 없었다. 신라는 오랫동안 고구려의 압박을 받고 있었으나 신라 국민은 이에 굽히지 않고 상하 일심으로 국난을 극복하여 영광의 새 역사를 만들 결심을 하였다.

그러려면 첫째, 국민의 정신을 훈련해야 한다 하여 옛날부터 내려오는 화랑이란 단체를 활용하여 조국 사상을 깊게 하고 무사 정신을 떨치게 하고 도의 관념을 굳세게 하는 데에 힘을 기울였다. 둘째, 국제 정세를 이용해야 한다 하여 여러 가지 방법으로 물 건너 당에 접근하기를 꾀하여 그 힘을 끌어올 수 있는 대로 끌어다가 쓰는 데에 애를 썼다. 이러한 국책을 실행하였는데, 국내의 일은 김유신이 맡고 국외의 일은 김춘추가 맡아 일반 국민을 지도하여 국민의 기상이 나날이 떨쳐 갔다.

이러한 사이에 백제는 처지가 점점 외로워지고, 왜에서도 고구려와 신라의 압력이 바다를 건너올까 두려워하여 어느덧 양국 사이에 서로 의지하고 돕는 관계가 생겼다. 신라가 아무리 애를 쓰고 당의 원조가 아무리 커도 진작부터 든든히 자력을 길러 가진 고구려에는 손을 대기 어려우므로, 엿볼 수 있는 것은 우선 백제이었다.

신라 무열왕 7년(660)에 김유신이 당의 응원을 얻어 먼저 백마강(금강 하류)으로 들어가서 백제와 왜의 연합 수군을 깨뜨리고, 이어 부여성을 떨어뜨려서 드디어 백제를 멸망시켰다. 백제의 역대는 31왕에 678년이었다.

백제가 없어지자 신라·당의 힘이 고구려 한 군데로 쏠리게 되었다. 거기다가 비상시의 지도자 연개소문이 이즈음에 죽고, 여러 아들의 우애가 사나와 국내가 여러 패로 갈라져서 남의 주먹 들어

김유신 묘(경북, 경주)

올 구멍이 커다랗게 생겼다.

이 틈을 보고서 신라와 당의 연합군이 고구려의 평양성을 치고, 성 안에서 내응하는 이가 있어서 끄떡할 리 없는 고구려가 하염없이 거꾸러졌다. 말하자면 신라나 당이 고구려를 이겼다기보다 고구려가 내부로부터 붕괴한 것이다. 고구려의 역대는 28왕에 705년을 누렸다. 이러한 경과로 신라가 반도를 통일하고, 통일의 일이 끝나자 신라가 즉시 당군을 몰아내어서 지금의 원산과 대동강 이남의 모든 땅이 신라의 것으로 돌아왔다.

제19장 자장과 원효

삼국의 옛날에는 불교가 모든 문화의 원천이었다. 어느 나라에서고 지식과 기술이 승려의 손에 있었다. 신라가 반도 통일의 대업을 진행할 때에 신라의 승려가 나라 안팎으로 출입하면서 불교일과 나랏일을 어울러서 활동한 공적은 진실로 경탄할 만한 것이었다. 그중에서 선덕왕 때에 같은 시기에 나와서 통일 운동의 유력한

선구 노릇을 한 두 걸승을 여기에서
말씀하겠다.

원효 초상(부산 범어사)

자장 법사는 귀족 김씨의 아들로서
일찍 출가하여 학문에 힘썼다. 선덕
왕 5년(636)에 당으로 가서 더욱 연구
에 종사하였다. 한편으로 신라의 지위
를 당만큼 높이려 하면 무엇을 어떻
게 해야 할 것을 살펴보다가 10년에
귀국해서는 그 의견을 나라에 아뢰어
서 한 가지 한 가지 실행하게 하였다.

그 가운데 한 가지가 당 제도를 모
방하여 신라의 의관을 고치는 일이었
다. 그때는 대개 당의 제도가 세계에
서 가장 진보한 것으로 생각하였기
때문이다. 이렇게 생활 양식을 최고
수준으로 끌어올린 뒤부터 신라에 대한 당의 대우가 다른 여러 나
라에 비하여 매우 융숭하였다.

자장은 또 신라의 승려가 불교 지식만 배우고 수행의 근본이 되
는 계율에 소홀함을 개탄하였다. 자청하여 승통(僧統)이 되어서 남
녀 승도가 도를 닦는 것을 준엄하게 단속하니 불교의 위엄이 확립
되었다. 계율은 승려로서 마땅히 해야 할 것과 하지 말아야 할 것
을 규정한 조목이고, 승통은 이것을 규찰하여 어기는 자가 없게 하
는 직책이었다.

원효 성사(聖師) 또한 귀족의 아들로서 일찍 출가하여 학업이 출
중하였다. 어려서 남들 하는 대로 당으로 유학하러 가다가 노상에
서 느낀 바 있어서, 불교는 마음인데 내 마음을 당나라로 찾으러
간다는 것이 무슨 말이냐 하고 도로 돌아와서 혼자 연구 수양하여

오묘한 경지에 이르렀다.

무릇 불교가 인도에 나서 중국을 거치고 신라까지 이르는 동안에 공부하는 표준이 여럿으로 갈려서 어지럽기 짝이 없었다. 원효는 불교의 중요 사항을 밝혀서 다시 한길로 공부할 수 있는 길을 텄다. 원효가 마련한 이 궤도를 세상에서 해동종(海東宗)이라고 불렀다. 해동은 신라라는 뜻이고 종은 표준이라는 뜻으로서, 곧 신라에서 생긴 특별한 표준이란 말이다.

원효는 불교의 이치가 고상하여 무식한 사람이 공부하기 어려운 폐단이 있음을 딱하게 생각하여 손쉽게 불교로 들어가는 새 길을 트고 몸소 모범을 보였다. 우리나라에 불교가 들어온 뒤에 그것이 일반으로 보급된 것은 오로지 원효의 공이었다. 원효는 불교 각 방면에 허다한 저술을 남겼는데, 그 가운데 약 20가지는 지금도 남아 있다. 훗날 고려 시절에 성사(聖師)라는 이름을 드렸다.

제20장 선덕 여왕 · 진덕 여왕

신라인의 흥국 운동이 최고조에 달했을 무렵에는 여성이 두 대에 걸쳐 왕위에 있었다. 곧 제27대 선덕왕과 28대 진덕왕이 그들이다. 원래 신라에는 인품의 귀천을 골(骨)이라 하여 무릇 8골의 층위가 있었다. 최고 제일을 성골이라 하여 성골이 서로 전승하여 왕위에 올랐다. 그러다가 제26대 진평왕이 죽고 이어받을 성골 남자에 없어서 나라 사람들이 장녀인 덕만(德曼)을 받들어 왕위에 나아가게 하고 성조황고(聖祖皇姑)라 불렀다. 이 사람이 선덕왕이다.

선덕왕은 총명하고 선견지명이 있었다. 일찍이 부왕 때에 당에서 모란꽃 그림과 아울러 그 종자가 왔다. 왕(그때의 덕만)이 보고 이 꽃이 고와도 향이 없을 것이라고 하였다. 부왕이 까닭을 묻자, 그림을 저렇게 번화하게 그렸는데도 벌과 나비를 더하지 않았기 때문에 알게 되었다고 하였다. 그것을 심어 보니 과연 그 말과 같았다. 이 비슷한 사실이 많이 있었다.

선덕왕은 재위 14년(632~647)에 죽고, 진평왕의 동생 국반(國飯) 갈문왕의 딸(선덕왕의 사촌누이) 승만(勝曼)이 그 뒤를 이었다. 이 사람이 진덕왕이다. 진덕왕은 자질이 풍부하고 고왔으며, 신장이 8척에 손길을 드리우면 무릎을 지나 내려갔다.

진덕은 재위 7년에 죽고, 진평왕의 사촌동생 김용춘(金龍春)의 아들이자 선덕왕과 진덕왕의 6촌에 해당하는 김춘추가 나라 사람들의 추대로 뒤를 이었다. 이로써 성골 계통은 진덕왕에서 그치고, 김춘추(곧 태종무열왕)로부터는 8골의 제2등인 진골로 이어져 신라 말까지 이르렀다.

두 여왕의 재위 중에 여왕제를 반대하는 반역 운동이 몇 번 일어났지만 다 허사로 돌아갔다. 반면에 잘 되는 운수를 탄 두 여왕의 치적은 어느 대도 부러울 것 없을 만큼 훌륭하였다. 김춘추·김유신과 의상(義湘)·자장 등 허다한 영웅호걸이 나라 안팎으로 출입하고 활약하였다. 반도 통일의 대로를 만든 것이 곧 두 왕의 대이며, 백제·고구려와의 패권 다툼이 한참 극렬하여서 알천(閼天)·필탄(弼呑) 등 명장과 품석(品釋)·죽죽(竹竹) 등 용사가 이름을 전장에 빛낸 것이 또한 이들 왕대의 일이었다.

문화 방면에서는 선덕왕 대에 분황사·영묘사·사천왕사 등 거찰과 황룡사 구층탑이 조성되었다. 황룡사 구층탑은 신라 삼보(三寶) 중 하나로 유명하다. 특히 선덕왕 대에 축성한 첨성대는 석축 기대가 지금도 경주 동남 교외에 커다랗게 남아 있어 동양에 있는 현존 최고의 천문대로서 이름을 세계에 날리고 있다.

진덕왕 4년(650)에 외교상 필요에서 왕이 스스로 태평송(太平頌; 5언 장편시)을 비단무늬로 짜 당 고종에게 선사한 것이 있다. 그 격조가 고아하고 문장이 격식에 맞고 아름다워 최고 수준의 당시(唐詩)에 도달하여, 당시뿐 아니라 길이 나라 안팎 사람들의 이목을 깜짝 놀라게 하고 있다. 이렇게 두 왕의 대에 문무(文武)-법속(法俗) 모든 방면으로 반도 통일의 전야가 우적우적 새어 갔다.

신라인은 성골 왕통이 계속되는 동안, 곧 시조로부터 진덕왕까지의 28대를 상대라 하고(BC 57~AD 654), 그 뒤 진골 왕통의 기간에서 제29대 태종무열왕 이하 36대 혜공왕까지를 중대라 하고(654~780), 그 이후 마지막 왕까지를 하대라 하였다(780~935). 신라에는 선덕·진덕 두 왕 외에 또 제51대 진성 여왕이 있어서 역대 56대 왕 중에 여왕이 무릇 셋이었다.

제21장 발해

고구려가 한때 내부의 세력 다툼 때문에 나라를 잃었지만, 정신을 차리고 보니 원통하고 분한 한을 참을 수 없었다. 또 고구려의 도읍은 함락되었을망정 국토의 대부분이 온전하게 남고, 특히 압록강 이북의 모든 성읍은 거의 옛 모양대로 있었다. 그래서 이 땅과 백성을 다시 규합하여 새 나라를 세우려는 운동이 여러 끄덩이로 진행되더니, 마지막에 크게 성공한 이가 나타났다.

대조영(大祚榮)은 고구려 유민 장수로서 요수(遼水)의 좌우로 돌아다니면서 옛 백성의 마음을 뭉치기에 힘썼다. 1,250년쯤 전에 거란 민족이 서쪽 방면에 활동을 시작하자, 대조영은 백두산의 동북, 숭가리강의 윗녘에 새 나라를 세우고 이름을 진(震)이라고 하였다.

이에 고구려의 옛 백성은 물론이고 원근에 흩어져 사는 말갈 종족들이 다 백성 되기를 원하여, 금세 넓은 지역과 강한 세력이 옛날 고구려에 뒤지지 않았다. 진이 당과 교통할 때에는 압록강을 내려와서 발해로 건너 다녀서 당에서는 보통 발해국이라고 부르고, 이것이 후세의 문적에 올라서 발해가 일반으로 알려진 이름이 되었다.

대조영의 뒤에 빼어난 임금이 연달아 나와서 국토를 점점 확장하였다. 분명한 강토는 북으로 흑수(黑水; 지금의 헤이룽 강), 서쪽으로 요수에 이르렀다. 남으로는 우리 함경도의 전부와 평안북도의 대부분에 걸치고, 이밖에 그 세력 하에 있는 땅이 또 얼마 있었다. 이 안에 5경과 12부를 두었고, 도성은 상경이라 하여 지금 동만주 영고탑의 서남 목단강가에 있는 동경성이 그것이다.

발해는 고구려의 문화를 물려받았고 또 당과 서역에서 새 문물을 들여다가 더욱 진보 향상시키기에 힘써서, 북방에서 처음 보는 문명국을 만들었다. 동으로 바다 건너의 왜와 서쪽으로 대륙 여러 나라에 무역을 힘써서 경제력이 자못 가멸었다. 무력 또한 강대하여 사방 인근을 누르고 지내니, 신라에서는 북국(北國)이라 하여 발해를 매우 두려워하였다.

발해인으로서 시문과 서화로 드러난 이도 적지 않고 또 공예에도 뛰어난 솜씨가 있어서, 석조(石彫)와 도자기 그릇이 당으로 많이

상경 용천부(중국, 헤이룽장 성 닝안 현)
발해 5경 중 하나로 발해 멸망 전까지 수도였다.

가서 큰 칭찬을 받았다. 동북 깊은 땅에 발해국이 성립하여 수백 년 동안 넉넉하게 유지됨으로써 이 방면에 문화를 보급하는 큰 기회가 되었다. 후일 말갈 종족 가운데서 여러 번 큰 나라가 일어난 것은 실로 발해 덕에 문화의 뿌리가 박혔다가 가끔 새 움이 돋고 꽃이 피는 것이었다.

제22장 백제 · 고구려의 유민

백제와 고구려가 나라는 없어졌지만 백성들의 우수한 자격은 그대로 뭉그러질 리가 없어서, 다른 나라로 나가서 빛난 사적(事蹟)을 남긴 이가 무수하였다. 백제가 믿지 못할 왜를 믿다가 허무하게 나라를 지키지 못하자 유민들의 원한이 깊어서 조국 부흥 운동이 끊이지 않았지만, 이것저것 다 효력을 보지 못했다.

유민 장수 중에는 당으로 건너간 이가 적지 않았다. 당 고종 때에 하원(河源)군 경략대사로서 토번 · 돌궐 등 서방의 강한 종족을 제압하여 안팎으로 이름이 난 흑치상지(黑齒常之)가 그 한 사람이다. 토번은 지금 시짱족(西藏族; Tibet)이고 돌궐은 지금 터키족으로, 다 당나라 사람이 제어하지 못하던 터였다.

고구려 유민으로 새 나라인 발해에 들어가지 않고 당으로 가서 크게 활동한 이가 많았다. 그 가운데 고선지(高仙芝)란 이는 또한 서역 방면의 병마원수가 되어서, 지금 중앙아시아로부터 서아시아에 걸치는 여러 종족 72국을 항복시켜서 전후에 없는 큰 공을 세웠다. 이정기(李正己)라는 이는 지금의 북중국으로부터 만주에 걸치는 광대한 지역을 통할하는 절도사가 되어서 권세가 일세를 떨쳤다. 왕사례(王思禮)라는 이는 재정의 대가로 유명하고, 또 안녹산의 난을 평정하는 데 큰 공이 있어서 시인 두보가 대단히 찬탄하였다.

백제와 고구려의 유민으로 신왕조에 불복하고 왜에 들어가 은둔해 버린 이도 많았다. 그들은 학문과 기술로써 당대에 현달하고 왜의 문화 개발에 크게 공이 있었다. 또 엄청난 재력을 가져서 나라의 큰일에 이들의 힘을 빌어야만 했다. 백제 유이민의 딸로 왜왕의 부인이 되고 그 소생이 임금 자리에 올라, 외척이 재상 이하 모든 중요한 지위에 오른 이도 있었다.

도읍에 두고 중용하지 못하는 대중은 여러 지방에 벌여 두고서 이들만으로써 따로 군(郡)을 만든 데도 많았다. 각처에 있는 이른바 백제군 · 고려군이라는 것들이 그것들이다. 이들은 다 지방의 문화와 산업에 큰 공적을 남겼다.

또한 떼 지어 들어간 신라인을 위하여 신라군을 둔 것도 여럿이다. 이러한 이주민들은 그 지방에서 세력이 자못 컸다. 지금부터 1,130년쯤 전에 도토미(遠江) · 스루가(駿河) 두 지방에 거류하는 신라인 700명이 소란을 일으키자, 그 부근의 병력을 다 기울여도 평정하지 못하고 7국의 군사를 출동하여서 겨우 진압한 일도 있었다 (신라 헌덕왕 12년).

제23장 9주와 5경

신라는 통일의 업을 이룬 뒤 약 1세기 동안에 문화의 향상과 함께 제도 정비가 성행하였다. 그러는 데에는 중국에서 모범을 취하는 것이 많으며, 각 방면의 고어(古語) 고유 명사를 버리고 한자식 문자를 따르는 것이 거의 통례로 되었다. 제35대 경덕왕 16년(757)에 국내를 크게 9주로 나누었다. 삼국 통일 이후에 겨를이 없다가 이때에 실행한 것이다.

본래부터 본국의 경계 안이던 곳에 3주를 두었다. 도읍의 동북인 경주 통로에 해당하는 데를 상주(尙州)라 하고, 도읍의 남쪽을 양주(良州), 서쪽을 강주(康州)라 하였다. 백제 국토이던 곳에 3주를 두었다. 백제 도읍의 북쪽을 웅주(熊州)라 하고, 서남쪽을 전주(全州)라 하고, 또 그 남쪽을 무주(武州)라 하였다. 고구려의 남쪽 경계이었던 곳에 3주를 두었는데, 가장 서쪽을 한주(漢州)라 하고, 그 동쪽을 삭주(朔州)라 하고, 동쪽 끝을 명주(溟州)라 하였다. 이 9주를 다시 5소경(小京) · 117군 · 293현으로 세분하였다.

대체로 말하자면, 상주는 지금 경상북도의 대부분과 충청북도의 일부이고, 양주는 경상북도의 남부와 경상남도의 대부분이고, 강주는 경상북도의 서반부이고, 웅주는 충청남도 전부와 충청북도 일부이고, 전주는 전라북도이고, 무주는 전라남도이고, 한주는 경기도 · 황해도의 전부와 충청북도의 각 일부이고, 삭주는 강원도의 영서 지방과 함경남도의 일부이고, 명주는 강원도의 영동 지방에 해당한다.

5소경이란 각기 한 방면에 있는 군사적 병참 기지로 특별히 시설한 곳을 말한다. 양주의 김해 소경(지금의 김해), 한주의 중원경(충주), 삭주의 북원경(원주), 웅주의 서원경(청주), 전주의 남원경(남원)이 그것이다. 각 주의 장관은 옛날에 군주(軍主)라 부르다가, 문무왕 원년에 총관(摠官)으로 고치고, 원성왕 원년에 도독(都督)이라 일컬었다. 경에는 사신(仕臣; 혹은 仕大等이라 일렀다), 군에는 태수, 현에는 현령이 있었다.

경덕왕은 지방의 구획을 새로 정하면서 그전에 국어로 지었던 주군현 이름을 한문식 두 글자 이름으로 바꾸었다. 이를테면 옛 이름을 우아하게 변통하여, 사물(史勿)을 사수(泗水)라 하고, 달구불(達句弗)을 대구(大丘)라 하고, 두부지(豆夫只)를 동복(同福)이라 하고, 반나부리(半奈夫里)를 반남(潘南)이라 하였다.

또 옛 이름을 번역하여 살매(薩買)를 청천(淸川)이라 하고, 매홀(買

忽; 매골)을 수성(水城)이라 하고, 사열이(沙熱伊; 서늘이)를 청풍(淸風)이라 하고, 제차파의(濟次巴衣; 제츠바의)를 공암(孔巖)이라 하였다. 경덕왕은 18년(759)에는 관직 이름도 한문식으로 바꿨다.

제24장 신라의 전성기

신라가 통일의 대업을 성취함으로써 재물과 인재가 모두 중앙으로 몰렸다. 또 당을 중간에 두고 당시의 모든 세계 문물을 흡수하여 신라 서울의 문화는 찬란하기 짝이 없고, 상류 사회의 생활은 호사가 대단하였다. 한참 성대할 시절에는 서울의 호수가 17만에 이르러서 거리의 길이가 55리에 뻗쳤다. 또 모든 가옥이 다 기와집으로 초가가 하나도 없으며, 밥도 숯으로 짓고 나무를 때지 않았으며, 가악의 소리가 거리거리에 널렸다 한다.

물론 궁궐과 전우(殿宇)가 장려했으며, 월성의 동쪽에 못을 파고 물을 대 임해전(臨海殿)을 지었는데, 해상의 봉래산을 본떠서 물빛과 산색, 진기한 꽃과 나무가 결코 인간 세상의 것이 아니었다. 남산(금오산)의 서쪽에 포석정을 지었는데, 돌을 곱게 다듬어 곡수(曲水)를 만들고 잔을 물에 띄워 보내며 즐거움을 취하는 곳이었다. 이러한 놀이터를 사방에 만들어 놓고 군신 상하가 태평을 즐겼다.

신라의 통일 운동에 불승의 공로가 큰 만큼, 국가가 불교를 대단히 숭배하고 또 그 가운데서 위대한 승려가 많이 나와서 불교의 지위가 더욱 높아졌다. 이러구러 서울 안에 큰 사찰이 많이 들어앉아 민가보다 불우(佛宇)가 더 많다는 말이 있기에 이르렀다.

사찰 건축과 불상 설치도 다 엄청났다. 이를테면 왕궁의 한 모서리를 떼어 지은 황룡사에 모신 장륙불상(丈六佛像)은 황동 3만 5천 근, 두 보살상은 1만 2천 근을 들인 것이고, 구층탑은 몸높이만

포석정(경북, 경주)

183척, 정수리 높이가 42척이요, 종은 동 50만 근을 부어 만든 것이었다.

서울 안만 아니라 그 주위에도 큰 사찰이 수북하였다. 우선 토함산의 불국사 · 석불사가 그것이다. 이 두 절의 건축 · 조각 등 솜씨는 다 세계에 유명한 것이다. 지방에도 거룩한 사찰이 많았다. 통도사 · 해인사 · 부석사 · 화엄사 등이 그 가운데 더 이름난 것이다. 이렇게 신라의 서울과 사찰들의 번화스러운 광경이 보탬보탬 전파하여 신라는 황금국이라는 소문이 멀리 천하 각국에까지 들렸다.

제25장 해상 활동

신라가 당나라와 친밀히 지내면서 신라인의 국외 활동이 갈수록 활발해졌다. 이른바 황해와 동중국해는 문 앞의 조그만 호수가 되고, 왕래하는 배들이 마치 베틀에서 북이 나들 듯하였다. 해외로 나가는 이 중에는 오래 거기 가서 머무는 이도 있고, 또 한곳에 많이 몽켜 사는 이도 있어서 중국의 산둥 반도로부터 동해 연안 전부와 양쯔 강 도처마다 신라인의 거류지가 수북하게 생겼다. 이런 데를 신라방(新羅坊)이라고 불렀다.

1,100년쯤 전, 흥덕왕 시절에 장보고라는 이가 처음 당에서 군인으로 용맹을 떨쳐 이름이 있었다. 뒤에 본국으로 돌아와서 지금의 완도에 청해진(淸海鎭)을 베풀고, 먼저 해적들을 없애고 다음으로 당의 연해 각지에 있는 신라인의 거류지를 연락하여 서로 편리를 얻게 하였다. 또 차차 수많은 배로 당과 왜의 여러 지방으로 돌아다니면서 삼국간의 교통 무역을 독점하여, 동방의 해상권을 한 손에 붙잡고 재력과 위세가 한 세상을 덮었다.

신라인의 해상 활동은 당의 해안으로부터 차차 남방으로 뻗어가서, 그때 아라비아 상선이 다니는 남양 여러 항에 신라인의 족적이 골고루 들어갔다. 다만 상인뿐 아니라 인도로 유학하러 가는 불교 승려들이 남방으로 많이 왕래하여 곳곳에 그 유적이 남아 있다.

신라의 승려로서 인도로 갔던 이 가운데 가장 유명한 이는 1,200여 년 전 성덕왕 때의 혜초(慧超)이다. 그는 남해로부터 서쪽으로 가 다섯 인도를 편력하고 페르시아·아라비아와 동로마 여러 나라를 두루 관광하고, 육로로 파미르 고원을 넘어 당의 장안에 도착하였다. 그 여정과 보고들은 것을 기록한『왕오천축국전(往五天竺國傳)』을 후세에 남겼다. 이 기록은 그때 당시 동서양이 교통하여 다니는 길을 조사하는 데 중요한 재료로서 세계의 학자들이 보배처럼 여겨 연구하고 있는 것이다.

제26장 거타지 이야기

신라인이 바다를 평지로 알고 당으로 다닐 때에 해양 관계의 무수한 설화가 생겨서 일반 국민의 해양에 대한 흥미를 환기시켰다. 그 가운데 이러한 것이 있다.

제51대 진성 여왕 때에 왕의 막내아들 양패(良貝)가 당에 사신으로 가는데, 배가 골대도(骨大島)에 다다라서는 풍랑이 크게 일어 10일이 지나도 주저앉지 않았다. 양패가 심상치 않은 일이라 생각하고 있는데, 꿈에 한 노인이 와서 뛰어난 궁수 한 사람을 머무르게 하면 순풍을 얻으리라 하고 갔다.

양패가 깨어서 이 말을 여러 사람에게 이르고 어찌할지를 물었다. 다들 일행 50명의 이름을 따로따로 써서 물에 던져 보자고 했다. 그렇게 했더니 거타지(居陀知)라는 군사의 이름이 가라앉아서 거타지를 섬에 내려놓으니 곧 순풍이 불어서 배가 수월히 갔다.

거타지가 근심에 싸여서 섬 안의 한 연못가에 서 있는데, 문득 한 노인이 나타나서 말했다. "나는 서해의 임자일세. 날마다 해 뜰 녘에 한 소년이 하늘에서 내려와 무슨 주문을 외우고 연못가를 세 바퀴 돌면 우리 집안 식구들이 저절로 물위로 떠오르는데, 그놈이 차례차례 우리 자손의 간을 꺼내어 먹고 갔네. 이제 다른 식구들은 다 잡혀 먹고 우리 노부부와 어린 딸 하나만 남았는데, 내일 아침에 또 그놈이 올 터이니, 그대가 재주껏 활을 쏘아주게."

거타지가 "활 쏘는 일일랑 걱정 마시오."하니 노인이 감사하고 물로 들어갔다. 거타지가 나무 뒤에서 망을 보니, 과연 이튿날 새벽 녘에 한 소년이 내려와서 주문을 외워 용이 떠오르자 그 간을 꺼내려 했다. 거타지가 얼른 활을 당겨 화살 하나를 쏘아 보내니, 그놈이 곧 늙은 여우로 변하여 땅에 엎드러져 죽었다.

그러자 노인이 나와서 치사하며 말했다. "그대의 은덕은 무어라

할 길 없지만, 정표로 내 딸을 내어줄 것이니 사양 마소." 거타지가 "얼마나 좋으리까." 하였다. 이 노인이 그 색시를 꽃가지 하나로 변화시켜 거타지의 품속에 넣어 주고, 이어 두 용에게 거타지와 사신의 배를 받들어 당나라 땅까지 모셔다 두라 하였다.

당에서 신라 사신의 배를 용이 짊어지고 들어오는 것을 보고 신기한 일이라 하여 얼른 황제에게 고하였다. 황제도 이번 사신은 필시 보통 사람이 아닌가 보다 하고 대우를 가장 융숭하게 하고, 금은 비단을 더욱 많이 선물하였다. 귀국한 후에 이번 일은 도무지 거타지의 공이라 하여 그 선물을 나누어 주어서 거타지가 금세 큰 부자가 되고, 가슴 속의 꽃가지를 꺼내자 도로 색시가 되니 내외가 되어서 재미있게 살았다는 것이다.

이런 따위의 설화가 허다히 생겨서, 신라인으로 하여금 바다를 친애하게 하고 또 거기에 희망을 붙이게 하였다.

제27장 민간 설화의 세계색

바다와 육지 양쪽으로 세계 문화를 흡수하는 길을 가진 신라인의 생활에는 어느 부분에도 세계적 요소가 들어 있었다. 이것을 민간 설화로 살필 때에 가장 흥미 있는 실례를 발견할 수 있다.

제29대 태종무열왕(김춘추)이 임금이 되기 전에 사신으로 고구려에 갔는데, 고구려 왕이 억탁하여 "마목현과 죽령이 본디 우리 땅이니, 그대가 그곳을 우리에게 돌려보내지 않으면 그대를 못 돌아가게 하리라." 하고 억류하였다. 김춘추가 뇌물을 왕의 총신에게 주고 무슨 방법이 없겠느냐 하였더니, 그가 와서 "그대는 거북과 토끼 이야기를 듣지 못하였는가." 하며 얘기했다.

옛날에 동해 용왕의 딸이 염통에 병이 있었다. 의사 말이 토끼

간을 쓰면 나을 것이라 하는데, 바닷속에 토끼가 없어 어쩔 줄을 몰랐다. 한 거북이가 나서서 제가 얻어 오리라 하고 육지로 나와 토끼를 만나, "바다 가운데 한 섬이 있으니 샘은 맑으며 돌은 하얗고 수풀은 무성하고 과일은 맛이 좋으며 추위와 더위는 이르지 못하고 매와 송골매도 침입하지 못하니 거기 가서 살면 얼마나 좋겠느냐."하고 꾀어서 등에 토끼를 업고 바다 가운데로 들어갔다.

한참 가서 이제는 괜찮겠지 하고 거북이가 토끼를 돌아보며, "실상은 용왕의 딸이 중병인데 네 간이 약이라 해서 데리고 간다."라고 했다. 그러자 토끼가 "그러면 낭패다. 나는 신명(神明)의 자손이므로 능히 오장을 집어내서 가끔 씻어 넣는데, 요새 가슴이 좀 갑갑하기로 마침 간을 내어 빨아서 암석 밑에 두었다. 네 말이 하도 흥감스럽기로 얼른 따라오느라고 간을 그대로 거기 두었구나. 어서 가서 간을 가져가야 하지 않겠나. 너희에게는 간이 필요하고 나는 간이 없어도 살 수 있으니, 서로 좋도록 하자." 하였다.

거북이가 이를 믿고 도로 뭍으로 나오자, 토끼가 깡충 뛰어내려 풀 속으로 들어가면서 거북이를 놀렸다. "어리석은 거북아, 세상에 간 없이 사는 놈이 어디 있냐." 하자, 거북이가 뒤통수를 치고 돌아왔다.

김춘추가 이야기의 의미를 알아듣고 곧 고구려 왕에게 하라는 대로 하겠다 하고 풀려나 돌아왔다는 이야기가 『삼국사기』에 실려 있다. 그런데 이것은 인도의 옛 이야기책인 『자타카』에 들어 있어서 세계 각처에 퍼져 다니는 이야기이다.

제48대 경문왕은 임금이 되자 귀가 우적우적 자라서 당나귀 귀만 하였는데, 궁중에서 아무도 모르고 복두장(幞頭匠; 복주장이, 감투 만드는 이) 하나가 이 비밀을 알았다. 그러나 임금의 흉을 드러낼 수 없어서 평생 남에게 말을 못했다. 죽을 때가 되어 도림사 대숲 속 사람 없는 곳에 들어가서 대를 향하여 "우리 상감의 귀는 당나귀 귀와 같단다." 하였다. 그 뒤로는 바람이 불면 대숲에서 "우리 상감의 귀는 당나귀 귀와 같단다."하는 소리가 났다는 이야기가 예로부터 전해 내려온다.

그런데 이것과 앞뒤 똑같은 본새의 이야기가 먼 서양의 그리스 신화 가운데 있다. 미다스 왕이라는 이가 음악의 신 아폴로의 거문고 타는 소리를 나무랐더니, 아폴로 신이 대노하여 이런 귀는 당나귀 귀와 다를 것 없다 하여 부쩍 잡아 늘여서 그렇게 되었다는 내력이 붙어 있다.

신라인이 해외에 가서 들어 전하는 것도 있을 것이고 외국인이 신라에 들어와서 퍼뜨린 것도 있어서, 멀고 가까운 세계 각 지방의 신화와 전설은 신라 가정의 등불 아래와 화롯가에서 예사로이 이야기되고 있었다.

제28장 만불산

우리나라의 산물과 제조품으로서 외국으로 수출하여 호평을 받은 것이 많다. 고구려의 먹과 신라의 술도 그것이고, 당의 양귀비가 평생 동안 고구려에서 만든 홍옥 팔찌의 정교함을 사랑하여 잠시도 몸에서 떼지 않았다는 얘기도 유명한 사실이다.

당 대종의 때인 약 1,180년 전에 신라가 만불산(萬佛山)을 당에 선사하였다. 높이 1장 되는 침향목으로 첩첩한 산을 조각하고, 갖은 진주로 부처와 다른 물건 생김새를 만들어 낸 것이었다. 큰 불상은 한 치도 되나, 작은 것은 7, 8푼이며, 불두는 기장 알만도 하고 쌀 반 톨만도 하였다.

거기에 이목구비와 다른 온갖 형상이 구비하며, 또 금과 옥과 수정을 다듬어서 불감(佛龕)과 상탁(牀卓) 등도 만들고 기이한 화초도

벌였다. 또 여러 가지 주옥을 모아서 전각 누대를 지었는데, 형체는 작을 법해도 기세는 곧 날아오를 듯하였다.

건축물 앞길에는 왕래하는 승려 무리가 백인지 천인지 수를 알 수 없으며, 그 아래에는 지름 세 치쯤 되는 자금종(紫金鐘)을 거북이 입으로 물고 있는데, 뎅 하고 종을 치면 지나는 승려들이 예배를 땅에 닿게 하고 어디선지 찬불하는 소리가 은은히 들려왔다. 대개 그 고동이 종 속에 있는 것이었다. 대체로 이름을 만불산이라고 하였지만 실제 숫자는 얼마인지를 알 수 없었다.

대종 황제가 그해 4월 8일에 이 산의 어느 틈새에 빛이 나는 구슬을 넣어 거기에 햇빛이 비치게 한 뒤에, 장안에 있는 모든 승려를 궐내로 불러 들여서 만불산을 예배하게 하였다. 보는 이가 다 인공으로 만든 것이 아니라 하며, 기이한 빛이 그 속에서 반사되어 나오자 부처의 몸에서 빛을 내는 것이라고 경탄하였다는 말이 당시의 문적에 기록되어 있다. 이와 비슷한 정교한 물건이 가끔 중국으로 가서 우리의 정교한 기예를 놀라게 한 사실이 많다.

제29장 삼국이 다시 벌어짐

신라의 태종무열왕(김춘추)이 백제를 멸하고 문무왕(김법민)이 고구려를 타도하여 대체로 신라가 삼국을 통일하였다. 그러나 실상은 고구려 옛 땅의 대부분이 따로 떨어져 나가서 당시의 실정으로는 진정한 통일은 다른 날을 기다려야 했다.

그런데 통합한 뒤 200여 년에 국민 상하가 차차 교만과 사치에 젖어서 억센 기운을 잃어버리고, 한편으로는 과도하게 당나라를 모방하고 형식적으로 불교를 숭상하였기에 국가의 경제력이 나날이 약해지고 또 어느덧 신라의 국민 이상과 역사적 사명을 잊어 버리기에 이르렀다.

1,060년쯤 전에 진성 여왕이 즉위하면서 정치가 문란하여지고, 게다가 흉년이 거푸 들어서 백성이 살 수 없어졌다. 그러자 도적이 사방에서 일어나고 이것들이 이합집산하여 궐기를 거듭하는 가운데, 남방에는 완산(지금의 전주)에 웅거하여 후백제라고 일컫는 견훤이 남고, 북방에는 철원에 웅거하여 후고구려로 자처하는 궁예가 남았다. 그래서 신라와 아울러서 다시 삼국 병립의 형세를 나타내었다.

궁예는 본디 신라 왕실에서 나온 사람으로, 그의 혁명 운동에는 상당한 이상을 가지고 있어, 나라 이름을 마진(摩震)이라 하였다. 마진은 동북방에서 일어나서 세계를 통일하리라는 뜻이었다. 남쪽 한 귀퉁이에 치우쳐 있는 견훤은 말할 것 없지만, 북방 세력을 대표한 궁예의 건국 정신에는 당연히 옛 고구려와 같은 북방 회복이

견훤산성(경북 상주)
『상주읍지』에는 '성산산성'이라고 하였으며, 견훤이 축성한 것으로 기록되었다.

들어 있었다. 사실상으로도 궁예는 건국 이후에 대동강·청천강 저쪽을 연방 공략하여 적지 않은 땅을 거둬들였다.

그러나 궁예는 성질이 사나워서 사람을 제어하는 데 실수하는 일이 많고, 건국 10년에 국호를 다시 태봉(泰封)이라고 고치면서 교만한 기세가 더욱 늘어나 백성의 신뢰를 잃었다. 결국 부하인 왕건 일파가 그를 집어치우고 시대 인심이 요구하는 정책을 실행하겠다고 나섰다.

왕건은 본래 송악군에서 태어난 순 북방계의 사람으로, 도읍을 철원에서 송악으로 옮기고 개주(開州)라 하였다(후에 개성이라 고쳤다). 이는 북방으로 진출하는 편리함을 취한 것이고, 국호를 고려라고 한 것은 고구려의 뒤를 받는 정신을 명백하게 표시한 것이다.

왕건이 일면 교전과 일면 모략으로 후백제와 신라를 차례로 어우르고, 두 번째로 삼국을 다시 통일한 것이 왕건 19년(936), 지금부터 1천 십수 년 전의 일이다. 태봉은 18년, 후백제는 45년 만에 넘어지고, 신라는 박·석·김 3성을 합하여 56왕에 992년, 삼국을 통일한 뒤 268년 만에 고려에 나라를 내주었다(태봉은 918년, 신라는 935년, 후백제는 936년에 망했다).

발해는 신라 합병보다 10년 앞서서 거란에게 망했다(926). 무릇 14왕에 228년을 누렸으며, 그 왕실과 대신과 유민의 대부분이 고려로 돌아왔다. 이로써 고구려의 땅은 아직 찾지 못하였지만 그 백성은 발해를 거쳐 마침내 한데로 모인 셈이다.

제30장 신라의 학예

고구려와 백제는 문화는 일찍 열렸지만 꽃과 열매가 크지 못하다는 한탄이 있는데, 신라는 자기의 전통 외에 두 나라의 짙은 세간을 물려받고 또 유학생을 당에 계속 보내서 지식과 기술을 수입하였기에 삼국 통일 후의 신라 문화는 더욱 고도에 달하였다.

옛날 신라에 도솔가(덧소리)라는 노래가 있어서 천지 귀신을 감동하는 힘이 있다고 해왔는데, 덧소리의 형식과 내용이 차차 발달하여 드디어 국민 문학의 한 덩어리를 이루고, 작가와 작품이 세대와 함께 많아졌다.

경덕왕 때의 월명 법사와 진성 여왕 때의 대구 화상은 그 가운데 특출한 이들이다. 대구 화상은 덧소리를 수집하여 『삼대목(三代目)』이라는 책을 만들었다. 덧소리는 뒤에 향가(鄕歌)라고 썼는데, 곧 한문에 대하여 우리 고유한 노래라는 뜻이다.

한문은 중국과의 교통이 잦아지면서 우쩍우쩍 발달하여 진흥왕 이후로는 제법 볼만한 것이 많이 나왔다. 태종무열왕 때의 강수(强首)는 외교 문서를 지어 삼국 통일의 위업에 공헌이 컸다. 신문왕 때의 설총(薛聰)은 국어로 한문을 새기는 규범을 세우고, 또 한문을 빌어서 국어의 음을 표기하는 이두법을 마련하였다. 경덕왕 때의 김대문(金大問)은 국사학에 뜻을 두어 '전기(傳記)'·『화랑세기』·『고승전』·『악본(樂本)』·『한산기(漢山記)』등 수많은 저술을 끼쳤다.

성덕왕 때, 약 1,240년 전에 김생(金生)이란 이는 팔십 평생에 글씨 연습을 쉬지 않았고, 여러 서체의 묘를 다 얻어 후세에 서성(書聖) 왕희지와 나란히 불렸다. 그보다 훨씬 앞서는 어느 왕대에 솔거(率居)라는 이는 천생으로 그림을 잘하여서, 일찍이 황룡사의 벽에 노송을 그렸더니 어쩌나 실물과 똑같던지 매양 날짐승들이 들어와 깃들이려 하였다 하고, 각처의 사찰에 있는 그의 불화를 다 신필(神筆)이라고 일컬었다.

경문왕 때, 약 1,080년 전에 사량부 사람 최치원(崔致遠)은 12세에 당에 가 학문에 힘써 18세에 등제(문장에 대한 국가 시험에 급제함)하여 명성이 높았다. 당시에 황소의 난이 있어 토벌군이 갈 때 비

57

국민조선역사

최치원 초상

서로 선임되어 군대 내의 일체의 기록을 맡았는데 세상이 눈을 둥그렇게 떴다. 최치원이 고국으로 돌아와서 문학으로 크게 드러났지만 난세를 당하여 다른 공적을 끼치지 못하고 산수 간에 노닐다가 세상을 마쳤다. 또 최치원과 전후하여 신라인으로서 당에서 등제한 이가 많이 있으며, 신라의 학자 · 승려 · 기술가로서 당에서 이름을 나타낸 이도 적지 아니하였다.

제31장 가배

어느 나라에도 1년 안에 여러 번 명절이 있고, 그중에도 국민 상하가 다 같이 즐겁게 노는 동시에 인민의 사기를 기르고 기예를 겨루는 모임을 삼는 대표적 명절이 있다. 신라에서는 8월 보름날을 가배(嘉俳)라 하여 이러한 큰 명절로 쳤다. 가배는 뒤에 가위라고 부르게 되었다.

무릇 봄부터 농사를 지어서 온 여름 애쓰다가 8월 보름이 되면 몸이 비로소 한가해지고, 한편으로 곡식이 여물고 과실이 익고 또 푸성귀도 새 살이 쪄서, 닥쳐오는 겨울과 오는 한 해를 안심하고 사는 일이 이때에 결정된다. 그런데 어느 달의 보름보다 8월 보름의 달은 유난히 밝고 날씨는 춥지도 덥지도 않아서 기꺼움의 샘이 저절로 속에서 솟아 나올 수밖에 없다. 8월 보름이 큰 명절이 된 것은 이러한 조건이 구비하였기 때문이다.

이날 사나이들에게는 임금이 친히 잔치를 베풀고 관리들에게 활쏘기 내기를 붙여서 말이나 옷감으로 상을 태운다. 여인에게는 임금의 따님이 서울 안의 색시를 모아 7월 15일부터 길쌈내기를 붙였다가 이날에 이르러 성적을 견주어 지는 편이 술과 음식을 차려다가 이긴 편을 대접한다. 거기에 이어 가무백희를 설행하여 서로 즐기고, 오는 해의 승부를 서로 약속하면서 헤어졌다.

뒤에 신라가 북쪽 나라들과 싸웠는데, 이날 승전하여 나라의 근심이 펴지자 이러한 의미까지 첨가하여서 가위의 놀이는 더욱 성대하여졌다. 이렇게 8월 가위는 여러 가지 이유로 남녀 관민 없이 다 같이 크게 즐기는 푸진 명절이다. 그때부터 "더도 덜도 말고 1년이 내내 가윗날만 같아라." 하는 속담이 생겨서 지금까지 내려온다.

중고

제32장 고려와 북방 대륙

고려 태조 왕건이 두 번째로 삼국을 어우르자, 신라의 폐정을 고치고 아무쪼록 정치를 간소하게 하여 국력과 민족 정기를 기르기에 힘썼다. 하루바삐 북방으로 진출하는 국책을 실행하기 위하여 정신과 물자 양면으로 필요한 준비를 진행하였다. 태봉의 궁예 때에 이미 청천강까지의 땅을 우리 판도로 집어넣더니, 고려 태조가 그 뒤를 이어서 와짝 걸음을 내디뎠다.

신라 통일 이후에 오래 황폐하였던 평양성을 수축하여 남방의 인민을 데려다가 채우고, 여기를 서경(西京)이라 하여 서울인 개성에 다음 가게 하고, 북방으로 발전하는 병참 기지에 필요한 시설을 하였다. 태조 자신도 여러 번 서경으로 행차하였고, 유훈을 만들어서 자손들이 자주 서경으로 순행할 것을 부탁하였다. 자손들도 이 뜻을 받아서 자못 서경에 마음을 써서, 이것이 고려의 국세 발전에 크게 보탬이 되었다.

이때 북방 대륙에는 거란 민족이 요서(遼西)에 일어나서 세가 강했다. 태조 초년에 발해국을 멸망시키고 그 땅에 동단국(東丹國)을 만들고 아들 하나를 보내 두자, 이때부터 고려와 거란이 국경을 마주 대게 되었다. 태조는 머지않아서 거란과 충돌할 일이 있을 것을 생각하고 국민 상하의 거란에 대한 적개심을 고취하며 나라에서 물건 주고받는 길을 끊고 백성끼리는 통혼하는 일이 없게 하여 때가 오면 아무 구애 없이 냅다 갈기기를 기약하였다.

태조 25년(942)에 거란이 사자를 보내어 낙타 50필을 선사한 일이 있었다. 이에 왕이 "거란이 일찍이 발해와 화목하다가 문득 다른 마음을 먹고 맹약을 배반하여 멸망시키니 이는 무도하기 심한 자라. 어찌 사이좋게 지낼 수 있겠느냐." 하여, 드디어 사신 교환을 끊고 사자 30인을 섬으로 귀양 보내고 낙타를 만부교 아래에 매서

굶겨 죽였다. 이만큼 단호한 태도를 취하였다.

제33장 성종의 제도 정리

고려는 건국한 뒤에 북방에 대한 일이 바빠서 국내 일에는 미처 손이 돌아가지 않다가, 세월이 70~80년을 지나고 임금이 6대를 거듭하여 성종 대에 이르러서는 국가 체제를 정비할 기운이 되었다.

중앙에는 상서성(尚書省) 밑에 이부·호부·병부·형부·예부·공부의 6부(部)를 두어 정무를 분장하며, 지방에는 경기도의 밖에 관서도·중원도·하남도·강남도·영남도·영동도·산남도·해양도·삭방도·패서도 등 10도(道)를 두고, 각 도에는 주·부·군·현을 합하여 580여 구역이 속해 있었다. 이 10도는 뒤에 여러 번 변경이 되다가 5도와 양계(兩界)로 만들어 오래 유지되었다. 5도란 양광도·경상도·전라도·교주도·서해도이고, 양계란 동계·북계를 말한다. 계(界)란 국경 방면이라는 뜻이다.

군사 대비로는 중앙에 좌군영과 우군영을 두고 지방에도 필요한 군병을 헤쳐 두었다. 동북·서북의 두 국경 방면에는 특별히 병마사를 보내서 외국에 대한 방비를 맡겼다. 조정에는 중추원을 두어 군사상의 지휘를 맡겼다.

농정에 크게 마음을 써서 조세를 가볍게 하며, 시기를 놓치는 일이 없도록 부지런히 신칙하며, 폐물이 된 병기를 거둬서 농기구를 만들며, 홍수와 가뭄과 서리와 충해 등 천재지변에 대하여 세를 감하는 법을 정하였다. 또 여기저기에 의창(義倉)을 베풀어서 흉년에 대비하고, 상평창(常平倉)을 베풀어서 미곡 중심의 물가 조절을 시행하였다.

교육 방면에서는 지방의 뛰어난 자제를 서울로 데려다가 국비로 학문을 성취하게 하며, 그중 성적이 좋은 자는 중국으로 유학 보내서 거기서 등제하여 이름 날린 이가 연방 나왔다. 또 지방에는 서적이 귀하다 하여 선비 자제들로 하여금 필요한 책과 좋은 책을 등사하여 두고 돌려 보는 일을 장려하였다.

후생 방면에서는 의약의 보급을 위하여 각 도에 의학박사를 하나씩 두어서 지방인을 교도하고, 수시로 생기는 요구에 대하여 적당한 위생 시설을 행하였다. 또 나라 안의 요로에는 주점(酒店; 숫막)을 두며, 진포(津浦)에는 객선을 준비하여 여행객에게 편리케 하였다.

고려에서는 이때까지 포(布)를 통화로 하여 폐단이 많았다. 성종 15년(998)에 비로소 철전을 만들어 유통시켰다. 그러나 민도가 아직 낮아서 도중에 폐하여질 수밖에 없었다. 성종조의 이러한 제도들은 약간 변통을 더하면서 후세에 많이 준용되었다.

제34장 제위보와 대비원

고려에서 북진 정책 다음으로 진력한 것은 삼국 병란 통에 간난에 빠진 민생을 구제하는 일이었다. 처음에는 조정에서 일시적인 선정으로써 필요한 구제를 행하다가, 제4대 광종 14년(963)에 제위보(濟危寶)를 베풀어 일정한 규모 아래 가난하고 병들고 의지할 데 없는 백성을 구제하는 상설 기관으로 삼았다. 보(寶)란 기본 전곡을 갖춰 두고 이자를 가지고 사업을 경영하는 재단이다. 고려 시대에 허다한 보가 있었지만 그중에 제위보는 인민의 위급함을 구제하는 재단으로서 공적이 가장 컸다.

제위보의 경영 사업 중에 가장 두드러진 것은 대비원(大悲院)이었다. 곧 개성의 동문 밖과 서문 밖에 커다란 집을 지어 놓고 홀아비, 과부, 고아, 자식 없는 늙은이, 가난하고 병들어 불쌍한 사람을 수용하여 먹을 것과 입을 것을 주고 진료를 베풀고 또 적절한 구호를 더하여 주는 기관이었다. 필요한 때에는 사업 범위를 넓혀서 전염병에 대한 일과 행려 사망자를 거두어 매장하는 일과 흉년에 굶주린 백성을 먹이는 일을 담당하기도 하였다.

제위보와 대비원은 뒤의 역대 군주가 갈수록 힘을 써 전곡 외에 전토를 주어 활동 자원을 넉넉하게 하였다. 뒤에 대비원 외에 따로 혜민국(惠民局)을 두고 의약 구료에 대한 상설 또는 전담 기관을 삼았다. 대비원의 일은 대개 불승으로 하여금 담당하게 하여 종교적 신념에서 나오는 성의를 철저히 발휘하게 하였으며, 혜민국은 필요한 때에는 전임 의원 외에 국의(國醫)를 보내 협력하게 하였다.

제35장 압록강 이동을 얻다

고려와 거란이 대항하고 있을 때에 대륙에는 당과 그 지류들이 없어지고 송이 중원을 차지하고 있었다. 거란이 중원에 뜻을 두고 송을 집적거리자, 송이 이를 감당하지 못하여 고려의 힘을 빌어서 거란의 덜미를 짚어 누르려고 생각하였다. 고려도 북방의 발전이 거란 때문에 뜻과 같지 못하여, 송과 함께 양쪽에서 거란을 좁히는 것을 해롭지 않게 여겼다. 그래서 고려는 거란과 송의 싸움에 항상 송의 편을 들었다.

이 동안에 거란은 국호를 요(遼)라고 고쳤다. 요가 대륙의 중원에서 싸우는 동안에는 이쪽을 모르는 체하다가, 거기서 숨 좀 돌리자 성종 12년(993)에 요왕 문수노(文殊奴; 성종)가 소손녕(蕭遜寧)으로 하여금 80만 군을 거느리고 고려를 침입하게 하였다.

소손녕이 청천강 부근에까지 들어와서 억탁을 붙여, "그대의 나라는 신라 땅에서 일어났으니 고구려의 옛 땅은 마땅히 요에 붙여야 하므로 그것을 찾으러 왔다."하였다. 고려에서는 싸우느냐 화친하느냐에 대한 의논이 야단이다가 중군사 서희(徐熙)가 단연히 항쟁하는 것이 마땅하다고 주장하였다.

왕이 서경으로 나와 머물고, 서희가 스스로 군사(軍使)가 되어 거란의 진중에 이르러서 먼저 이론으로 다투었다. 고려라는 이름이 이미 고구려의 뒤를 이은 증표이니 옛 땅을 찾기로 말하면 지금 요에 붙인 땅을 우리가 많이 찾아와야 한다면서 사리를 판별하여 당당히 논쟁하자, 거란이 할 말이 없어 마침내 굴복하였다.

다시 얼마쯤 옥신각신한 끝에, 고려는 요에 대하여 공손한 태도를 지키고 그 대신 압록강 이동이 완전히 고려의 땅임을 피차 확인하는 조건으로 화친을 맺었다. 고려에서는 얼른 압록강 이동에 흥주·철주·통주·용주·귀주·곽주 등 6성을 쌓아서 후에 다시 분란이 없게 하였다. 서희는 이 기회에 압록강 이서의 땅까지를 거둬들일 준비를 하여 거의 성공할 뻔했는데, 조정의 의론이 너무 심하게 가면 이익이 아니라고 하여 더 채치지 않고 말았다.

제36장 잇따른 요의 침략

요에 대한 고려의 태도가 겉으로 아무리 변하여도 내심에는 국토를 북방으로 넓히는 데 있었다. 기회 있는 대로 발길을 북으로 내어 놓고 이와 관련하여 송과 친밀히 지내자, 요에서는 이를 거북하게 생각하여 여러 번 대군을 움직여 내침하였다.

성종 다음에 목종이 섰다가 병이 깊고 아들이 없어서 조정이 술렁거리자, 서북면 병마사 강조(康兆)가 변란을 미연에 방지한다 하여 전부터 목종의 의중에 있는 대량원군(大良院君)을 데려다가 왕위

낙성대(서울, 관악)
강감찬의 출생지로서, 그가 출생할 때 별이 떨어졌다고 하여 낙성대라고 한다.

에 앉히고(이 사람이 현종) 목종을 물러나게 하였다. 북새통에 목종이 해를 입자 강조가 흉측한 허물을 뒤집어쓰게 되었다.

펑계 거리를 찾고 있던 요는 이 일이 생기자 강조의 죄를 묻는다면서 현종 원년(1010) 11월에 요왕 문수노가 직접 보병과 기병 40만을 거느리고 압록강을 건너와 흥화진(지금의 의주)을 포위 공격하였다. 강조가 이를 맞아 싸웠는데, 검차(劍車)라는 새 병기를 사용하여 거란병이 접근할 수 없었으나, 강조가 교만을 부리다가 사로잡혀 가고 군이 무너졌다.

이에 왕이 서울을 버리고 남으로 피난하여 나주에 이르렀고, 다음해 정월에 요왕이 개성으로 들어와서 궁궐과 민가를 불살라 버렸다. 싸움이 이기고 지고를 거듭하다가 마지막에 도순문사 양규(楊規)가 통주·곽주·무로대·이수·석령·여리참·애전 등 7곳의 전투에서 연거푸 대승하였다. 거란병을 무수히 살상하고 3만여 명을 사로잡고 낙타·말·군기(軍器)·양식 등을 거의 다 빼앗자, 요왕 이하 약간 사람이 겨우 목숨을 보전하여 정월 그믐에 강을 건너 도망하여 갔다. 양규도 애전의 싸움에서 전사하였다.

8년 뒤 현종 10년(1019) 12월에 문수노가 또 소배압(蕭排押)으로 하여금 군병 10만으로 내침하였다. 서북 행영도통사 강감찬(姜邯贊)이 이를 맞아 흥화진과 자주, 내구산과 마탄 등 여러 군데서 이엄이엄 두드려 부수었다. 이듬해에 일부가 개성을 엿보다가 물러나 귀주로 지나가자 그를 추격하여 여기저기서 싸우다가 마지막 반령에서 치명상을 주었다.

주검이 들에 덮이고 포획된 사람·마타(馬駝)·갑주·병장기는 이루 헤아릴 수 없었다. 살아 돌아간 자는 수천 명에 지나지 못하였고, 거란병의 패배가 이때보다 더한 적이 없었다. 요는 이렇게 여러 번 대군을 데리고 왔으나 아무 소득이 없었으며, 도리어 고려의 서북쪽 경계는 야금야금 늘어가고 있었다.

제37장 해외의 교통

신라 때에 바다를 큰길로 알았던 버릇은 고려에 들어와서도 다르지 않았다. 고려인은 여전히 송과 요의 여러 항구로 돌아다니면서 무역에 종사하였다. 송의 광저우(廣州)·취안저우(泉州)·항저우(杭州)는 그때 세계적인 무역 항구로 동서양의 각국으로 왕래 무역하는 아라비아인이 상시로 내왕하는데, 고려인이 이들과 교역하여 우리나라와 서양·남양의 사이에 물자 교류가 행하였다.

현종 때에 두 번, 그 다음 정종 때에 한 번 아라비아의 상선이 도래하여 개성에 와서 화물을 교역하고 큰 대접을 받고 돌아간 일이 있었다. 역사서에 이들을 대식인(大食人)이라 기록하고 있는데, 대식은 페르시아인이 아라비아인을 부르는 '타지'란 말을 한문으로 사음한 것이다. 그들의 배는 특히 박(舶)이라 하는데, 박은 원양을 거쳐 통항하는 큰 배를 말한다.

송나라 상선의 왕래는 더욱 빈번하여, 개성에는 그들의 교역 시장이 거의 끊일 새 없었다. 이들은 화물뿐 아니라 송과 세계의 새 소식을 전하며, 또 우리의 심부름으로 외국 사정을 정탐하여 주므로 고려에서는 상인 이상으로 그들을 후대하였다.

아라비아와 송의 상선이 가지고 오는 화물은 남방의 향료·약재·염료·공작·앵무 등 완상품, 진주·대모(玳瑁) 등 장식물과 송의 서적·주단·꽃나무 등이었다. 여기서 가져가는 것은 은·동·인삼·황칠(黃漆)·자기·화문석·유기·옥등잔·지묵·접부채 등이었다.

송의 자기도 유명하지만 고려의 것에는 독특한 정취가 있어서 그들이 애호하게 되었다. 또 고려에는 놋쇠를 합성하는 기술이 일찍부터 발달하여 당과 송에서 이를 사다가 돈과 그릇의 원료로 쓰고 '고려동(高麗銅: 가오리퉁)'이라 하여 매우 진귀하게 여겼다.

제38장 대왜 무역

신라 말년의 소란 통에도 대외 무역이 의연히 계속되었다. 특히 후백제는 지리적 편의를 이용하여 한쪽으로 오월(吳越), 한쪽으로 왜를 연결하여서 활발히 중계 무역을 행하였다. 고려에 들어온 뒤에 우리 상인들은 전과 같이 통항했는데, 그동안 왜인이 송과 직접 통상하는 이익을 깨닫고서 고려와의 통상을 차차 환영하지 않았다. 그래서 국가의 공인 무역은 거의 끊어지고 개별 상인의 통상이 행하고 있었다. 이들 중에는 상업 판로가 여의치 못한 때에는 약탈로 전환하는 자가 있었다.

신라 말 고려 초에 걸쳐서 이처럼 반은 상인이고 반은 해적인 이들의 못된 행실에 대하여 왜국의 공포는 자못 심각하였다. 지금의 규슈(九州)의 북쪽 해안에는 엄중한 보루가 시설되며, 무술로 이름난 군대를 이 방면으로 집중하며 군주 이하 모두 신사에 기도 드리기를 일삼으며, 반도 쪽을 향하여 사찰 건물을 이룩하여 그 법력을 입으려 하는 등 갖가지 방비를 베풀었다.

그러나 뜻하지 않은 변고가 가끔 일어났다. 특히 현종 10년(1019)에 고려인이 병선 50여 척으로 먼저 대마도를 엄습하고 내켜 규슈 북부를 공격하여 남녀 500여 인을 죽이고 1,300여 인을 사로잡아 간 사건은 그 가운데 일대 공포이던 사건이었다. 왜인은 이 일을 '도이(刀伊)의 난(亂)'이라 하는데, 대개 우리 배에 '되', 곧 여진인을 데리고 갔었기 때문이다.

장사 이문은 점점 박하고 왜인의 대접은 찐덥지 못하자 고려 상인이 왜로 가는 것은 차차 적어졌다. 대신 왜의 상인이 이리로 오는 경향이 생겨서 실제의 교역은 그대로 계속되었다. 더욱이 문종 10년(1056)에 왜국 사신 후지와라노 요리타다(藤原賴忠) 등이 다녀간 뒤로부터 상인의 도래가 잦아졌다.

문종 27년(1073)에 왜상 왕칙정(王則貞)·송영년(松永年) 등 42인이 와서 나전·안장·칼·거울 상자·벼룻집·책상·그림 병풍·향로·활과 화살·수은·나갑(螺甲) 등 물건을 진헌하고, 그와 함께 이키도(壹岐島) 구당관(勾當官)이 후지이(藤井)·야스쿠니(安國) 등 33인을 보내 와서 방물을 동궁과 제령공부(諸令公府)에 바치기를 청하여 이를 허가한 일은 당시의 무역 형태를 엿보게 하는 사실이다. 이 뒤로 대마도·치쿠젠 주(筑前州)·사쓰마 주(薩摩州) 기타 각지의 상인과 승려들이 여러 가지 구실로 진주·수은·환도·감귤·우마·해물 내지 불상 등을 가지고 와서 바치는 일이 뒤를 대었다.

제39장 고려 자기

고려 청자(호림박물관)

고려의 공예품으로서 천하에 저명한 것은 무엇보다 자기이다. 원래 우리나라에는 토기 제조 기술이 일찍부터 발달하여 삼국 시대 이래의 실물이 지금도 남아 있다. 신라 시대에 들어와서는 황벽(黃碧)과 여러 가지 유약(웃물)을 발라서 미려한 색과 윤을 내고, 거기에 세밀한 문양을 놓은 자기가 널리 쓰였다. 고려 시대에 들어와서는 중국의 오월요(吳越窯)·송요(宋窯) 등의 새 솜씨를 본받고, 한편으로 적합한 도토(陶土)와 연료를 발견하기도 하여 자기의 품질이 바짝 진보하고 그 종류와 형태가 부쩍 늘었다.

자기 가운데 가장 고상하게 치는 것이 청자이고, 청자 가운데 상품으로 치는 것이 오월국에서 창조하였다는 비색(秘色)이다. 파르스름한 짙은 옥색을 은은하게 나타내서 정답고 부드러운 맛이 뚝뚝 드는 것이다. 오월과 송의 비색도 무던하게 치는 것이지만 고려의 비색은 그보다 훨씬 질이 좋아서, 말하자면 고려의 비색은 자기의 최고봉이 되는 것이다. 처음에는 중국의 것을 배웠을지 모르지만 고려에서 크게 연구를 쌓고 차차 기법을 올려서 마침내 천하 최고 수준에 달한 것이었다.

고려의 청자, 곧 비색 자기 중에는 표면에 각종 문양을 새기고 오목하여진 자리에 백토·자토(赭土)나 주사(朱砂)를 난으로 박고, 다시 그 위에 고운 유약을 발라서 구워 낸 것이 있으니, 이것은 순전히 고려에서 독창적으로 만든 것이다. 거기에 그린 문양에는 갖가지 화훼·과실·짐승과 곤충 등이 있는데, 이것들이 그릇 모양에 척 어울려서 보기 좋고 점잖기가 그지없다. 이것을 상감청자라고 해서 세상에서 특별히 보배로이 여긴다. 상감이라 함은 난을 박았다는 뜻이다.

고려의 자기는 청자 외에 백색·검정 기타 여러 색이 있다. 그릇 종류에는 갖가지 음식 그릇·숟가락으로부터 향로·필통·연적·서판·베개·궤 등 생활필수품 모든 것이 다 있다. 이러한 자기들은 나라 안의 도자기 흙 산지인 각처에서 만들었겠지만, 지금의 충청남도의 진잠과 전라남도의 강진과 황해도의 송화 등에 있는 요지(窯址)가 특별히 유명하다.

제40장 여진의 복속

여진은 고려가 거란과 더불어 옥신각신 경계를 다툴 때 양국 사이에 끼어서 이리도 붙고 저리도 붙어서 박쥐 구실을 하는 종족이었다. 그전 발해 국민의 일부로 되었던 말갈인의 한 분파이었다. 여진은 고려의 북쪽 변경으로부터 거란 경계 안 지금의 하얼빈 부근에까지 산포하여 살았는데, 고려에서는 압록강 방면에 사는 부족을 서여진이라 부르고, 지금 함경도 방면에 사는 부족을 동여진이라고 불렀다. 또 여진과의 접경을 북면(北面)이라 하여 서여진 쪽을 서북면, 동여진 쪽을 동북면이라고 일컬었다.

동서 양북면의 여진인은 본래 아무 통제도 받지 않고 여기저기 한 부락을 지어서 반수렵 반농업으로 무무하게 생활하고 있었다. 고려 세력이 북으로 뻗어나감에 따라, 현종 때부터 고려에 붙기를 청하여 여러 부족이 제각기 해마다 모피·말·활·화살·창·갑옷 따위의 토산물을 가져다가 바치고, 고려로부터 무슨 장군이라는 직함과 함께 쇠로 만든 물건과 옷감 등을 상으로 받아 가지고 돌아갔다. 그리고 고려를 부모의 나라라 하여 끔찍하게 존숭하였다.

그러나 워낙 굳세고 용맹하여 싸움을 좋아하는 백성이라서 수가 틀리면 가끔 변방의 근심을 지으니, 고려에서는 접경 지대에 장성을 쌓아서 침입을 막기로 한 일도 있었다. 덕종 2년(1033)에 유소(柳韶)가 쌓은 것은 서해변의 압록강 입구로부터 동으로 뻗쳐서 지금의 의주·운산·개천·희천·영변·맹산·삭주를 거쳐 낭림산맥을 넘고, 영흥을 지나 동해변에 다다른 것이다. 연장 천여 리에 석성을 쌓아 높이와 두께가 각 25척이었다. 이것을 우리나라에서 보통 만리장성이라고 부른다.

제41장 9성의 다툼

압록강 방면의 서여진 땅은 거란과 다툰 끝에 6성을 쌓아서 대부분이 고려의 세력 하에 있게 되었지만, 지금 함경도 방면의 동여진에는 미처 손을 대지 못하여 여진과의 경계가 지금 영흥·정평·함흥 사이에 들쭉날쭉하였다.

고려가 서북 방면에 주력하는 동안에 여진의 무리가 자주 변방 요새를 소란하게 하고, 어떤 놈은 배를 타고 해상으로 나와서 지금 강원도·경상도의 연안과 우산도를 침략하여 작폐가 대단하였다.

고려에서는 이를 방비하기 위하여 동해안의 각처에 성채를 쌓고, 현종 즉위 초에는 과선(戈船) 75척을 만들어서 지금 원산 남쪽의 진명이라는 곳에 두고 동북면의 해적을 방비하였다. 과선이란 뱃머리에 철로 만든 뿔을 붙여서 적선을 들이받아 깨뜨리기 편하게 한 것으로, 이는 실로 세계 군함사상에 있는 독창적 발명품이었다.

이러한 시설 정비와 함께 동여진에 대해 가끔 압박을 가하여, 문종 때에는 고려의 경계가 함흥 부근에까지 미치고, 한참 큰일 없이

고려 예종 2년(1107)에 윤관과 오연총이 지금의 함경도 일대의 여진족을 정벌하고 길주, 공험진 등 9성을 쌓고 선춘령에 '고려지경'이라고 새긴 비를 세운 일을 그렸다. 조선 후기에 그려진 것이다.

지내더니, 숙종 때 지금 하얼빈에 가까운 아성(阿城) 지방의 완옌부(完顔部)에 잉게(盈哥)라는 추장이 지금 간도 지방의 여진 부족을 복속시키더니 그 여력이 차차 앞으로 나왔다.

이 잉게는 스스로 고려인의 자손이라 말하면서 고려에 대하여는 공순하는 성의를 보이고, 또 사람과 물건을 청구하여서 저희의 긴한 일에 쓰더니, 숙종 8년(1103)에 영가가 죽고 아들 우야소(烏雅束)가 추장의 뒤를 잇자 드디어 함흥평야를 저희 손에 넣으려고 행동을 개시하였다.

고려에서는 이때야말로 대정벌을 행하여 후환을 없이할 작정으로 오래 준비를 하다가, 예종 2년(1107)에 윤관(尹瓘)을 도원수로 하여 17만 대군을 거느리고 장성을 넘어서 여진인을 쳤다. 여진인이 크게 두려워하여 멀리 도망가자, 지금 함흥 저쪽에 영주·복주·웅주·길주 이하 9성을 쌓고 남방 인민을 데려다가 거기서 살게 하였다. 이 때문에 고려의 동북 경계가 많이 전진하였다.

그러나 여진의 세력은 즉시 회복되고 아구다(阿骨打)가 부족장이 되어 요가 약해진 틈을 타서 여진의 여러 부족을 통일하였다. 우리 예종 10년(1115)에 황제라 일컫고, 도읍을 지금 하얼빈 동방의 백성(白城)에 두어 상경 회령부(上京會寧府)라 이름 짓고, 국호를 금(金)이라 이르렀다. 이에 따라 송과 힘을 합쳐 요를 멸망시켜 버리니, 이로부터 고려는 도리어 여진을 상국(上國)으로 대접하게 되었다.

요와 금이 서로 버티는 동안에 고려에서는 요에게 내원(來遠; 지금 의주 남쪽의 한 섬)·포주(抱州; 지금의 의주) 두 성을 내놓게 하여, 포주를 고쳐 의주라 하고 국방상의 중요 시설을 설치하였다. 고려에서 오래 두고 벼르어 오던 압록강 이동의 완전 영유가 이때에 실현하였다.

금은 이 뒤 120년간 나라를 누렸는데, 고려하고는 항상 사이좋게 지내서 끝끝내 험상스러운 일이 없었으니, 대개 오랫동안 고려에 복종하던 기억이 사라지지 않았기 때문이다.

제42장 번인의 투화

고려는 땅이 대륙과 연접하여 있는 관계로 대륙 방면의 이민족이 유입하기 쉽다. 더욱이 대륙에 큰 변동이 있을 때면 패망한 백성이 쏟아져 들어와서 의탁하기를 구하였다. 고려에서는 북방의 이민족을 '되'라 부르고 한문으로 번인(蕃人)이라고 썼다. 번인으로서 우리나라에 의탁하여 사는 무리를 향화인(向化人)이라 하고, 향화인으로서 우리나라에 아예 귀부하여 사는 무리를 투화인(投化人)이라고 하였다.

투화는 그 사정을 살피고 성의를 시험하여 폐단이 없을 자에게 허락하되, 한번 투화를 허락하면 가옥과 경작지를 주고 혹은 여자까지도 붙여 주어서 우리의 은혜를 입어 편히 살며 업을 즐기게 하였다. 투화인은 가능하면 저희 옛 땅에서 멀리 떨어진 남방 깊숙한 곳에 거주하게 하였다.

거란인의 투화는 현종 7년(1016) 고려와 거란의 제2차 충돌이 있은 뒤부터 시작하여, 몇 해 동안은 거의 다달이 얼마씩 있었다. 때에 따라 많고 적음은 있지만 고려가 망할 때까지 꽤 많은 수효가 꾸준히 계속하여 국내로 들어왔다. 여진인의 투화도 현종 때에 시작하여 대마다 조금씩 있었지만 그리 눈에 뜨이지 않았다. 다만 지금 함경도 방면에 살던 여진인이 땅과 함께 고려로 들어와서 그냥 우리 호적에 편입된 수는 거란인보다 여러 곱이었다.

투화한 번인을 모여 살게 한 곳을 장(場)이라 하니, 장은 사람이 무리지어 사는 곳이란 뜻이다. 거란장·여진장이라는 지명이 후세까지도 우리 남도의 군데군데에 남아 있었다. 이러한 투화인들은 일반적으로 보통 천하게 여기는 직업에 종사하였다. 남방 중국의 절강인(江浙人)과 왜인이 투화한 경우도 가끔 있었으나 수가 많지 않았다.

제43장 팔관회

옛날 우리나라에는 어디서고 일 년에 한 번 족조(族祖)로 믿는 하느님께 큰 제사를 드리는 법이 있어서, 신라에서는 이것을 '붉은 뉘'라 이르더니, 뒤에 한문으로 팔관회(八關會)라는 단어를 쓰게 되었다. 이 제사는 음식을 풍성하게 차리고 가무백희를 갖추 벌여서 온 나라 상하가 다 함께 즐겁게 노는 때이었다.

고려 태조가 삼국을 통일하여 새 나라를 세우자, 하느님의 도우심이라 하여 이 팔관회를 더 성대하게 설행하고, 자손에게 경계하여 감히 소홀히 하는 일이 없도록 신신당부하였다. 성종 때에 국가 제도를 가능하면 중국을 본뜨려 할 때 팔관회는 중국에 없는 일이라 하여 한때 폐지하였다. 마침 성종 때부터 거란의 걱정이 잦아지면서 하느님을 잊어버린 탓이니 팔관회를 복구해야 한다는 의론이 조정에서 높았다. 목종을 지나 현종 때에 이르러 마침내 팔관회가 다시 설행되고, 이 뒤로는 중간에 폐하는 일이 없이 고려 내내 꾸준히 지켜 나갔다.

팔관회의 의식은 매년 11월에 궐내의 의봉문(儀鳳門) 동전(東殿) 계단 아래에 3층으로 부계(浮階)를 매고 식장을 굉장하게 설비하고, 14일부터 15일에 걸쳐 왕이 태자와 백관을 거느리고 나와서 미리 배치하여 놓은 천신 조령(祖靈)의 자리 앞에 재배 작헌(酌獻)의 예를 행하고, 돌아나와서 대소 조신의 대표와 각 지방 장관들의 축하문을 받고 엄숙하게 주악이 울리고 성대한 향연을 거행하였다. 이밖에 허다한 절차가 끝난 뒤에 대궐의 광장을 개방하여 인민들이 준비한 가지각색의 놀음놀이패를 차례로 들여서 군민이 동락(同樂)하는 모습을 드러냈다.

한편 이 잔치에는 서북면·동북면의 여진, 탐라국, 송나라, 왜 기타 각국의 상인들이 다 예물을 바치고, 개경에 거류하는 그들은 특별대우를 받아 이 잔치에 초청되었다. 팔관회는 간단히 말하면 국민의 의식을 천조(天祖)로 집중하여 애국과 화목의 생각을 새롭게 하는 데 깊은 뜻이 있는 모임이므로 외환이 심한 때일수록 이에 대한 정성이 더욱 극진하였다.

제44장 해상 개발

고려가 북방 발전을 국시로 하는 중에도 남방 해상의 일을 등한 시하지 않고 그때그때 필요한 조처를 하였다. 조선 반도의 정남쪽 먼 해상에 탐라도가 있었다. 예로부터 바다로 떠다니는 여러 종족 이 들어가 살면서 언제부터인지 한 독립국을 만들고, 그 안에 양 (良) · 고(高) · 부(夫) 세 세력이 대립하여 각각 구역을 다스리더니, 뒤에 백제에 조공을 바치고 이어 신라에 항복하여 공손하게 속국 노릇을 하였다.

고려가 새로 일어나고, 태조 21년(938) 통일 후 2년에 탐라국왕 의 태자 말로(末老)가 와서 배알하자 그 부자에게 작위를 주었다. 이때부터 신라에 대한 것 이상의 성의로 고려에 복종하고, 고려 또 한 탐라를 친절히 대접하여 날이 갈수록 남이라는 생각이 사라져 갔다.

고려의 팔관회에는 반드시 귤 · 전복 등 토산물을 가져와 바치 고, 여진 · 왜와 나란히 외국 손님으로서 연희에 참여하였다. 숙종 때에 이르러는 이미 외국시하기가 싱거워져서, 숙종 10년(1105)에 드디어 나라를 없애 버리고 탐라라는 한 군을 만들고 관리를 보내 기 시작하였다. 탐라는 뒤에 제주라고 고쳐(충렬왕 21년, 1295) 드디 어 정식 명칭이 되었다.

동해상에 떨어져 있는 섬은 우산(于山) 또는 우릉(于陵)이라고 이 르니, 본래 스스로 한 나라 노릇하던 것을 신라 때에 정복하여 국 토로 들어왔다. 그러나 섬 안에 평지가 적고 산세가 가팔라서 농경 에 적합하지 못하기 때문에 인민이 오래 정주하지 않아서 지속된 역사를 가지지 못하였다. 고려 태조 13년(930)에 섬사람이 방물을 바쳤으나 대수롭지 않게 알았으며, 그 뒤에 여진 해적의 침략에 견 디지 못하여 섬사람들이 잇따라 동해안으로 나오자 비로소 주의를 끌었다.

인종 이후로 섬의 산물이 가끔 개경에 오고 또 토지가 기름지다는 소문이 들렸다. 의종 11년(1157)에 일부러 사람을 보내서 섬의 형편을 탐사하여 소문과 같으면 군을 설치하려 했으나, 가서 보고 올린 내용이 듣던 바와 달라서 그만두었다. 이 뒤에도 똑같은 문제가 가끔 일어났지만 군 설치까지는 발전하지 못하였다. 우릉은 지금 울릉도를 말한다.

제45장 대위국

금나라와 더불어 화해를 유지하면서 북방의 걱정이 사라지자 이완된 인심이 내부에서 서로 티격태격하기 시작하였다. 예종이 재위 17년에 돌아가고 태자가 어려서 여러 왕의 동생들이 숙덕숙덕하자 외조부 이자겸(李資謙)이 태자를 받들어 즉위하게 하니, 이 왕이 인종이다.

이자겸이 이 공으로 교만과 횡포가 대단하다가 마침내 반역을 꾀하였다. 왕이 그것을 누르기 위하여 군신 중에서 사람을 고르다가 마침내 척준경(拓俊京)에게 군권을 맡겨서 이자겸과 그 무리를 내쫓는 데 성공하였다. 이 바람에 궁궐이 다 소실되고 모든 광경이 황량한데 거기다가 척준경이 교만 방자하여 나랏일이 아주 한심하였다.

이에 간관 정지상(鄭知常)이 먼저 척준경의 죄를 탄핵하여 멀리 귀양 보내고, 이어 묘청(妙淸)이라는 술승(術僧)과 서로 꾀하여 임금을 서경으로 데려다 놓고 조정의 판국을 바꾸려다 반대파에게 저지되어서 여의치 못하였다. 원래 고려인 사이에는 길지에 도읍을 두면 천하의 36국이 내조하리라는 신념이 있어 왔다. 정지상 등의 음모는 실상 이것을 이용하여 도읍을 평양으로 옮기고 옛 서울의 썩은 분위기를 떠나서 북방 발전의 걸음을 씩씩하게 내디디자는 것이었다.

묘청 등은 한번 실패에 굽히지 않고, 인종 13년(1135)에 저희끼리 평양성에 웅거하여 새 나라를 세워 이름을 대위(大爲)라 하고 연호를 천개(天開)라 하여, 순연한 민중만의 힘으로 새로운 세상을 만들어 보려 하였다. 그러나 준비가 적어서 계획이 썩썩 진행되지 못하는데, 조정에서 이 기별을 받고 김부식(金富軾)을 원수로 하여 많은 군사를 데리고 토벌하게 하여 1년 만에 대위국이 무너지고 말았다. 이 일은 목적을 이루지 못하였지만 고려의 사그라져 가는 인심을 한번 흥분시키는 데 매우 효험이 있었다.

제46장 문학 숭상

고려가 건국하던 당시는 중국에서 이른바 5대 10국이라는 것이 거품같이 일어나고 이슬같이 사라지는 난세이었다. 이를 피하여 바다 건너 고려로 내투하는 인민이 많고 그중에는 문학하는 선비도 끼어 있었다. 고려에서는 한참 국가 제도를 새로 정비하려는 때이므로 이들을 환영하고 또 좋은 벼슬을 시켜서 그의 지식을 이용하기에 힘썼다.

광종 9년(958)에 후주에서 내투하여 한림학사가 된 쌍기(雙冀)의 진언을 좇아서 과거법을 시행하였다. 과거란 중국에서 관리 임용 자격을 고시하는 제도로서, 본래는 문학·기술 등 모든 과목이 다 있었지만 차차 문학 본위가 되고 또 문학 출신이라야 고등 관직에 취임하는 것이 통례가 되어 갔다.

우리나라에서는 본래 말타기·활쏘기와 용병술로 인물을 선택

하고, 신라 후대에 독서출신과를 두었으나 그리 중시되지 않았다. 그러나 과거법 실시 후에는 모든 것이 다 뒷줄로 서고 글 잘하는 것이 인생 최고의 자격이 되어서 차차 온 나라 상하가 글 하나 배우기에 얼이 빠져 버렸다. 이는 실로 우리나라의 풍기를 일변시킨 대사건이었다. 여하간 이 뒤로부터 문학에 능한 이가 많이 나와서 명성이 외국에 들리고 업적이 후세에 끼쳐진 이가 흔해졌다.

문종 때에 박인량(朴寅亮)은 시와 문장을 다 잘하였다. 일찍이 요에서 사람을 보내서 압록강 이쪽에 성을 쌓으려 하자 박인량이 국서를 지어 보냈는데, 천하의 임자라는 이가 강변의 작은 땅을 인색하게 구는 게 무엇이냐는 뜻으로 솜씨 있게 추켜세웠더니, 요왕이 이를 보고 다시 보채지 않았다. 또 송나라에 사신 갔을 적에 그가 지은 국서와 서간과 명승지에서 읊은 음영(吟詠)이 송나라 사람들의 칭찬을 크게 얻어서 이것을 모아 간행하기에 이르렀다. 특히 사주(泗州) 구산사(龜山寺)에서 지은 율시는 즉시 현판으로 새겨 걸어서 후세에 전하였다.

인종 때에 대위국 운동에 참가하였던 정지상은 시인으로 고려 제일이라 하는 사람이며, 대위국의 난을 평정한 김부식은 본래 문학으로 저명하던 사람이다. 김부식은 뒤에 고구려·백제·신라의 고기(古記)를 주워 모아서 『삼국사기』 50권을 만들었는데, 『삼국사기』는 현존한 우리나라 역사서 중 가장 오랜 것이기도 하지만, 문장만으로도 우수하였다.

고려의 군왕들도 대개 문학을 숭상하여 작품이 해외에 널리 퍼진 이도 한둘에 그치지 않아, 인종의 다음 임금인 의종 같은 이는 글을 너무 좋아하고 문신만을 총애하다가 몸을 망하기에 이르렀다.

제47장 홍관과 이녕

문학이 숭상되는 한편에는 거기에 따르는 다른 예술이 또한 발달하여서 글씨와 그림의 방면에도 대가가 많이 나왔다. 숙종 때에 홍관(洪灌)이 김생(金生)의 필법을 배워서 묘를 얻었는데, 송나라에 사신을 가니 임금 휘종이 스승 김생을 아울러서 우리나라에 명필가가 많다는 데 놀랐다. 인종 때에 대감 국사(大鑑國師) 탄연(坦然)은 고래의 여러 서법을 섞어서 스스로 한 체를 만드니, 고려의 글씨는 탄연이 최상이라는 평이 있다. 이 두 사람이 있는 동안에는 나라 안의 제액(題額)·비판(碑板)·병풍 등의 글씨가 다 두 사람의 손에서 나온 것이었다.

인종 때에 이녕(李寧)이 그림을 잘하다가 사행길에 끼어 송나라에 이르렀다. 휘종은 자신이 신서(神書)로 일컬어지는 사람이고 그 밑에 명가가 수북한데도 이녕의 「예성강도」를 보고 감탄하기를 마지않았고, 그 조정에서 그림으로 벼슬하는 왕가훈(王可訓) 이하 여러 사람에게 이녕한테 연마를 받게 하고 특별한 예우를 더하였다.

뒤에 이녕이 「천수사남문도(天壽寺南門圖)」를 그려서 송나라 상인에게 붙여 보낸 일이 있었다. 오랜 뒤에 인종이 송나라 상인에게 명화를 얻어 오라 하자 「천수사남문도」를 가져다 바쳤다. 인종이 이것을 보고 천하의 보물을 얻었다고 이녕을 불러서 자랑하자 이녕이 자기의 작품임을 아뢰었다.

인종이 믿지 않아서 이녕이 그림의 한 귀를 뜯어 이녕이 그렸다는 표지가 나오자 인종이 다시금 탄복하여 이녕을 더욱 높이 보았다. 이녕의 아들 이광필(李光弼)이 또한 그림에 능하여 부자가 서로 이어 고려 당대의 화종(畵宗)을 지었다. 군왕 중에도 그림으로 저명한 이가 가끔 있었다.

제48장 최씨 정방

인종이 죽고 의종이 왕위에 올랐으나 어지러운 세태에 싫증이 나서 정치에 뜻이 없었다. 비위 맞추는 간사한 무리들과 잔치를 벌여 놀며 쾌락을 즐기기를 일삼아서 국사가 말이 아니었고, 정원을 조성하고 누정을 짓는 등 토목 공사가 끊이지 않아 백성이 괴로움을 견디지 못하였다. 이러한 취미 때문에 임금 곁에 접근하는 이는 문신들뿐이고, 그렇지 않아도 세상이 태평하여 빛이 없는 참에 군주의 눈 밖에 난 무신의 지위는 진실로 하잘 것 없었다.

무신의 불평이 쌓여 가는 중에 의종 24년(1170) 8월에 연복정에서 놀이가 있게 되었다. 대장군 정중부(鄭仲夫)가 궁을 지키는 군졸들 사이에 싫어하고 괴로워하는 소리가 높은 틈을 타서 군인을 선동하여 난을 일으켰다. 턱없이 교만하던 문신과 환관들을 모조리 죽이고 왕을 경주로 내치고 왕의 동생을 왕으로 세움과 동시에 정권을 온통 무신의 손으로 거둬들였다.

이렇게 새로 선 임금은 명종이라 하는데, 명종의 세상에는 무인들이 채를 잡고 문학이 싹쓸이된 까닭에 도의 같은 것은 말도 들을 수 없고, 폭력이 만사를 결정하여 무신끼리의 정권 쟁탈이 주마등처럼 변전하였다. 그러다가 명종 26년(1196)에 장군 최충헌(崔忠獻)이 정중부의 도당과 발호하는 군소 무신들을 죄다 숙청하고, 공중에 떠돌던 나랏일을 한길로 잡아들여 정리하고 통제하게 되어 세상의 도리가 겨우 바로잡혔다.

최충헌이 권세를 잡자 사병을 기르고 가신을 두어 대소의 정무를 집에 앉아 처리하였다. 무신 권력이 이에 이르러 극에 달했고, 권력을 독점한 24년간에 네 왕을 세우고 두 왕을 폐하여, 왕은 다만 빈자리를 지킬 뿐이고, 최충헌을 신하의 예로도 대접하지 못하였다. 최충헌으로부터 4대 60여 년간을 최씨가 집정하여 최씨의 집이 정부 이상의 정부가 되어 '정방(政房)'이라는 명칭이 생겼다. 정방 정치에 여러 가지 폐해도 있었지만 이 때문에 내홍이 그치고 국가의 단합이 든든해져서 통일된 방침으로 전에 없던 외환에 대처하게 되었다.

제49장 몽고의 걱정

최씨가 집권하는 동안에 정사를 간결 민첩하게 하고 문약에 빠진 풍기를 교정해서 국가의 원기가 많이 회복되었다. 조금만 더 하면 고려의 앞에 큰 발전이 있을 텐데, 마침 북방에 몽고라는 새 세력이 일어나서 몽고와 씨름하는 데 골이 빠지고 말았다.

몽고는 지금 외몽고의 알란(斡難; 오논) 강 유역에 있는 한 부락으로서 요와 금에 복종해 오다가, 지금부터 740년쯤 전에 테무진이란 자가 사방을 정복하여 칭기즈 칸(굳센 임금이라는 뜻)이 되고, 아들 오고타이에 이르러 금을 멸망시켜 드디어 대국을 이루었다. 이것이 고종 21년(1234)의 일이다.

몽고가 일어나자 대륙 동방의 형세가 온통 흔들리고 그러는 족족 그 영향이 고려로 미쳐 왔다. 고종 초년에 지금 간도에는 금의 장수 포선만노(蒲鮮萬奴)가 반란하여 동진국(東眞國)을 세우고 있고, 지금 창춘 서쪽 눙안(農安) 근처에는 거란 유민 예스부(耶不斯)가 대요수국(大遼收國)을 만들고 있었다. 이 양자와 몽고와 싸우는 불똥이 고려로 튀어서 북방이 다시 시끄러워졌다.

고종 3년(1216)에 거란의 무리 수만 명이 몽고에 쫓겨서 압록강을 건너와 의주로부터 평양에 이르는 모든 성을 침략하였다. 고려에서 군사를 내어 막았으나 이롭지 못하고, 중간에 더러 전승하는 일이 있었지만 적군을 아주 분쇄하지 못하여 5년 동안이나 끌다가 마지막 거란의 무리가 우리 장수 조충(趙冲)·김취려(金就礪)에게 패하여 강동성으로 들어갔다.

그러나 거란의 무리 때문에 괴로움을 겪기는 동진이나 몽고나 다 마찬가지이기 때문에 양국에서 자청하여 구원병을 데리고 왔다. 고종 6년(1219) 정월에 세 방향에서 강동성을 에워싸자 거란의 무리가 문을 열고 항복하여 3년의 난이 겨우 평정하였다.

이 일로 하여 고려가 몽고와 접촉하게 되고, 몽고는 한참 서역 여러 나라를 정복한 위엄으로 고려에게 항복을 요구하여 사세가 많이 거북하여졌다. 고려에서는 몽고가 요구하는 바를 어느 정도 들어주었으나 욕심이 점점 커져서 그대로 따를 수 없었다. 한편으로 동진은 동진대로 따로 동북면의 국경을 침범하여 와서, 고려의 북방 근심이 두 쪽에서 쉬지 않았다. 그러나 최씨 정권은 그대로 꿋꿋하게 버텨서 결코 허리를 굽히지 않았다.

제50장 석성의 쾌승

쇠잔한 금나라 세력이 만주 방면에 그대로 있고, 거란의 유민 무리가 이 사이에 꿈적거리고, 두만강 쪽에는 동진국이 일어나고, 압록강 쪽으로는 몽고가 새로 말을 달려오는 고종의 초년은 어느 것을 어떻게 막아야 옳은지 얼른 정신을 차리기 어려운 판이었다. 그러나 최씨의 일정한 방침 아래 있는 고려군은 굽히고 펴기를 마음대로 하면서 좁은 틈을 뻐개고 가끔 딩딩한 팔뚝을 내둘렀다.

지금의 의주 압록강 건너에는 금에서 파속부(婆速府; 지금의 구련성)를 두고 많은 군사를 보내서 이 방면의 수비에 감당하게 했는데, 고종 초년에는 금나라 원수 우가하(亏哥下)라는 이가 거기 와서 주재하였다. 우가하는 일찍이 고종 4년(1217)에 포선만노의 공격을 받고 거의 죽게 되었을 때 의주로 도망해 와서 우리 장수 정공수(丁公壽)의 구원으로 생명과 군대를 보존한 일이 있어서, 이 뒤로부터는 항상 고려에 대하여 협력하는 태도를 가지고 왔었다.

그러던 자가 목전에 급한 일이 없자 고종 10년(1223)에 군을 마산(馬山)에 모아 몰래 우리 땅을 침범하였다. 의주 수장 김희제(金希磾)가 얼른 군사를 내어서 이를 격퇴하고, 군수 물자 22선(船)을 빼앗았다. 고종 12년(1225)에 우가하가 또 부하에게 몽고 옷을 입혀 우리 땅으로 침입하려고 준비하자 김희제가 눈치를 채고 앞질러 군사를 보내 압록강을 건너 석성(石城)을 공파하고 우마와 병장기를 빼앗아 왔다.

김희제가 부하를 모아 놓고 의론을 내었다. "일방 우가하의 배은망덕한 죄를 용서하고 모르는 체하면 그가 업신여기고 경멸할 텐데 어찌하면 좋은가." 이에 부하 장졸이 아우성치며, "그놈을 때려 부숩시다." 하였다. 드디어 보병과 기병 합 1만 인을 뽑고 20일치 식량을 가지고 부서를 갖추어 압록강을 건너가 당당하게 석성을 공격하였다.

한 무리 한 무리 나오는 적군을 낱낱이 분쇄하여 성이 더 지탱할 수 없게 되자, 우가하가 남은 무리를 데리고 성을 열고 나와 김희제의 진 앞에 항복을 청하며, 이번만 용서하신다면 다시 배신하지 않겠다고 하면서 울고불고 흙을 집어삼켜 맹서하였다. 김희제가 언성을 높여 우가하의 죄를 책망하고 회군하여 오는데, 시를 지어 큰소리로 읊으니 압록강의 두꺼운 얼음이 쩡쩡 울렸다고 한다. 이 전쟁 뒤에 우가하의 이름자가 역사서에서 사라지고, 다시 몇 해 가지 않아 금이 멸망하였다.

제51장 귀주의 역

고려의 대몽 정책은 주로 강온을 섞어 써서 몽고군을 피곤하게 하는 것이었다. 몽고가 타방면에서 겨를을 얻게 되자 고종 18년(1231)에 살리타이로 하여금 대군을 거느리고 와서 우리를 침노하여 철주를 무찌르고 귀주로 달려들었다. 이때 서북면 병마사 박서(朴犀)가 부근에 있는 여러 군사를 죄다 귀주로 모으고, 몽고군을 여기서 방지하지 못하면 후환이 클 것이라 하여 군사를 나누어 성의 세 면을 지켰다.

몽고군이 성을 여러 겹으로 포위하고 여러 날 들이쳤으나 한걸음도 진입할 틈을 찾아 낼 수 없었고, 여러 번 항복을 권하는 사자를 보냈지만 그러는 족족 사자를 죽이고 단연히 굴복하지 않을 뜻을 보일 뿐이었다. 이에 몽고에서 누차(樓車)와 목상(木床)을 만들어서 소가죽으로 포장하고 그 속에 군사를 실어 성 바닥을 파고 들어오려 하였다. 고려군은 무쇠를 녹여 성 바닥으로 흘려내어 보내서 이것들을 소각하여 버리고, 또 가시덤불에 불을 질러 목상을 태워 버리니 이 때문에 몽고군이 많이 죽고 다치자 놀라 물러났다.

몽고군이 다시 가지각색의 포차(砲車)를 만들어서 시험하고 여러 가지 방법으로써 30일 넘게 화공을 퍼부었다. 박서가 거기에 따르는 새 방어술을 구김 없이 사용하고 도리어 가끔 몽고의 빈틈을 타서 적진을 급습하여 의외의 승리를 얻는 일도 있었다. 몽고군이 하다 못하여 진을 멀리 물리고, 한편으로 항복을 권하며 한편으로 운제(雲梯)를 만들어서 화살과 돌을 날려 보냈다. 박서는 어느 틈에 대우포(大于浦)라는 새 무기를 만들어서 이것으로 운제를 냅다 때려서 가까이 가기가 무섭게 제꺽제꺽 부숴버렸다. 대우포란 것은 넙적한 날을 붙여 만든 큰 칼이었다.

어떻게 해도 귀주성을 떨어뜨릴 수 없자 몽고군이 그대로 서울로 올라와서 조정을 굴복시켜 화친하는 약조를 정하고 임금의 명으로 성문을 열게 하였다. 조정의 사신이 와서 임금의 뜻을 전해도 얼른 듣지 않다가, 이 성 하나 때문에 전국이 소란스러운 곤란한 상황을 듣고 겨우 명을 좇았다.

성이 떨어진 뒤에 몽고의 한 늙은 장수가 성 아래에 와서 수비하던 자리를 둘러보고 감탄하여 이렇게 말했다고 한다. "내가 어려서부터 전장으로 말을 달려 천하의 허다한 성을 빼앗았지만, 이렇게 몹시 부대끼고 마침내 굴복하지 않는 데는 처음 본다. 이 성을 지킨 장수들은 훗날에 다 나라의 동량이 되리라." 뒤에 실제로 그 말이 맞았다.

제52장 강화로 들어감

살리타이의 난으로 인하여 몽고의 압력이 얼마나 강대한지를 겪어본 고려는 전과 같은 방법으로는 몽고를 저항할 수 없음을 깨달았다. 이때 정권을 잡고 있는 최우(崔瑀)가 단연히 도읍을 옮길 계책을 정하고, 고종 19년(1232)에 왕을 끌고 강화로 들어갔다. 대개 몽고인은 대륙의 사막에서 사는 까닭에 큰물을 끔찍이 두려워하는 줄 알기에 그 약점을 이용한 것이었다.

강화는 뭍에 가까이 있는 섬이고 사이에 있는 물이 넓은 강에 지나지 못하지만, 과연 몽고인은 이 물을 대해만큼이나 알아서 감히 건너갈 생각을 하지 못하고, 다만 건너편 강가에 와서 발을 동동 구르고 있었다. 이 뒤 30년 동안에 몽고가 대군으로 침입한 것이 전후 6차이고 그 말굽이 남쪽으로 경주에까지 미쳤지만, 고려의 정권은 아무 탈 없이 강화 안에서 버티고 나갔다.

무릇 몽고가 일어난 뒤 이때까지 반세기에 칭기즈 칸 당대에만 이미 아시아와 유럽 두 대륙에 걸쳐서 무수한 도읍을 멸망시켜 몽고의 말굽과 깃발이 이르는 곳 치고 금방 쓰러지지 않는 데가 없었는데, 이 막강한 적을 수십 년 대항하면서도 피곤한 줄 모르는 나라는 고려뿐이었다.

고종 46년은 고려의 역사에서도 외국의 침략이 극심한 동안이었다. 그러나 고려의 문학과 공예가 이때 가장 발달하고, 여러 가지 큰 사업 또한 이 동안에 실행되었으니, 대개 국내의 결속이 강고하여서 명령이 잘 통하고 국력이 온전히 발휘되었기 때문이었다. 고려의 대문호인 이규보(李奎報)의 활동 또한 강화 시대에 있었다.

제53장 대장경 판각

불교에서 부처 당대의 설교와 거기에 대한 학자의 해석 등을 한데 모아서 일대 총서로 결집한 것을 대장경(大藏經)이라 하는데, 곧 큰 보배의 곳집이라는 뜻이다. 부처의 열반 후에 인도에서 처음 결집하였고, 인도와 다른 여러 나라에서 계속 나온 논저를 연방 보충 삽입하는 일을 해 왔는데, 당나라 대에 목록을 꾸미고 송나라 때에 조판하여 간행한 대장경 5,048권이 동양 최초의 표준으로 준용되어 왔다.

처음 신라와 고려에서는 당과 송으로부터 손으로 베끼거나 판각한 대장경을 가져다 보다가, 널리 보급해 읽게 하기 위하여 본국에서 필요한 경판을 새겨 두고 인행하는 일이 일어났다. 그러나 대장경 전체를 판각하는 일은 얼른 손이 가지 않았다. 현종 때에 거란이 북방의 근심을 끼쳐서 부처의 도우심을 받기 위해 대장경 조성을 발원하여 현종 12년(1021)에 판각에 착수하여 60여 년간 공을 쌓아 마침내 6천 권 가까이를 완성하였으니, 이것만 해도 이미 당

해인사 장경판전(경남 합천)

과 송의 대장경보다 내용이 더 풍부하여졌다.

　그러나 고려인의 생각에는 이것을 훨씬 늘여서 고금에 제일가는 대장경을 이루겠다는 바람이 있었다. 문종의 왕자로서 출가하여 송에도 갔다가 온 대각 국사 의천(義天)이 힘닿는 데까지 요·송·일본으로부터 그전 대장경에 빠진 불교 전적을 모아 들였다. 선종 3년(1086)부터 조판을 시작하여 여러 해 만에 『속대장경』 4,700여 권을 완성하였다. 본래의 것과 새로 보탠 것을 합하여 1만여 권이 넘는 대장경은 불교가 생긴 뒤 처음 보는 대결집으로, 세계 문학사상에 빛나는 사실이다.

　현종 때의 『대장경』과 선종 때의 『속대장경』이 고종 19년의 몽고 병란에 거의 다 소실되었다. 고종 23년(1230)에 다시 조판하기 시작하여 16년 만에 6천 5백여 권, 16만 3천 면을 완성하니, 이것이 세계에 현존한 가장 오래고 가장 완전한 불경판으로 유명한 『고려대장경』이란 것이요, 지금 가야산 해인사에 갈마 있는 그것이다. 고종 때의 대장경은 대부분을 강화의 대장도감에서 판각하였고, 일부분만 남해도의 분사도감에서 뒷바라지하였다.

제54장 활자

사람마다 제 손으로 책을 베껴 보던 때로부터 글자를 판에 새겨서 손쉽게 박아 보는 세상으로 들어오면 인류 문화가 크게 한 층을 올라선 것이다. 그런데 책을 한장 한장 새겨서 한 권이면 수십 장, 한 질이면 수백 장의 판을 새기고, 또 그것을 주체스럽게 쌓아 두고 이따금 한 번씩 꺼내어 박아내는 데에 지나지 못하는 온장 책판은 물건도 많이 들고 한없이 거추장스러운 일이다.

만일 이것을 변통하여 글자를 하나하나 따로 만들어두고 무슨 책이든지 거기에 쓰인 글자를 골라서 판을 만들어 박고, 그것을 다시 헤쳐 두었다가 또 다른 데 그렇게 돌려쓰는 방법이 생긴다면, 낱글자 몇 천 개만 만들어 놓으면 모든 책을 무궁무진하게 박아 쓰게 되어, 책판에 쓰는 판자가 덜 들고 부피 나가는 책판을 귀찮게 쌓아 두는 일도 없어서 얼마나 간단하고 편리할 것인가.

세계에서 이러한 방법을 먼저 터득하여 낸 이가 고려인이었다. 언제부터인지 모르지만 고려에서는 나무나 흙을 조각조각 반듯하게 다듬어서 한 조각에 글자 한 자씩 새겨 이것을 모아서 책을 만들어 박고, 헤쳐서 다른 책을 또 박는 방법을 썼는데, 이것을 활자라 하였다. 활자라는 말은 한 가지로만 쓰는 죽은 책판이 아니라 얼마든지 두고서 살려서 쓰는 글자라는 뜻이다.

그러나 나무나 흙으로 만드는 활자는 오히려 불편한 점이 있었으니, 한동안 쓰면 글자 바닥이 마멸하여서 더 쓰기 어렵다는 점이다. 그 재료를 쇠붙이로 하면 이런 폐를 덜 수 있지만, 활자가 등장한 뒤에도 금속활자를 만들 생각은 세계 어디서고 일어나지 않았다. 고려 고종 21년(1234), 즉 도읍을 강화로 옮긴 지 3년 되는 해에 쇠로 활자를 만들어서 『상정고금예문(詳定古今禮文)』이라는 책 50권을 박아낸 사실이 당시 문헌에 기록되어 있다. 이러한 활자를 주자

(鑄字)라 하는데, 쇠를 부어서 만든 활자라는 뜻이다.

세계에서 활자의 시초는 송나라 필승(畢昇)에서 나타났다는 말이 있지만, 고려의 활자는 이보다 훨씬 앞서는 게 틀림없다. 서양 금속 활자의 시초는 1450년쯤에 독일인 구텐베르크가 만든 연주자(鉛鑄字)라 하는데, 고려의 주자는 이보다 약 220년이 앞선다. 곧 고려는 세계에 있는 활자의 창조자이고 동시에 금속활자의 발명자가 되는 것이다. 활자는 인류의 3대 발명의 하나로 치는 것인데, 이것을 처음 만들어 낸 영광은 고려에게 있다.

제55장 격구

북방의 사나운 민족을 대적하여 싸우고 다투려면 국민 정신과 함께 체력을 단련해야 할 필요가 있다. 그래서 고려에서는 진작부터 이 방면에 신경을 써서, 조정으로부터 인민에 이르기까지 말 타기와 활쏘기를 장려하고 유희로는 격구(擊毬)를 숭상하였다. 의종은 군주로서 격구를 잘하기로 유명하였고, 최씨 집권의 시대에는 격구가 더욱 성행하고 최우(崔瑀)가 강화로 들어간 뒤에는 한층 더 힘썼다.

격구란 넓은 마당에서 말을 달리면서 공을 쳐 어느 목표까지 보내기를 다투는 놀이로, 말 타기와 함께 눈과 손을 민첩하게 쓰는 연습이 되었다. 대강을 말하자면 다음과 같다.

심판이 앉은 곳에서 좌우로 200보쯤 되는 곳에 문을 세우고, 양쪽에서 선수들이 말을 타고 공채를 집고 있다가, 정한 시각에 공을 길의 중간에 내던지면 선수들이 한꺼번에 달려들어서 그 공을 다툰다. 누구 한 사람이 공채로 공을 붙잡으면 다른 이들이 물러선다. 이 공을 붙잡은 이는 공채 끝의 술로 공을 떠서 솟구치면서 얼

격구

른 공채의 술을 뒤집어서 그 등으로 공을 높다랗게 치뜨리고, 떨어지는 것을 또 그렇게 하는데, 그 공이 떨어질 동안에 말을 달려서 언저리를 한 바퀴씩 돈다. 이렇게 하기를 거푸 세 차례 한 다음에 공채를 땅에 닿을 만큼 낮추 겨누어 땅에 있는 공을 기운 있게 때려서 공이 날아서 문 밖으로 멀리 나가야 득점하는 것이다.

이렇게 하는 동안에 공을 쫓고 다루면서 말 위에서 몸 쓰기와 공채를 솜씨 있게 놀리는 묘기가 드러난다. 이 모든 것을 잘하여 공을 문 밖으로 내보내는 이는 적으며, 비슷하게라도 문을 지나게 하는 이도 흔치 않고, 중간에 낙오하고 마는 이가 많다. 격구를 하는 이는 활발하고 민첩하기를 다투기 때문에 전신 운동도 되고 말 타기 연습도 되지만, 운동 경기로서의 흥미도 커서 일반 관중에게 용감하고 쾌활한 기운을 자아내었다.

격구 때에는 놀이터의 정면에 군주나 재상이 엄연히 좌정하고, 대소 백관이 그 좌우에 벌여 있고, 길 양편에 오색 비단으로 장막을 둘러치고 귀부인·공자들의 구경하고 갈채하는 무리가 성을 이루게 되며, 격구에서 솜씨를 나타낸 이는 세상에서 그 이름을 떠들게 되었다. 격구하는 방법은 약간 변통이 있으면서 후세에 전승되어서 무사들이 반드시 익혀야 하는 기예가 되고, 또 무과 고시의 과목이 되었다.

제56장 원과의 관계

최씨의 몽고 세력에 대한 반항이 40년이나 되자 병란에 쫓겨 다니는 인민이 차차 최씨의 정책을 괴롭게 생각하고, 조정에도 최씨의 전횡을 미워하는 기미가 생겼다. 고종 45년(1258)에 반대파가 일어나서 최씨를 타도하고, 오래간만에 정권이 왕에게 돌아갔다.

조정의 방침이 몽고에 굽히기로 결정하고, 태자를 보내서 몽고왕 쿠빌라이에게 화친을 청하자 쿠빌라이도 의외로 생각하여 크게 후대하였다. 마침 고종이 사망했다는 기별이 오자 호위 군사를 붙여 태자를 돌려보내게 하니, 이렇게 임금이 된 이가 원종이다. 여러 번 곡절을 치른 뒤 고려는 마침내 몽고의 보호국이 되어서 몽고군이 물러가고, 원종 11년에 도읍을 개성으로 되돌려 왔다.

그러나 이러한 새 정책은 결단코 누구든지 즐겨하는 바 아니며, 더욱이 강화 수호의 책임을 담당하고 있던 별초군(別抄軍)이라는 무사들은 크게 분개하였다. 출륙이 결행되자 별초군(무릇 3부가 있어 삼별초라 합칭함)들이 난을 일으켰다. 그 형세가 만만하지 않아 관군과 몽고군이 연합하여 이들을 압박하자, 강화로부터 진도·탐라도로 쫓겨 들어가면서 완강하게 저항하여 오랜 뒤에야 겨우 진정되었다.

원종이 옛 도읍으로 돌아오던 이듬해에 몽고는 수도를 연경(지금의 베이징)으로 옮기고 국호를 원이라 고쳤다. 원에서는 뒷걱정을 없애려는 생각에서 고려의 태자를 자기 수도에 데려다 두고 황제의 딸에게 장가들게 하였다. 원종이 별세한 뒤에 태자가 돌아와 즉위하였는데, 이이가 충렬왕이다.

이 뒤 약 백 년 동안에 몽고의 공주 7인이 고려로 시집왔다. 이렇게 장인과 사위의 관계로서 고려와 원은 서로 의심을 놓고 편안히 지내니, 무릇 몽고는 고려를 힘으로 굽힌 것이 아니라 친척을 만들어서 근심을 없게 하였다 할 것이다.

제57장 세계와의 연락

고려가 원과 가족적으로 지내는 동안에는 괴로운 일도 많았다. 이를테면 충렬왕이 즉위하던 해에 원군과 연합하여 전함 900척에 군사 3만 3천을 싣고 일본으로 출정하였다가 태풍을 만나서 배와 사람을 많이 잃고 돌아오고, 그 뒤 7년 만에 또 한 번 그러한 손해를 받은 일이 있었다.

이렇게 두드러진 일 말고도 국왕이 본국보다 더 오랫동안 원 수도에 가 있어서 국사를 살피지 않았고, 관리들이 본국과 원으로 넘나드는 동안에 본국에 대한 충성이 엷어지기 쉬웠다. 또 원으로부터 오는 사람들이 이것저것 달라고 보채는 등 여러 가지 폐단이 많았다.

그러나 한편으로는 고려인의 가슴을 넓히고 생활을 너그럽게 해준 이익도 적지 않았다. 원래 몽고는 아시아와 유럽 두 대륙에 걸쳐서 전에 없는 넓은 영토를 가지고 있고, 그 사이에 있는 허다한 종족과 문화를 죄다 섭취하여 활동했기 때문에, 원의 도읍은 하나의 작은 세계라고 해도 과언이 아니었다. 우리나라 사람이 원의 수도에서 이전에 보지 못하던 전 세계의 모든 인물을 구경하는 동안에 저절로 세계가 크고 넓다는 걸 깨달을 수밖에 없었다.

그뿐 아니라 수도에 와서 사는 먼 서방의 이방인으로서 고려로 와서 살려고 생각하는 이가 차차 생겨나고, 그 가운데 회회인(回回人)이 가장 많이 왔다. 회회인 중에는 고려 서울에 와서 외국 화물을 파는 점포를 내고 장사하는 이들이 있어서 이들을 '회회아비'라고 불렀는데, 취급 상품은 주옥·가화(假花)·세공품과 페르시아의 비단과 중앙아시아의 포도주 따위였다. 이 회회아비들은 보석과 진주를 탐색하기 위하여 지방으로 돌아다니기도 하였다.

한편, 고려의 인물과 문화가 원으로 나가고 다시 서역 지방으로 퍼진 것도 꽤 있었다. 고려인으로 원에 가서 벼슬한 이도 많고, 여자로서 원의 궁정에 들어간 이도 많다. 그 중 기씨(奇氏)의 한 여자는 황후가 되었고, 그렇지 않고 원에 가서 문학과 기술로 명예를 얻은 이가 드물지 않았다. 또 고려에서 옷 짓고 음식 만드는 방법이 원으로 전해 가서 '고려국양(高麗國樣: 고려시체)'이라고 하여 일시에 성행하고 지금까지 전하는 것이 있다.

제58장 유학의 흥기

유학을 위한 국립 학교로 고구려 때를 비롯하여 백제와 신라에다 국학이 있었으며, 고려에도 성종이 국자감을 두고 박사와 조교 등 관직을 베풀어서 유학을 교수하게 하였다. 그렇지만 통틀어 보면 고려 시대에는 불교의 세력이 커서 유학이란 것은 대개 문장을 공부하는 것쯤 되고 말았으며, 따라서 국자감에도 선비가 적고 쓸쓸하기 그지없었다.

이 동안 중국의 송에는 정호(程顥)·정이(程頤) 형제, 주희(朱熹)와 같은 대유학자가 나와서 유학이 이론적으로 와짝 발달하여 공자의 가르침이 면목을 새로이 하였고, 그 학설이 차차 고려로 전해 왔다. 한편 고려의 불교는 국가의 기도를 맡고 사회에서 세력을 가짐에 따라서 불교 본지에 어그러지는 일이 많고 뜻있는 이로 하여금 눈을 찡그리게 하여, 유학의 세력이 이 간극을 타서 고개를 들고 일어나게 되었다.

충렬왕 때에 찬성사 안향(安珦)이 신도(神道)와 불교는 융성한데

안향 초상

유학이 떨치지 못함을 애달프게 생각하였다. 이에 허술해진 문묘를 수리하고 사람을 중국으로 보내서 공자와 72제자의 상을 새로 그려다가 모셨다. 또 선비 기르는 기본금인 양현고(養賢庫)가 유명무실하여진 것을 딱하게 여겨서 관리들의 기부금을 거둬 섬학전(贍學錢)이란 것을 새로 마련하는 등 유학 진흥을 위해 여러 가지 설비를 하여 선비가 공부하는 길을 크게 넓히자 그 효험이 매우 빨랐다.

안향이 송에서 새로 생겨난 정주의 학설을 가져다가 동지들과 함께 세상에 전파하자, 시들었던 유학이 이 샘물을 얻어서 크게 생기를 띠었다. 이로부터 다시 이제현(李齊賢)·이색(李穡)을 지나고 정몽주(鄭夢周)에 이르러서 송의 유학이 우리나라에서 자리를 든든히 잡았다.

제59장 원나라 배척

충렬왕으로부터 6대 70여 년 동안은 원과 한집안이 되어 지낸 덕에 외환이 없더니, 공민왕의 즉위에 이르러 대륙의 형세가 크게 변하려는 것을 보고 오래 쭈그러졌던 고려인의 국가 정신이 불끈 일어섰다. 원이 중국 중원을 차지한 뒤에 본토의 한족에게 차별 대우를 심하게 하여 불평이 대단하였는데, 순제 때에 흉년이 자주 들고 백성이 부지할 수 없게 되자 한족 가운데 반란을 일으키는 자들이 잇따랐다.

공민왕 즉위 전년에 강남(河南)에서 일어난 한산동(韓山童)과 안후이(安徽) · 후베이(湖北)에서 일어난 서수휘(徐壽輝), 장쑤(江蘇) 북부에 일어난 이이(李二), 그 이듬해 후베이의 북부에서 일어난 곽자흥(郭子興), 또 이듬해 장쑤의 남방에서 일어난 장사성(張士誠) 등은 그 가운데 굵은 놈들이었다.

원은 이미 끝판이 가까워서 자력만으로는 이러한 반란을 진정할 수 없어 고려에 구원을 청하였다. 공민왕 3년에 대호군 최영(崔瑩)을 참전하게 하여 고우(高郵) · 육합(六合) · 회안(淮安) 등지의 싸움에서 고려군의 용맹을 크게 나타내고 왔다. 이러한 관계로 원 말 중국의 동부에서 일어난 장사성 이하의 여러 정권들이 고려와 잘 지내는 것이 이롭다는 걸 깨닫고, 연방 사신을 보낸다 예물을 가져온다 하여 해상에 이러한 배편이 그치지 않았다.

원에 갔던 장수들이 돌아와 천하의 대세를 보고하자 공민왕은 원을 배척하기 시작하였다. 공민왕 5년(1356)에 먼저 고려 안에 있는 원 세력의 대표 기관인 정동행성(征東行省)을 폐쇄시키고, 인당(印瑞) · 최영 등에게 아직 원의 관할 하에 있는 압록강 중류 지금의 벽동 · 창성 지방과 함경도 북청까지의 땅을 거둬들이게 하여 북방 회복의 걸음을 내켰다. 또한 원나라에서 온 관직 명칭을 개정하는 등 여러 가지 어려운 일을 차례로 단행하였다. 공민왕의 이러한 변통은 물론 원이 좋아하는 일이 아니지만, 말로 약간 한탄하는 정도에 그치고 그 이상의 힐난을 하지 못하였다.

제60장 홍두적

원 말에 북방 중국의 황하와 회수 지역에서 일어난 한산동 이하

여러 반역 운동자들은 대개 홍건(紅巾)으로 표지를 삼았으므로 세상에서 홍군이라 불렀고, 또 낮춰 말하려면 홍두적·홍건적이라 불렀다. 대륙에서 일어난 큰 난리의 불똥이 우리에게로 튀지 않을 리 없어서, 홍두적의 기세가 커지자 그 한끝이 고려로 밀려들어왔다.

공민왕 8년 12월에 두목 모거경(毛居敬)이 압록강을 건너 의주와 정주를 깨뜨리고 내켜 서경을 떨어뜨리자, 서북면 원사 안우(安祐)와 상장군 이방실(李芳實)이 함종에서 적군과 접전하여 대파하자 적은 남은 무리를 데리고 그만 도망갔다.

공민왕 10년 10월에 반성(潘誠)·사류(沙劉)·관선생(關先生) 등이 다시 10만여 군을 거느리고 침입하여 여러 군데 성을 떨어뜨리고 마침내 절령(嵒嶺; 지금 서흥의 자비령)의 험한 길을 돌파하기에 이르렀다. 일이 급하게 되자 왕이 개성을 떠나 경상도의 안동으로 피난하였다. 적군이 개성으로 쳐들어와서 몇 달 주둔하는 동안에 궁궐과 도성 안을 죄다 불 지르고 백성에게 잔인한 일을 많이 하였다.

이에 이르러 고려 국민들의 적개심이 우쩍 높아져 총병관 정세운(鄭世雲)이 여러 장수와 군사를 동원하고 지휘하여 개성을 에워싸고, 이듬해 정월에 적군을 크게 깨뜨리고 사류·관선생 등을 목 베고 드디어 개성을 회복하였다.

그러나 서울이 죄다 불탄 자리뿐이어서 왕은 상주·청주 등지를 돌다가 다시 이듬해 2월에야 서울로 돌아왔다. 이번 홍두적의 난으로 하여 가뜩이나 피폐하여진 고려의 국력이 와짝 줄고, 이밖에 운이 다된 원의 찐덥지 못한 모든 일이 고려로 영향을 미쳐 고려의 기운을 더욱 고달프게 하였다.

제61장 왜구

왜는 예로부터 조선의 물자를 힘입지 않고는 구김새 없이 살 수가 없고, 더욱이 조선에 가까운 대마도와 이키주(壹岐州)는 먹고 사는 것을 온통 우리에게서 가져가야만 하는 형편이었다. 그래서 평화로운 방법으로 이 왜심을 채울 때는 다른 일이 없지만, 그렇지 못한 경우에는 그들이 사나운 도적떼를 지어서 우리를 침략하고 그럴 때면 대마도가 항상 도둑질하는 근거지 노릇을 하였다.

고려 전기에는 왜인이 무역으로 우리의 물자를 가져가면 만족하다가, 왜국 내의 정세가 변하여 고려 중반부터 수많은 무사 계급이 먹고 살던 땅을 잃고 맨주먹으로 생활을 유지해야 할 형편이 되었다. 그러자 이들은 외국 교통의 길목인 서남방으로 흘러 내려와서 배를 꾸며 가지고 먼저 조선 반도의 해상이나 해안을 향하여 밑천 안 드는 장사를 시작하였다. 이것을 우리 옛날 기록에 왜구(倭寇)라고 일컬었다.

왜구의 시초는 고종 10년(1223)에까지 치올라갈 수 있지만 그것은 어쩌다 있은 일이며, 꾸준히 계속되기는 충정왕 2년(1350)에 경상도 남해안의 고성·거제 등지를 침노한 이후의 일이고, 공민왕 때에 내려와서는 그것이 부쩍 심하였다.

당초에는 그 지방에 있는 관의 힘으로 방비할 만한 정도이었는데, 점점 수가 늘고 조직이 커져서 여간한 힘으로는 맞설 수 없어졌다. 또 처음에는 해상의 선박을 엄습하여 거기에 실린 곡식을 빼앗더니, 나중에는 육상으로 올라와서 읍촌을 겁략하여 곡식과 함께 사람과 가축을 붙잡아 갔다.

침입하는 범위도 차차 넓어져서, 마침내 팔도의 연해 군현이 거의 다 변을 당하고, 어떤 때에는 강화·교동·승천부(昇天府; 지금의 풍덕) 같은 도읍 근처에까지 들어오기도 하였다. 이미 홍두적의 난으로 개성 이북이 크게 다치고 거기에 이어 조정에 작고 큰 분란이 연거푸 있었는데, 한쪽으로는 많은 지방이 왜구에 부대껴 진실로 고려의 깊은 근심이었다.

제62장 최영과 이성계

고려가 오랫동안 평안함에 젖고 군사 대비가 엉성하여서 왜구와 맞닥뜨려 승전하는 이가 적었는데, 싸우면 반드시 이기는 무서운 장수 두 사람이 있었다. 한 사람은 최영이고, 한 사람은 이성계이었다.

최영은 명문의 후손으로서 선천적으로 영특하고 힘이 장사여서 일찍부터 군에 들어가 지내더니, 왜구가 생긴 뒤에 왜구를 만나면 반드시 섬멸하여 두려워 벌벌 떨게 했다. 원에서 구원을 청해 왔을 때에 장수로 뽑혀가서 용맹으로 이름이 더욱 드러나고, 이 뒤 홍두적 이하의 여러 번 전란에 다 무공이 있어서 성망이 점점 무거워졌다. 최영은 전장에 나서면 군령을 준엄하게 하여 기어이 승전하고 말았으며, 군사가 한 발짝이라도 후퇴하면 즉시 목을 베었다. 이 때문에 크고 작은 무수한 싸움에서 나서는 대로 성공하고 한 번도 패하는 일이 없었다.

그의 허다한 전공을 이루 말할 수 없었는데, 공민왕의 다음인 우왕 2년(1378)에 왜구가 삼남을 휘젓고 공주를 떨어뜨리자 노장 최영이 대노하여 말했다. "추한 적들이 이처럼 독을 부리니 지금 꺾지 않으면 뒤에는 더 어려울 것이다. 내 비록 늙었으나 몸소 나가 쳐 없애겠다." 그러고는 왕이 붙잡는 것을 뿌리치고 수하 군병을 데리고 나가 홍산(鴻山)의 험한 목정강이에 의지한 왜적을 발견하고 최영이 앞장서서 들이치자, 군사들이 용감하게 뒤를 댔다.

화살이 최영의 입술을 맞춰 피가 흥건한데도 안색이 태연자약하여, 적장을 쏘아 넘어뜨리고 나서야 아무렇지 않다는 듯 맞은 화살을 뽑고 더욱 기운 내 싸워서 모든 적 무리를 도륙하고 말았다. 이것이 「홍산파진도(鴻山破陣圖)」라는 그림으로 남겨진 가장 유명한 승전이다. 이로부터 "백수(白首) 최 만호(崔萬戶: 만호는 장수를 존칭하는 말)"는 왜구 사이에서 무섭다는 말뜻이 되었다.

이성계는 본디 지금의 함경도 영흥 땅 출생으로 공민왕 때에 원에 붙어 있던 그 땅이 고려로 돌아오자 거기에 따라 고려로 들어와서 벼슬을 살았다. 성품이 용맹하고 말 타기와 활쏘기를 귀신같이 하여 남북 각지에서 전공을 세웠고, 특히 왜구 토벌에 번번이 승전하여 위력의 명성이 온 나라에 떨쳤다.

우왕 6년(1384)에 왜구선 500척이 진포(鎭浦: 충청남도 서천의 남쪽)로 들어와 하삼도를 짓밟고 다니면서 잔인 포학한 짓을 방자히 하였다. 이때에 이성계가 삼도 도순찰사로 내려가 지리산 중 황산(荒山: 거출뫼) 좁은 목에서 우리의 10배나 되는 적을 붙잡아, 유명한 아지발도(阿只拔都: 아기바틀, 어린 용장이란 뜻)라는 소년 맹장을 화살 하나로 죽여서 저들의 기운을 꺾었다.

세 번의 전투에서 적의 무리를 섬멸하여서 피에 빨개진 강물이 5~6일 지나도록 풀어지지 않았다. 세상에서 이것을 황산 대첩이라 하여 칭송하여 마지않았다. 이때부터 왜적이 우리 땅에 들어오면 먼저 이 만호(李萬戶)가 지금 어디 있느냐고 물었다 한다.

제63장 화포를 쓰다

왜구의 걱정이 생긴 지 여러 해에 국토의 대부분이 그 화를 입었다. 특히 남방에서 개경으로 공물을 가져오는 배가 자주 해를 입는 것은 진실로 여간한 일이 아니었다. 고려에서는 덤비는 놈을 물리치는 것만으로 그들을 없애지 못할 줄 알고, 한옆으로 외교의 힘을 입으려 하였다.

공민왕 15년(1366)에 김일(金逸)을 일본으로 보내서 아시키기(足利) 장군에게 해적이 나오지 못하게 하라고 부탁하고, 우왕 원년(1375)에는 나흥유(羅興儒)를 보내고, 또 우왕 3년에는 정몽주를 보내서 규슈(九州)의 방백에게 엄중한 단속을 요구하였다. 그때마다 사로잡혀 갔던 백성을 데려오기는 했지만 해적이 나오는 것은 끝내 막히지 않았다.

이에 고려에서는 결국 실력으로 저들을 잡도록 하는 수밖에 없다 생각하여, 지금까지 육상에서 방어하던 일이 어설품을 깨닫고 수군을 만들어서 해상에서 조처하는 방책을 취하였다. 그러나 그냥 바다에 활동하기로 말하면 우리가 반드시 저희들보다 나을 수 없을 것이므로 특별한 위력을 새로 장만해야 할 필요를 깊이 느끼고 있었다.

이때에 문하부에 벼슬하는 최무선이 왜구를 제어하려면 화약을

쓰는 것이 상책이라 혼자 생각하고
항상 남방으로부터 오는 상선에 가서
화약 만드는 법을 아는 이를 찾다가,
오래간만에 한 사람을 만나서 대강
방법을 알아내고 정부에 이 방법을
쓰기를 건의하였다. 그러
나 정부의 재상들이
하나도 귀를 기울이지
않고 도리어 비웃는 자
가 많았다. 하도 여러
번 힘주어 말하자 정
성에 감동하여 화통도

진포대첩 기념탑 최무선(전북, 군산)

감을 베풀고 최무선에게 맡겨서
화약을 연구하고 제조하게 하였다.

　최무선이 고심 노력하여 마침내 화약에 묘리를 얻고 여러 가지
소용에 맞는 화포 수십 가지를 만들어 내자, 이제는 보는 이가 다
신기하고 무서움에 경탄하였다. 최무선은 한편으로 군함 제도를
연구하여 화약과 아울러 이제는 왜구를 걱정할 것 없다고 스스로
기약하였다.

　우왕 6년(1380) 가을에 왜적선 500여 척이 진포로 쳐들어오자,
조정에서 최무선의 화약을 시험할 때가 왔다 하여 최무선을 부원
수로 하여 화포를 가지고 나가게 하였다. 그전만하게 여겼던 왜적
의 배들이 뜻밖의 화약을 보고 얼른 배를 모아 한데로 잡아매고 다
부지게 항전하려 들자, 최무선이 여러 가지 화포를 놓아서 배들을
죄다 불살라 버렸다.

　왜적들이 배를 잃고 하는 수 없이 육상으로 기어올라서 악에 바
쳐서 독을 부리고 다녔는데, 지리산의 황산에서 이성계에게 도륙

된 왜적이 사실 이 무리이었다. 이때부터 왜구가 매우 적어지고 해변의 백성이 겨우 편안히 생업을 할 수 있었다. 이 뒤의 수군의 활동과 성공은 오로지 최무선의 힘이며, 그 방법은 뒤에 전하여 나라의 보배가 되었다.

제64장 목면 수입

고려 말년에 북으로는 대륙과 남으로는 해외의 교통이 잦아서 여러 가지 새 물건이 들어왔는데, 그 가운데 일반으로 큰 덕을 입은 것은 목면(木棉; 무명)이다. 목면은 본디 인도에서 나서 당나라 대에 이미 전래하였으나 널리 퍼지지 않고, 송 말·원 초에 이르러서 중국의 강남 지방에 와짝 재배되었다. 우리나라에는 신라 시절에 들어온 일이 있지만 그만저만 없어진 듯하여 다시 들리지 않고, 고려 공민왕 때에 문익점의 손에 수입되어 차차 보급하였다.

문익점은 강성(江城; 지금 경상남도 고성) 사람으로 공민왕 12년(1363)에 사신단의 일원으로 원의 도읍에 갔다 돌아오는 길에 목면 나무를 보고 열매 10여 개를 주머니에 넣고 와서 다음해에 고향으로 돌아가 외삼촌 정천익(鄭天益)에게 씨를 주어 심게 하였다. 정천익이 심은 씨 가운데 겨우 한 나무가 나서 가을에 열매 백여 개를 얻고, 해마다 늘려 심다가 5년 만에 그 씨를 동리에 퍼뜨려 두루 심게 하고, 문익점도 더욱 재배에 갖은 힘을 썼다.

그러나 워낙 서툰 농사라 썩썩 퍼지지 못하고 또 열매 다룰 줄을 몰라서 농사지은 것도 주체하지를 못하였다. 그러다가 우연히 인도에서 온 승려 홍원(弘願)이 정천익의 집에 이르렀다가 목화를 보고 "뜻밖에 여기서 고향 물건을 보는구나." 하자, 정천익이 그를 만류하여 여러 날 두고 실 뽑고 무명 나이하는 법을 물었다.

홍원이 방법을 자세히 가르치고 또 씨아틀과 물레와 필요한 다른 기구를 만들어 주었다. 이에 정천익이 집안사람들에게 무명 한 끝을 나이하게 하고 동리에서 차례로 배워가서 군(郡)에 퍼지고, 10년이 안 되어 거의 전국에 보급하였다. 문익점은 이 공으로 우왕 원년에 좋은 벼슬로 옮기고 뒤에 강성군(江城君)에 봉해졌다.

제65장 국론 분열

공민왕 17년(1368)에 중국 대륙에서는 금릉(金陵)에 웅거하던 주원장(朱元璋)의 군사가 연경으로 달려들어서 원을 몰아내고, 주원장이 금릉에서 황제 자리에 올라 국호를 명(明)이라 하였다. 원은 북으로 쫓겨서 상도(上都: 지금의 카이펑)로 갔다가 다시 응창(應昌: 내몽고의 따리놀 부근)으로 옮겨 갔는데, 이것을 북원(北元)이라 한다.

공민왕은 이 사이에 놓여 처음에는 국사를 바로잡으려 자못 노력하더니, 여러 번 병란을 치러서 마음이 풀어지고, 뒤에는 괴승 신돈(辛旽)에게 빠져서 정신을 잃고 더욱 정치를 권태로워하다가 23년 만에 별세하였다. 그 뒤를 이은 이가 우왕이었다.

백 년 동안이나 북방의 울타리로 삼았던 원이 별안간 쭈그러지고 서투른 명이 대륙을 차지하고 앉자, 고려 조정에서는 외국에 대한 관계를 어떻게 처리해야 옳을지 의론이 분분하였다. 특히 당대에 높은 신망을 가지고 있는 최영과 이성계의 의견이 아주 대립하고 있었다.

최영은 일찍이 지원병을 데리고 원으로 간 적이 있어 그때 중국의 실정을 잘 알아서, 원은 멀리 물러나고 명은 아직 자리가 잡히지 않은 이 틈을 타서 요동으로 진출하여 나라의 운명을 내키자 생각하였다. 그러나 이성계는 명이 중원을 거의 얻었으니 그전 원에 대한 태도로 명에 대할 것이지 구태여 위험을 무릅쓸 것이 있겠느냐는 것이었다.

이때 최영은 장수와 재상을 겸한 지 수십 년에 국가 흥폐의 중책을 어깨에 메고 한편으로 임금의 장인도 되어서 단연히 나라 위한 일념을 가졌을 뿐인데, 이성계는 진작부터 다른 뜻이 있어서 그것을 실현하기 좋은 기틀을 엿보고 있었던 것으로, 두 사람 사이에는 큰 거리가 생겨서 날로 멀어지고 있었다. 국가의 중대 시기에 중임을 맡은 두 사람이 이렇게 등을 지고 나간 것은 무엇보다 슬퍼할 일이었다.

제66장 고려의 패망

주원장이 처음 중국의 화이난(淮南)에 일어나자, 고려에 사신을 자주 보내서 사이좋게 지내고자 하였다. 또 명을 세운 뒤에도 고려가 혹시 북원의 뒤를 보지 않을까 은근히 꺼리더니, 고려 안에 구구하게 명과 친해지려는 무리가 꽤 세력이 있다는 걸 알고는 이때부터 고려에 대한 태도가 돌변하여서 보채는 일이 많았다. 나중에는 압록강 지류인 파저강(婆猪江: 지금의 퉁자강) 유역에 철령위라는 군사 기지를 만들고, 고려가 400년 노력으로 거둬 가진 압록강 방면을 가지려 하였다.

최영이 전부터 명의 행위를 괘씸히 보고 있다가 여기에 이르러는 더 참을 수 없다 생각하고 명을 들이치기로 국책을 정하였다. 우왕 14년(1388) 4월에 군사를 일으키고 스스로 팔도 도통사가 되어 왕과 더불어 평양으로 나가 앉고, 조민수(曺敏修)를 좌군 도통사, 이성계를 우군 도통사로 하여 우선 5만 군을 거느리고 압록강을 부교로 건너서 바로 요동을 취하게 하였다.

최영이 이번 군사를 내어보낸 데는 앞에 내세운 목적 외에 이렇게 함으로써 국론을 하나로 돌리고 나라에 해로운 음모를 없애 버리자는 생각도 들어 있었다. 그러나 반대파인 이씨 쪽에는 이것을 뒤집어 이용하려는 작정이 있었다. 그래서 이성계의 군사가 압록강 안의 위화도에 이르러서 다시 전진하지 않고, 조민수를 달래서 장마통에 큰 강을 건널 수 없다는 핑계를 대고 마음대로 군사를 돌려서 6월에 서울로 돌아왔다. 그러고는 위력다짐으로 최영을 고봉(高峰; 지금의 고양)으로 귀양 보낸 뒤 왕을 폐하고 자기네가 마음대로 놀릴 수 있는 새 왕을 세웠다.

이로부터 이씨네가 안으로는 자기편에 방해되는 인물을 물리치고, 밖으로는 명의 환심을 사면서 수년 동안에 모든 준비가 다 되어 갔다. 새 임금 공양왕 4년(1392)에 마지막 반대파의 거물 정몽주를 암살하고, 7월에 군신 추대 형식으로 이성계가 왕위에 올라서, 전 임금을 내치고 국호를 아직 고려로 쓰다가 다음해에 비로소 조선이라고 고쳤다. 고려는 34왕 475년(신라 합병 후 457년)을 누리고 나라가 없어졌다.

제67장 남국의 내조

남방 해외의 교통은 고려 대에 꾸준히 계속하여 강남이라는 말이 이웃 동리쯤으로 생각되니, 고려 말엽에 이르러서 그전에 다니던 남방 중국의 여러 지방 외에 새로 예물을 가지고 찾아오는 나라가 여럿 늘어났다.

충렬왕 때에 고려에서 원나라로 가 있던 채씨(蔡氏) 색시가 굴러서 인도 반도 동남안의 모바르국 왕자에게 시집간 일이 있었는데, 충렬왕 24년(1292)에 이 왕자가 사신을 보내 여러 가지 예물을 바

圃隱先生像 光緒庚辰秋月下澣 趙干貞船館 英祖

정몽주 초상

쳤다. 이 모바르국은 고운 면포의 생산지로 유명하여, 이것을 당시 중국에서 서양포라 불렀는데, 예물 가운데는 물론 이 서양포가 들어 있었다.

우왕의 다음인 창왕 원년(1389)에는 류큐국의 중산왕(中山王) 찰도(察度)가 사신 옥지(玉之)를 보내서 표문을 올려 신하라 일컫고, 유황·후추·소목(蘇木) 등 다수를 방물로 바쳤다. 류큐는 제주의 남방 해상에 있는 섬나라이다. 나라가 작고 땅이 메말라서 농사짓는 것만으로는 먹고 살수가 없어, 일찍부터 상선을 사방으로 내놓아 각국의 물건을 모아다가 각국에다 팔아 이 중계무역의 이익으로 나라를 버티고 있었다. 고려에서는 정성이 기특하다 하여 상을 후하게 내리고 답례사를 보내서 그 나라 형편을 시찰하여 오게 하였다.

창왕의 다음 공양왕 3년(1391)에는 섬라곡국(暹羅斛國)이 나공(奈工) 등 8인을 사자로 하여 저희 나라 토산품을 가져와 바쳤는데, 말을 세 번 통역하여 의사를 통하였다. 그들이 맨발에 웃통을 벗고 두목만 머리에 수건을 쓴 것, 아랫사람이 윗사람을 보면 옷을 벗는 것이 인사인 것 등의 풍속은 우리 눈에 이상스럽게 보여서 그것이 사서에 기록되어 있다. 섬라곡국은 아시아 동남단에 있는 먼 나라로, 근래 '타이'라고 부르는 곳이다. 이러한 남국에서 가져오는 물

건은 그전과 같이 약재·향료가 중심이고, 가장 요긴하게 여긴 것
은 양념으로 쓰는 후추였다.

근 세

제68장 한양으로 천도함

이씨의 창업에는 억지스런 일이 많아서 인심이 얼른 복종하지 않았다. 그래서 태조가 구세력을 없애버리는 데에 힘쓰는 동시에 인심 전환의 방책으로 도읍을 옮기기로 하였다. 처음 새 도읍 후보지를 계룡산 아래에 구하여 공사를 약간 착수하였으나, 지세가 마땅치 못하고 거리가 고르지 못하고 수로가 가깝지 못한 점 등 결점을 들어 반대하는 의견이 드세어서, 태조 3년(1394) 8월에 백제의 고도이고 고려의 남경인 한양으로 고쳐 정하였다.

위치가 결정되자 건설 공사를 진행하여 1년 만에 경복궁·태묘·사직·성균관 등을 이룩하였다. 태조 5년(1396) 봄에 팔도 백성 20만을 징발하여 9월까지에 성벽 약 1만 보를 쌓아 대규모 공사를 마쳤다. 한양을 한성부로 하고, 5부 52방(坊)으로 구획하였다. 이해 11월 개성으로부터 한성으로 천도를 실행하였는데, 개성의 인민이 즐겨 따라오지 않아 도읍의 모양이 오래도록 분위기가 쓸쓸하였다.

태조 7년(1398)에 태조가 세자에게 선위하고 함흥으로 퇴거하자 개성 환도 논의가 크게 일어나서 이듬 정종 원년(1399) 3월에 환도하였다. 정종은 재위 2년 만에 퇴위하고 동생 태종이 이어 받았다. 어느덧 혁명한 지 10년이 지나고 인심이 상당히 진정되었다. 태종 5년(1405)에 신의 뜻이라 핑계하여 한양 재천도를 단행하였다. 이때부터 한성이 이씨 조선 500년간의 수도이었다.

한성의 도시 계획으로 성내의 배수로인 개천(開川; 지금의 청계천)을 내고, 바로 도심의 일용품 시장인 긴 행랑 수천 칸을 세웠고, 창덕궁·창경궁 이하 수많은 공사와 함께 다 선공감사 박자청(朴子靑)의 노력으로 아름답게 성공하였다. 또 성내의 민가가 대개 초가이었는데 승려 해선(海宣)이 자원하여 와요(기왓가마)를 두고 고심 경

서울 성벽
조선 건국 후 개성에서 한양으로 천도하기 위해 태조 5년 (1396)에 백성 20만을 징발하여 성벽 1만 보를 쌓았다.

영하여 십수 년 동안에 성안의 과반이 기와집으로 바뀌었다.

제69장 태종의 내치

태종은 아버지와 형 두 대의 뒤를 이어 내치의 정돈에 힘썼다. 창업 이후 관제는 대개 고려의 것을 그대로 쓰다가, 태종 이후로 차차 시대의 실정에 맞게 변통을 더하여 후일에 길이 준용된 제도가 태종 대에 많이 설정되었다.

왕궁 앞에 큰 북을 달고 원한을 품은 인민이 와서 두드려 그 사유가 군주의 귀에 들어가게 하고 이를 신문고라 불렀는데, 이로 말

미암아 많은 아랫사람의 사정이 위로 전달되었다. 의약 활인법을 설정하여 종래의 제생원 · 대비원(활인원이라 고쳤다) 등 진료 구호 기관을 크게 확충하여 활동하게 하고, 새로 귀후소(歸厚所)를 설치하여 빈민에게 관과 장례용품을 공급하게 하였다.

또 가끔 문민질고사(問民疾苦使)를 지방에 특파하여 민생과 정치의 연락을 긴밀하게 하였다. 농사 시험을 위하여 국농소(國農所)를 두고, 양잠 장려를 위하여 잠소(蠶所) · 잠모(蠶母)를 나라 안에 배치하였다. 원활한 교역을 위하여 베 외에 저화(楮貨) · 동전의 유통을 꾀하고, 안전한 조운을 위하여 배 다니기 어려운 곳인 안흥량(安興梁; 안흥목, 충청도 태안반도의 끝)에 운하를 뚫었다.

유학 진흥을 특별히 중시하여, 중앙에는 최고 학부인 성균관 외에 오부 학당을 각각 설립하고, 또 분과로 유(儒) · 무(武) · 이(吏) · 역(譯) · 음양풍수 · 의(醫) · 자(字) · 율(律) · 산(算) · 악(樂)의 10학을 따로따로 세웠고, 지방의 향교에도 필요한 권장을 더하였다. 성균관 학생을 가끔 궁중으로 불러 들여서 어전 강론을 시키기도 하고, 명사를 보내 특별 교수를 베풀기도 하였다.

인쇄가 간편해져야 서적이 보급될 것이라 하여, 태종 3년(1403)에 주자소를 두고 군신이 한가지로 동전을 추렴하여 동활자를 많이 만들어 필요한 도서를 자유로 인출하여 상하에 널리 배포하였다. 조선의 금속활자는 고려 때부터 있어 오던 것이지만, 이때의 동활자만 해도 서양의 금속활자 발명 시기보다 10여 년이 앞선다. 이로부터 조선의 활자는 금속 본위로 더욱 장하게 발달하였다.

제70장 대마도 정토

태종이 재위 18년 만에 세자에게 선위하여 세종 대왕의 치세가 되었다. 세종 대왕은 즉위 초부터 왜구의 제압에 뜻을 두어, 첫해에 벌써 대마도 정토(征討)를 결행하였다. 무릇 대마도는 조선과 일본의 중간 해상에 위치하여 땅이 여위고 나는 것이 변변하지 않으므로, 거주민이 조선에서 생활 물자를 얻어 가고 그것이 여의치 못하면 적이 되어 조선으로 오며, 한편으로는 깊숙한 곳에 있는 왜구들의 우두머리 노릇을 하여 그 이윤을 얻어먹었다.

태조 이래로 왜구를 방비하기 위해 대마도를 이용하였다. 대마도에 무역상 특권을 주는 대신 해적을 정찰하고 탐지하는 소임을 맡기자, 대마도도 이를 달게 여겨서 스스로 경상도에 속하기를 원하고 우리의 신민 노릇을 하면서 정성껏 심부름하는 체하였다. 그러나 섬사람의 성질이 간사하여 표리부동한 짓이 많아 가끔 응징을 위해 출병해야만 했다.

태조 5년(1396)에 이미 김사형(金士衡)을 오도 병마도통처치사로 하여 이키도·대마도를 정벌하고 수많은 적의 무리에게 항복받고 온 일이 있었고, 그 뒤 여전히 신의를 저버리는 버릇이 있기에 태종 이래로 정벌 논의를 진행하였다.

세종 원년(1419) 5월에 왜구가 서해 바닷가를 집적거리자 단호한 대책을 정하고, 이종무(李從茂)를 삼군 도체찰사, 유정현(柳廷顯)을 삼도 도통사로 하여, 6월 17일에 병선 230척 군 1만 8천 명이 바다를 건넜다. 20일에 섬에 이르러 두지포(豆地浦)로부터 작전을 개시하여 적선 130척, 집 2천 호를 불살랐다. 이에 대마도주 사다모리(貞盛)가 사죄하고 대마도가 조선 땅임을 재확인하고 신하의 자리를 충실히 지키겠다고 맹서하자, 7월 5일 거제로 개선하였다.

대마도인이 곧바로 교통하기를 간절히 애걸하였으나 여러 해 허락하지 않다가, 그 모든 이유가 절박한 생활상 요구에서 나온 것이기에 불쌍하고 가엽게 여겼다. 세종 8년(1426)에 이르러 경상도의 웅천 내이포(냉이포, 제포라고도 한다), 동래 부산포(지금의 부산), 울산 염포 세 군데를 교역장으로 개방하여 주고 일이 끝나는 대로 즉시 돌아가게 하였다. 이것이 이른바 삼포이다.

제71장 건주 여진 정토

고려 말 조선 초에 우리 북쪽 국경에는 여진인의 부족이 지금의 만주를 거머잡아 흩어져 살고 있었는데, 우리는 그들을 '되' 곧 야인이라고 불렀다. 야인 중에는 올량합(兀良哈; 오랑캐)·알도리(斡都里; 오도리)·홀라온(忽刺溫; 후라온)·올적합(兀狄哈; 우디개) 등의 종별이 있었다.

남방에 치우치는 자는 지금 회령 지방을 중심으로 하여 우리 보호 아래 각각 자치 부락을 이루고 있었고, 다른 일부는 압록강의 한 지류인 파저강 유역에 거주하였으며 건주야인이란 이름으로 알려져 있었다. 이들 야인은 조선과 명 양쪽에 조공을 바치고 직함을 타고 또 상을 받아 지내는데, 혹시 수가 틀리면 활과 말을 움직여 변경을 소란하게 하는 일이 가끔 있었다.

세종 14년(1432) 10월에 건주야인 400여 기가 압록강 상류의 변방 군(郡)인 여연을 침노하여 인민을 약탈한 일이 생겼다. 조정에서 야인 제압의 기틀을 찾던 판이어서 곧 필요한 준비를 해 세종 15년 4월에 최윤덕(崔閏德)을 평안도 도체찰사로 하고 이순몽(李順蒙)·최해산(崔海山)·이각(李恪)을 좌·중·우의 삼군 절제사로 하여 1만 5천을 거느리고 진군하였다. 19일에 자성강 입구로부터 강을 건너 정적(正賊) 임합라(林哈剌; 임하라) 이하의 모든 관방 마을을 낱낱이 소탕하고 8일 만에 개선하였다.

얼마 만에 도망갔던 무리가 다시 모여 들어서 기운을 펴려 하자, 세종 19년(1437) 9월에 평안도 도절제사 이천(李蕆)이 8천을 거느리고 7일에 만포 구자(口子)로부터 강을 건너 적의 유력한 진지인 오이부(吾彌府)와 근거지인 우라산성을 급습 함몰하여 결정적 타격을 주고 많은 참획을 얻어 16일에 본국으로 개선하였다.

두 번 정토에 부대끼다 못하여서 건주야인은 마침내 파저강으로부터 훈허강 상류 지대로 옮겨가고, 두만강 내의 야인들도 슬금슬금 그리로 들어가 버려서, 드디어 압록강·두만강의 이쪽에는 제대로 된 야인 부락을 볼 수 없게 되었다.

이에 조정에서 압록강 상류 유역에서는 여연 1부(府)를 여연·자성·무창·우예 4군으로 쪼개고, 두만강 연변에는 경흥·경원·온성·종성·회령·부령 등 6진을 베풀어서 남방 인민을 데려다가 채웠다. 대개 두 강 이남을 경계로 하는 이씨 조선의 판도가 이때에 성립하였다. 6진의 개척은 오로지 관찰사이자 도체찰사 김종서(金宗瑞)의 공 때문이었다.

제72장 세종의 제작

세종은 천품이 총명하시고 학문을 좋아하여 잠자기를 아까워하며 손에 책을 놓지 아니하셨다. 고려 이래로 군주가 학문하는 곳으로 궁중에 설치된 집현전(集賢殿)이 오래 유명무실한 채로 있다가, 세종께서 즉위 초에 집현전을 충실하게 하려고 생각하셨다.

먼저 서적을 많이 모아들이고 또 재주와 학문이 탁월한 문신을 적극 선발하여 항상 집현전에 있게 하며 연구와 토론을 거듭하였다. 또 군주의 자문에 응하게 하는 한편 경연을 열고 연방 석학으로 하여금 신지식을 강론하게 하여 그 정화를 거둬 새 문화를 건설하는 데 힘을 기울이니, 갸륵한 제작과 빛나는 문화가 실로 전고에 없었다.

집현전에 뽑혀 들어온 이는 세상에서 집현학사라 하여 크게 영광으로 알았는데, 집현학사는 많으면 30인, 적어도 10인이 항상 일을 맡고 있었다. 정인지(鄭麟趾) · 신숙주(申叔舟) · 성삼문(成三問) · 최항(崔恒) · 서거정(徐居正) · 양성지(梁誠之) 등은 다 집현학사 중의 쟁쟁한 자로서 업적과 찬술로 각각 당대 문화의 기둥이자 주춧돌이었다.

세종이 한 제작은 각 방면에 걸쳐서 죄다 영광스러운 것뿐이지만, 더욱이 수학에 깊은 조예가 있었다. 내관상감에서 윤사웅(尹士雄) · 이순지(李純之) 이하의 여러 학자와 이천(李蕆) · 장영실(蔣英實) 등 탁월한 기사를 데리고 연구 조성한 가지가지 천문 관측기구는 하나하나가 다 당시로서는 세계 최고 수준을 지닌 것이다.

특히, 일월의 출입, 시각의 추이, 절기의 변환 등을 자동적으로 전부 지시하게 만든 자격루는 신비롭도록 교묘하여 말로 표현할 수 없었다. 세종 24년(1442)에 구리로 측우기를 만들어 경성과 각지에 나누어 주어 강우량 측정의 표준을 세웠는데, 이는 세계에서 최

보루각 자격루(덕수궁)

초로 기계적으로 한 측우로서 서양보다 2세기나 앞선 것이었다.

세종은 악률(樂律)에도 마음을 두셔서, 악리학자(樂理學者) 박연(朴堧)에게 음률의 기준으로부터 독자의 연구를 시작하게 하였다. 드디어 중국에서 전래된 아악기의 그릇된 것을 모조리 교정하고, 그 결과를 『아악보(雅樂譜)』 12권에 담아서 후세의 준칙을 삼았다. 이는 조선뿐 아니라 실로 전 동양에 있는 고악(古樂)을 부흥하는 대 사업이었다.

세종조에는 문학·사학·천문학·의학 등에 관한 여러 가지 귀중한 편찬이 행해졌는데, 그 가운데 『의방유취(醫方類聚)』 266권은 진실로 동양 의학의 집대성이고, 또 당시 세계에서 견줄 만한 것이 없는 일대 의약 백과사전이었다.

제73장 훈민정음

조선에는 한문이 일찍 들어와 널리 행하고, 또 진작부터 한문을 빌어 국어를 표현하는 이두법이 있어서 나라 글자를 대신하는 역할을 했기 때문에 국문 제정의 필요를 얼른 느끼지 않았다. 세종조에 온갖 방면으로 조선 문화 건설의 공작을 진행하셨는데, 이에 한 나라 자연의 어음(語音)은 한 나라 자체의 문자로 기록할 일이라 하시고, 세종 25년(1442)에 친히 국음(國音) 자모 28자를 만들었다.

이것을 초성·중성·종성으로 구별하여 서로 붙였다 떼었다 함으로써 무궁무진한 음성을 자유 만족히 표현하게 하고, 다시 집현학사들로 하여금 연구를 거듭하여 정밀하고 자세하게 하였다. 그 뒤에 세종 28년(1446) 9월에 이를 천하에 반포하고 이름을 '훈민정음(訓民正音)'이라 지었다. 훈민정음은 조직과 형체가 다 학리적이고 배우기도 쉽고 쓰기 편한 점에서 세계 문자 중 가장 완전하고 정묘하다고 하는 것이다.

국문이 이미 창제되자 곧바로 각 방면에서 사용되었다. 한자 전래 이래로 입으로만 서로 전하기 때문에 글자 음에 변천이 많았는데, 국문으로 표준음을 확정하게 되어서 다시 혼란스러워질 까닭이 없어졌다. 그전에는 글이라 하는 것이 말의 바깥에 따로 있었는데, 입으로 옮기는 대로 적어서 글이 되는 길이 생기자 조선어로 하는 문학이 생기고 또 자라났다. 또 이전에는 글이라 하는 것이 특수한 계급의 독점물로 있었으나 국문이 나오자 만인이 다 글을 가지게 되었다.

훈민정음의 반포와 함께 나라에서 정음으로 여러 가지 저작을 내었다. 그중에도 이씨가 나라를 건국하던 사적을 이모저모로 찬송한 『용비어천가(龍飛御天歌)』 125장과 부처의 훌륭한 덕과 불교의 오묘한 이치를 읊은 『석보상절(釋譜詳節)』·『월인천강지곡(月印千江之曲)』 수십 권은 조선 문학사상에 일찍 보지 못한 뛰어난 작품이었다. 종래에 외국 원문 그대로 읽고 배우던 유학·불교 내지 의술·농학에 관해 필요한 서적을 국문으로 번역하여 일반에 보급하게 하고 이를 언해(諺解)라 하였다.

제74장 세조의 계적(繼跡)

　세종 대왕이 32년의 빛난 업적을 끼치고 돌아가시고 세자가 자리를 이으니 이이가 문종이다. 문종이 2년 만에 하세하고 세자가 뒤를 받았는데 그때 나이가 12살이었다(뒤에 단종이라고 추봉하였다). 이때는 조선의 국가 발전상 아주 중대한 시기인데, 새 왕이 나이가 어리고 삼촌 일곱 분에는 딴 마음 먹는 이들이 있어서 나라 정황이 자못 불안하였다.

　일부 조정 신하가 세종의 둘째아들(문종의 다음이요, 새 왕의 맏삼촌) 수양 대군을 끼고 몰래 세력을 결성하여 필요한 준비 공작을 진행하다가, 1455년 윤6월에 드디어 정변을 일으켜 왕을 내치고 수양 대군이 자리를 차지하였는데, 이 사람이 세조이다. 세조는 세종의 여러 아들 중 가장 걸출하여 세종의 유업을 이어가고 다난한 국면을 담당하기에 가장 적합하였다.

　세조가 정치상으로 병사와 농사에 관한 일에 가장 뜻을 크게 두었다. 즉위 초에 벌써 병조 관원을 여러 도에 파송하여 군정(軍政)·마정(馬政)을 점검하게 하고, 이 뒤에 이것으로 예를 삼았다. 국내의 요충지에 진(鎭)을 설치하고 장수를 두어 모든 주읍(州邑)이 각각 중익·좌익·우익으로 유기적으로 동작하게 하였다. 또 친히 입회하여 수렵 대회, 전법 연습, 활쏘기 행사를 자주 행하여 일반으로 하여금 군사에 대한 흥미를 가지게 하였다. 세조는 군대의 행동과 진형(陣形) 구성에 나름의 상당한 견해를 가져서 『병요(兵要)』·『병경(兵鏡)』·『기정도보(奇正圖譜)』·『삼갑전법(三甲戰法)』등 여러 가지 병서를 친히 지었다.

　농사 권장과 농민 보호에 관하여 항상 빈틈없이 주의를 기울여, 제언을 수축하고 경작을 지도하고 식량을 배급하고 세금과 요역을 경감하는 등 일을 필요한 대로 단행하였다. 고서와 경험에 의하여 소 기르는 법을 만들어 농가에 돌렸고, 일소 확보를 위하여 모든 잔치에 소 잡는 것을 금지하였다.

양잠업의 장려에 힘을 기울여, 즉위 초에 이미 종상법(種桑法)을 자세히 하여 대호(大戶)는 300주, 중호는 200주, 소호는 100주, 잔호(殘戶)라도 50주를 심어 기르게 하였다. 뽕나무를 베는 자는 처벌하며, 궁궐 안 정원의 뽕나무를 각 관청에 분급하여 담장 아래나 밭두렁에 심고 부주의하여 말라죽게 하는 자는 책임을 물으며, 『잠서주해(蠶書註解)』를 만들어서 그 주요 이치를 주지하게 하였다.

궁중에 농토와 잠실을 두고 왕자 비빈들로 하여금 농사가 얼마나 힘든지를 알게 하였다. 내농작(內農作)이라 하여 옛날부터 상원(上元: 정월 보름)에 민가에서 농잠(農蠶)의 형상을 만들고 한 해의 농사 조짐을 살피는 풍속이 있었는데, 세조는 궁중에서 양편을 갈라서 인형 형태를 만들게 하여 기교를 경쟁하게 함으로써 농사 인식의 한 방편을 삼았다. 또 가끔 단신으로나 혹은 세자를 데리고 교외로 농사를 살피러 나가서 농민을 위문하고 술과 찬을 대접하기도 하였다.

인민 여론을 알기에 힘써서 추첨하여 말을 고하게 하는 법을 마련하였다. 즉 사관이 제비뽑은 차례로 날마다 광화문 밖에 나가서, 생활의 실정과 정치에 대한 감상을 서민이 말하면 그대로 기록하여 옳고 그름을 판단해 내리는 것이다. 군인은 도총부로 하여금 이 예에 의하여 시행하게 하였다.

세조는 천성적으로 학문을 좋아했고 많은 노력으로 박식하여, 병서 외에 역학(易學)·사학·의리(醫理)·악리(樂理)에 관한 논저를 냈다. 한편 문신을 뽑아서 역·천문·지리·의(醫)·복서(卜筮)·시문·서법·율려(律呂)·농상(農桑)·축목(畜牧)·역어(譯語)·주법(籌法) 등 12문(門)을 분담하여 '제서유취(諸書類聚)'를 찬술하게 하였다. 또한 간경도감을 두고 당대의 학승을 모아서 고려판 대장경의 보수와 주요 경론의 역주 간행을 담당하게 하였다.

수학·천문에서도 세종이 시작한 일을 잘 계승하여 일찍이 이순지·김석제(金石梯)와 함께 일월교식추보법(日月交食推步法)을 의논하여 결정하고, 또 친히 땅의 원근 고저를 측량하는 규형(窺衡)과 인지의(印地儀)를 창작하였다.

제75장 경진 북정

세조가 군사 전략에 마음을 둔 것은 북변의 근심을 방비하는 데 그 뜻이 있었다. 조정 신하 중에 임금의 뜻을 알고 꾀를 똑같이 내기로는 신숙주(申叔舟)가 제일이었다.

그전부터 국경 내외에 흩어져 사는 야인들은 조선과 명 두 나라에 속국 관계를 맺고 형편을 따라서 이리로 붙기도 하고 저리로 붙기도 하기 때문에 가끔 야인에 대한 조처가 그대로 명에 대한 외교 문제로 되는 일이 많았다. 우리 세조 때에는 대륙 정세의 추이에 따라서 몽고와 여진과 조선 등이 서로 연합하여 명나라를 압박하지 않을까 저어하여, 여진에 대한 우리의 태도에 자세한 주의를 더하고 있었다.

세조는 이 대세에 준비하기 위하여 3년(1458) 10월에 신숙주를 황해평안도 체찰사로 하여 양서 방면에 필요한 준비를 시키고, 이듬 1월에 다시 신숙주를 함길도 도체찰사로 하여 야인의 여러 부락을 단속하여 변방에 일을 장만하는 깜이 없게 하였다. 4월에 신숙주가 돌아오자 회령 방면에 사는 오랑캐 낭발아한(浪孛兒罕; 랑버르간)은 조정의 이러한 공작에 의심하고 염려하여, 경성에 시위(侍衛)로 와서 있는 아들 이승기(伊升其)와 함께 안팎으로 상응하여 작란을 꾀하였다.

조정에서 그 기미를 알고 그 부자와 일족을 사형에 처하고, 그 죄상을 여러 부락 수장에게 밝혀 깨닫게 했다. 그러나 낭발아한에 대한 처치는 일반 야인에게 큰 충격을 주어서 근처 여러 부족 사이에 동요의 빛이 현저하고, 한편 낭발아한의 아들 아비거(阿比車)가 모함하여 명에서 부당한 간섭을 더 하려 하였다.

세조 5년 경진년(1460) 3월에 임금이 먼저 신숙주를 함길도 도체찰사로 하여 사정을 살피게 하고, 7월에 신숙주를 강원함길도 도체찰사 겸 선위사로 하고 홍윤성(洪允成)을 부사로 하여 명나라 사신

신숙주 초상

이 와서 보는 앞에서 단호히 북정을 실행하였다. 신숙주가 북변에 이르자 모든 군을 분담하고 장졸에게 알린 뒤에 8월 23일 부령·무산·종성 여러 길로 동시에 진격하여, 두만강 밖 모리안(毛利安)·허수자(虛水刺)·동량(東良)·아적랑귀(阿赤郎貴: 아치랑기) 등의 모든 야인 부락을 소탕하고, 30일에 여러 군이 수많은 참획을 가지고 앞서거니 뒤서거니 개선하였다.

이번의 정토로 두만강 밖 야인의 소굴이 죄다 없어지고, 강 밖은 물론이고 강 안에 사는 야인까지도 슬금슬금 강을 건너 멀리 도망하였다. 이로써 완전히 동화하여 호적에 오른 자 외에 떼 지어 머물러 지내는 야인을 거의 볼 수 없게 되었다.

제76장 이시애의 난

관북 지방은 본디 여진이 살던 땅으로 판도에 들어온 지 얼마 안되고 지역이 꽉 막혀 인심이 순수하지 않았다. 또 땅이 야인과 잇닿아 있어 딴 마음을 가지는 자는 걸핏하면 이 땅을 이용하였다. 단종 초에 수양 대군의 정변이 일자 이에 불복하는 함길도 절제사 이징옥(李澄玉)이 여기서 반기를 들고 오랑캐 땅으로 들어가서 대금국(大金國) 황제를 칭하려 한 것이 그 한 예이다. 이징옥의 난은 곧바로 평정되었지만 세조 치세 이래로 북도에 반조정 기운이 항상 서려 있었다.

세조 13년(1467) 5월에 길주 사람 전 회령 절제사 이시애(李施愛)의 반역 운동이 일어났다. 이시애는 진작부터 딴 마음을 품고, 북도 지방에 대하여 하삼도의 군대가 와서 관북 인민을 몰살하기로 되었다는 소문을 퍼뜨려서 사람들이 두려워하게 하였다. 그러다가 이때에 이르러 마침 길주에 온 절도사 강효문(康孝文)과 아울러 길주 목사 설징신(薛澄新)을 죽이고 드디어 거사하였다. 도내의 군과 민이 하룻밤 동안에 수령을 죽이고 다 행동을 같이하고, 함흥에서도 관찰사 신면(申㴐)을 에워싸고 죽여서 형세가 만만치 않았다.

이 소식이 조정에 이르자 구성군 이준(李浚)을 함길강원평안황해 사도 병마도총사, 조석문(曺錫文)을 부장(副將)으로 하고 문신 무신 가운데 장수로서 지략이 있는 강순(康純)·남이(南怡)·허종(許琮) 등 28인을 선발하여 친히 방책을 주면서 정토하게 하였다. 대군이 길을 떠나 6월 말 7월 초에 홍원·북청 사이에서 이시애 군과 맞닥뜨려 일진일퇴를 하다가, 8월 4일 거산역으로부터 만령에 걸쳐 격전을 전개하였다. 결국 이시애는 패주하여 단천에서 진지를 만들다가 실패하고, 마침내 길주로 도망하여 들어갔다.

이시애는 지나는 곳마다 식량 창고를 불 지르는 한편, 사람을 야인에게 보내서 응원을 청하며, 여의치 않으면 강을 건너 다시 거사하려 하였다. 12일에 아우 이시합(李施合)과 함께 그곳 사람들에게 붙들려 포박되어서 마천령 아래 관군의 진영으로 끌려왔다. 도총사가 명령하여 이시애와 이시합의 팔다리를 잘라 머리를 나라에 바치고 승리를 알렸다. 이리하여 한때 조정을 뒤흔든 대란이 평정되었다.

이번 난에서 하도인(下道人)에 대한 북도인의 반감이 소름끼칠 만큼 드러났지만, 한편으로 이 일이 종래의 북도인의 불평을 해소시키고 남북이 완전히 화해하여 서로 어기지 않는 새 출발점이 되었다.

제77장 정해 서정

세조 5년(1460) 경진 북정으로 두만강 방면의 근심은 덜었지만, 쫓긴 무리들이 가서 모인 만큼 압록강 방면의 걱정은 더 커졌다고 볼 수 있었다. 세조의 흉중에는 이에 대한 계획이 끊일 새 없었다. 이때 대륙의 서방에는 몽고의 오이라트 부가 강성하여 명의 북변을 압박하고 차차 동으로 팔을 뻗자, 어느 틈에 건주의 여진이 이에 친분을 가져 갑자기 사나와졌다. 그래서 한참 동안 뜸하던 변경이 다시 들썩였다.

세조 13년 정해년(1467) 4월에 의주 목사 이하 여러 고을 변방 장수들이 강 맞은편 대창산 아래에 모여 사냥하는데, 적의 무리가 와락 덤벼서 수많은 군졸을 사로잡아 간 사건이 생겼다. 세조가 이 기별을 받고 조정 신하들을 모아서 서정(西征)에 관해 논의했으나 한여름 병사를 동원하는 것이 어렵다고 핑계하여 못하게 하였다. 한참 이럴 판에 명으로부터 사신이 와 8월에 대군을 가지고 건주를 토벌하는데 조선이 배후에서 공격하여 주기를 청하자, 이를 좋은 기회라 여겨 서정 방침이 결정되었다.

이때는 바로 나라 안의 주력군이 이시애의 토벌에 나가 있는 참이라, 먼저 윤필상(尹弼商)을 평안도 선위사로 하여 친히 건주 토벌의 방략을 주어 떠나보냈다. 이어 관북에 있는 장졸을 이리로 옮겨 오게 하여 강순(康純)을 정서주장(征西主將), 어유소(魚有沼)를 좌상대장(左廂大將), 남이(南怡)를 우상대장으로 하여 군 1만을 거느리고 출정하게 하였다.

강순 등이 9월 24일에 만포에서 압록강을 건너 다음날 황성평에서 여러 군을 점검하고 27일 두 길로 나뉘어서 건주 땅으로 진입하였다. 그리하여 올미부(兀彌府; 지금의 회인 부근)·우라산성(兀剌山城; 회인 맞은편 오녀산성) 이하 여진인의 관방 마을을 차례로 쳐부수었다. 건주위 도지휘 이만주(李滿住)와 아들 고납합(古納哈; 구나개)·타비랄(打肥剌; 다비라) 등 24인을 목 베고, 그들의 움막을 불사르고 사람과 가축을 사로잡고 붙들려 있는 명나라 사람들을 구출하였다.

돌아올 때 진지에 있는 큰 나무를 허옇게 깎고 큰 글씨로 "조선 주장(主將) 강순과 좌대장 어유소 등이 건주위 올이부를 멸하고 돌아가다."라고 써놓으니, 명군이 나중에 도착하여 이를 보고 먼저 적을 친 것을 감탄하였다. 10월에 장수가 돌아와서 베어 온 귀를 종묘사직에 올렸다. 이번의 정토로 건주 여진은 거의 치명적 타격을 입고, 이름난 추장 이만주를 잃고서 부족을 새로 편제하였다. 따라서 압록강 방면의 근심이 크게 늦추어졌다.

제78장 편찬 사업

세조가 재위 13년 만에 죽고 아들 예종이 즉위했으나 겨우 1년 만에 돌아가자, 후사가 없어 조카가 왕위에 오르니, 이 사람이 성종이다. 성종은 선대의 문예 숭상을 뒤이어서 문학과 역사에 능통하고 서화 예술에 조예가 있으며, 학문 권장에 크게 힘써서 문학이 부쩍 행해져 갔다. 세종 이래로 본국의 역사·지리·전장(典章)·문학에 관한 편찬 사업이 진행하였는데, 그것들이 대개 성종 대에 들어와서 완성을 보았다.

세종조에 정인지(鄭麟趾) 등의 손으로 『고려사』 139권이 완성되어, 고려조의 『삼국사기』와 합하여 기전체 사서를 정비하였다. 세조 이래로 삼국과 고려를 일관한 편년사를 계획하여 이것저것을 만들다가, 성종 16년(1458)에 서거정(徐居正) 등의 손으로 『동국통감』 57권이 완성되었다. 이는 진역에 있는 통감체 역사의 효시이고 이조 전기 역사 편수 사업의 일단락이었다.

지리에 대하여는 세종조에 『팔도지리지』 8권이 편찬되었으나 크게 만족하지 못하고 있다가, 이것을 넓히고 정비하여 성종 18년(1487)에 노사신(盧思愼)·김종직(金宗直) 등의 손으로 『동국여지승람』 55권이 완성되었다. 이것은 지리와 인문을 종합 찬술한 책으로, 길이길이 진역 지지의 최고 전거가 되었다. 후에 연산·중종 양대에 증보를 더하여 『신증동국여지승람』의 이름으로 세상에 보였다.

고려 이래로 여러 명가의 시문을 모은 책이 있었으나 널리 두루 수집한 책이 없다가, 세조 이래 모은 것을 성종 9년(1478)에 서거정 등의 손으로 『동문선(東文選)』 155권이 완성되었다. 이 책은 이때까지 진역 시문의 집대성이라 할 만하였다. 중종조에는 신용개(申用漑)가 『속동문선』 15권을 편수하였다.

법도와 예악에 관하여는 태종조 이래로 심의하여 오던 『경국대전(經國大典)』이 성종 즉위년(1469)에 완성되어 다음해부터 시행되었다. 성종 5년(1474)에 국가 전례의 준칙인 『국조오례의(國朝五禮儀)』

가 완성되고, 성종 24년(1493)에 고금 악무의 교범인 『악학궤범(樂學軌範)』이 완성됨으로써 정치의 방안이 성종 대에 다 확립되었다.

제79장 경국대전

『경국대전』은 동양 고래의 정치 이념과 삼국 이래의 실제 경험을 참작하여 조선 정치의 규범을 정한 것이다. 태조 이래로 심의를 거듭하여 일부분씩 성립한 것을 집성한 것이고, 후에 약간 보완과 변통을 더하였다. 이씨 조선 500년의 법제는 대개 이에 준거하여 내려갔다. 내용은 이(吏) · 호(戶) · 예(禮) · 병(兵) · 형(刑) · 공(工)의 6전(典)으로 나뉜다.

이전(吏典)은 관제와 관리에 관한 법을 규정한 것이다(무관직은 따로 병전에 붙였다). 중앙의 행정 총괄 기관을 의정부라 하고, 그 아래에 이 · 호 · 예 · 병 · 형 · 공의 6조(曹)가 있어 각각 해당 국무를 분담하였다. 의정부에는 영의정 · 좌의정 · 우의정의 이른바 삼정승(합하여 대신이라 한다)이 수반이 되고, 좌 · 우찬성, 좌 · 우참찬이 있어서 그들을 보좌하였다. 6조에는 판서라 이르는 장관 밑에 참판 · 참의 · 낭(郎) 등의 관리가 층층이 달려 있다. 구체적 직무를 따로 맡은 데는 각사(各司)라 하여 수가 많다. 그 가운데 홍문관 · 사헌부 · 사간원은 군주에 대한 규찰 기관으로 따로 3사라 부른다.

지방관은 외직(外職)이라 하였는데, 국내를 경기 · 충청 · 경상 · 전라 · 황해 · 영안(永安: 뒤의 함경) · 평안 8도로 구획하였다. 도 아래에 주 · 부 · 군 · 현을 두어서, 도에는 관찰사(감사)가 행정과 사법과 병마의 권력을 휘잡아서 각 방면의 임무를 맡았다. 주와 부에는 부사나 목사가 있고, 군과 현에는 군수 · 현령 · 현감 등이 있었다.

호전(戶典)은 재정과 경제에 관한 사항을 규정하고 있다. 옛날에는 사람을 부리는 것이 국가의 재원이 되었기 때문에 인구를 밝히는 호적도 여기서 관장하였다. 지방의 조세를 중앙으로 운수하는데 필요한 창고와 조운선 등도 여기서 관장하였다.

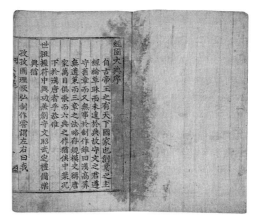

「경국대전」

예전(禮典)에는 시험·학교·의례·외교 사절·사원 승려 등에 관한 사항을 규정하였다. 관리 임용 시험은 문과·무과·잡과로 구별하여, 무과는 병조에 붙이고 문과와 잡과만 이곳 소관이 되어, 식년(式年)이라 하여 3년마다 정기로 설행하는 것과 증광별시(增廣別試)라 하여 임시로 설행하는 것이 있었다.

문과는 유생이 응하는 시험으로, 문관 고등 시험에 해당하는 대과와 준비 시험인 소과의 2단계로 분별되었다. 잡과는 기술관 시험으로 역과·의과·천문지리과(음양과라고도 한다)·율과(사법관 시험)의 4가지로 나뉘었다.

병전(兵典)에는 군제·무과·역체(驛遞)·마정(馬政)·봉수 등 무릇 군사에 관한 사항을 규정하였다. 중앙에는 최고 기관으로 중추부가 있으며 명예직이었다. 군을 5위(衛)로 나누어 도총부가 통할하고, 거기에 총관과 부총관 등의 직이 있다. 매 위(衛)에 5부(部), 매 부에 4통(統)이 있고, 5인을 오(伍), 5오를 대(隊), 5대를 여(旅), 약간의 여를 통(統)이라 하였다. 통 위에 각각 장(將)이 있고 가장 위에 있는 대장이 이들을 통솔한다. 병력 수는 1부가 5천 명, 매 위가 2만 5천 명이었다.

군사 교육 기관인 훈련원은 시재(試才)·연예(鍊藝)·무경 강습

(武經講習) 등을 맡았다. 무관 외직에는 각 도에 병마절도사(병사라고 한다) · 수군절도사(수사라고 한다) · 수군만호 등이 있고, 남왜북로(南倭北虜)의 방어를 위하여 충청 · 경상 · 전라 · 영안(후의 함경) · 평안의 5도에 병마우후와 삼남에는 다시 수군우후를 두었다.

형전(刑典)에는 형벌 · 재판 · 금령 외에 노비 · 재산 상속법 등을 규정하고 있다. 형률은 중국의 명률을 준용하는 게 원칙이어서 따로 제정한 것이 없었다. 공전(公典)에는 도로 · 교량 · 영선 · 도량형 · 원우(院宇; 여객 숙소) · 주거(舟車) · 재식(栽植) · 철장(鐵場) · 시장(柴場) · 보물(寶物; 금 · 은 · 옥 등) · 공장(工匠) 관리에 관한 사항을 규정하였다.

제80장 면화 장려

고려 말에 목면이 전래한 뒤로 민간의 수요와 조정의 권장이 서로 맞물려서 보급이 매우 빨랐다. 그러나 북방의 추운 곳에서는 재배가 쉽지 않아 세종조에 이 때문에 크게 고심하시었다. 여러 번 하삼도의 종자를 서북 양도의 관찰사에게 보내, 먼저 관가에서 실험을 거듭하게 한 뒤에 인민들에게 경작하게 하였다. 평안도만은 겨우 성과를 거두었지만 함길도(뒤의 함경도)는 줄곧 여의치 못하여 오랫동안 조정에서 애쓰는 문제가 되었다.

남도에서도 연방 다수확에 대한 방법을 강구했는데, 이를테면 성종 5년(1474)에 중국에서 구해 온 새 목면종을 경상도와 전라도로 내려 보내서 심을 만한 곳에 두루 심게 하고, 감사에게 매년 열매를 따 실제 수효를 기록한 다음 밀봉하여 올리게 한 것이 그 일례다. 이러한 조정의 성의로 인해 목면 생산량은 세월과 함께 늘어갔고, 국내에서 쓰고 남는 것은 상품이나 훌륭한 국제적 중요 물자로서 외국으로 수출되었다.

삼포 개항지에는 대마도·규슈·류큐 등지로부터 매년 천 척 이상의 무역선이 오고, 거기에는 일본은 물론이고 멀리 남양 방면의 물화까지 실려 왔다. 그들이 바꾸어 가는 우리 물화는 미곡과 목면포이고, 그중에도 면포가 수위를 점하였다.

당시 삼포에 있는 공인 교역을 공무(公貿)라 하고, 공무에 쓰는 수출 면포를 공무목(公貿木)이라 하였다. 공무목은 국제 교역상의 통화를 의미하는 것으로, 매년 터놓고 가져가는 수출 물량만 수천 동에 달하였다. 당시 일본에는 아직 면사를 낳고 면포를 짜는 재주가 열리지 않아서 수요를 오로지 조선에 의존함으로써, 그들이 온갖 물건을 가져다가 면포로 바꾸어 가는 것이 무엇보다 이윤을 크게 얻는 길이었다.

일본보다 더 목면포를 고맙게 아는 이들이 북방의 야인으로, 우리 북관 지방에서도 면화가 재배되지 않는 터이므로 야인 땅에는 더구나 생각도 못하였다. 그러나 한번 면포의 보온과 내구성을 안 그들은 이 귀중한 물품에 대한 욕망을 누를 길이 없었다.

이 때문에 그들은 다투어 조선에 와서 말과 담비 가죽 등을 바치고는, 우리 조정에서 상급으로 하사하는 목면과 면포를 감격하여 받들고 되돌아갔다. 야인들은 목면에 회유되어서 조선에 신하가 되어 복종하였다 해도 과언이 아니었다. 목면이 이만큼 중요하기 때문에 국가가 돈독하게 장려할 수밖에 없었던 것이다.

제81장 남만과의 교통

이씨 조선의 전기 즉 태조부터 성종·연산군의 시대는 조선과 일본·류큐 내지 남만(南蠻) 여러 나라와의 교통 무역이 굉장히 성행한 시기였다. 남만이란 지금의 아시아 동남단으로부터 남양 방면의 여러 나라를 부르는 이름이었다. 남만과의 교통은 고려 말에 섬라곡국(지금의 태국) 내조로부터 비롯하였다. 이씨 개국 후 태조 2년(1393)에 섬라곡국 사자 장사도(張思道) 등이 와서 소목(蘇木)과 단목(丹木) 각 천 근과 토인 2명을 바치자, 토인들에게 궐문을 지키게 한 일이 있었다.

태종 6년(1406)에 자바국 사자 진언상(陳彦祥)이 화계(火鷄)·공작·앵무·잉꼬·침향·용뇌·후추·향료·약재·번포(蕃布) 등을 가지고 오다가 해적을 만나서 몸만 다녀간 일이 있었으며, 그 뒤에도 이러한 교통은 더러 있었다. 태종 13년에는 일본 국왕(足利 장군을 이름)이 자바 국왕으로부터 선물 받은 코끼리를 다시 조선에 선사하여, 그 코끼리를 상림원(上林苑)에서 기르다 못하여 전라도 섬으로 내쳤다가 이듬해 불쌍하다 하여 다시 육지로 내보낸 일도 있었다.

그러나 조선과 일본 사이의 해상에는 왜구들이 함부로 날뛰어 안심하고 다닐 수 없어서 남만인과의 직접 통항은 차차 끊어지고, 그 대신 새로 해상 무역에 진출한 류큐가 남양·일본·조선으로 왕래하면서 중계무역의 이익을 취하였다.

류큐는 절해의 고도로 땅은 척박하고 백성들은 가난하여 달리 살 길이 없으므로, 이즈음에 생계를 해상에 구하여 동방 해상에서 활발한 활동을 하였다. 이러한 관계로 류큐가 고려 말에 신하라고 자처하여 조공해 온 뒤로 이씨 조선에도 내왕이 잦고, 성종조에 가장 빈번하다가 연산군 이래로 차차 희소하여졌다.

그들은 대개 태국·베트남·수마트라·순다·파다니·말래카·자바 등 여러 나라의 물화를 직접 또는 중국을 경유해 받아다가, 하카다(博多)에서는 일본 상인에게 넘기고 삼포에 와서는 조선에 파는 것이었다. 그들이 교역을 원하는 물건 또한 면포 위주로서,

세조 13년(1468) 8월에 우리 조정으로부터 류큐 왕에게 보낸 국서를 보면, 이때 한 번에 면포 1만 필과 명주 2천 필 보낸 것이 적혀 있는데, 그 수가 놀랄 만하다.

류큐는 가끔 사원 건립 또는 개수를 위하여 면포와 기타 필요 물품을 와서 청구하였는데, 상태왕(尙泰王)으로부터 상진왕(尙眞王)의 동안에 이룩한 여러 사찰은 대개 조선의 도움으로 성취한 것이었다. 성종조에는 2년 · 11년 · 14년 · 24년 등 여러 번 이러한 일이 있었다. 어떤 때에는 우리 임금의 영정을 모셔 가기를 청한 일이 있었지만 허락하지 않는 대신 제액(題額)과 대장경을 보낸 일이 있었다.

성종 11년에 왔던 류큐 사자 자단(自端)의 말에 따르면, 남만국왕은 류큐 왕에게 국서를 보내 상국(上國: 조선을 가리킴)과 교역할 길을 열어 주면 다행이겠다고 하였다 한다. 또 후의 포르투갈인의 기록을 따르면, 남양으로 다니는 류큐국의 상선에는 가까운 나라인 '꼬레스'의 사람이 함께 타고 다녀서 심히 용감 민첩하더라고 하였는데, 학자들은 '꼬레스'는 고려 · 이조에 걸쳐 많이 해외로 흘러나가 흩어져 있는 조선인을 가리키는 것이라 여겼다. 그것은 여하간에 류큐에는 조선에서 떠돌다 들어간 사람이 많이 있어서, 실제로 도읍인 슈리 성(首里城) 밖의 해변에는 따로 조선인만이 거주하는 한 토성(土城)이 있었다.

제82장 사화

이씨는 창업한 뒤에 유학으로 나라를 다스리는 근본을 삼아 대대로 장려하기에 힘써서, 1세기 되는 성종 대에 이르러서는 효과가 드러났다. 문학 본위의 유학이 어느 틈에 사상 본위로 변하고 고려

김종직 동상(경남, 밀양)

말에 싹튼 송학(宋學)이 차차 꽃과 열매를 맺어서 명분과 의리 논리가 숭상되었다.

한참 이러할 경향이 나타난 대목에 성종의 뒤를 이은 연산군은 생모가 부왕 때에 폐출되어 원통히 죽은 것을 분하고 한스럽게 여겨 성격적 파탄이 생기고, 또 앞대의 문학 숭상에 대한 반동으로 학문과 문사(文士)를 싫어하므로 간험한 무리들이 이를 이용하여 가끔 사류(士類)를 탄압하였다.

성종조의 김종직(金宗直)이 유학과 문장으로 명망을 가져서 문도들이 조야에 그득하였다. 연산군 4년에 유자광(柳子光)을 중심으로 하는 조정 신하 일파가 군주에게 속삭여, 김종직의 문도 김일손(金馹孫)이 세조가 단종을 내몬 것을 짐짓『성종실록』(왕이 돌아간 뒤 그 일대의 사적을 적어서 비장하여 두는 책)에 넌지시 비꼰 것이라고 하였다.

이에 군주가 노여움이 격발하여 김일손을 대역으로 능지처참하고, 김종직은 이미 죽었기 때문에 부관참시하고, 또 문인 김굉필(金宏弼)·정여창(鄭汝昌) 이하 30여 명을 귀양 보내고, 각 지방의 사마소(司馬所; 진사 출신이 모여 소일하는 곳)를 파하여 선비들이 모여 얘기 나누는 습속을 금하였다. 이를 무오사화(戊午士禍; 史筆 관계로 생긴 일이므로 史禍라고도 쓴다)라 한다.

이로부터 사림과 조정 신료 사이에 불안한 공기가 떠돌더니, 연산군 10년에 오랫동안 사류에게 지탄받던 임사홍(任士洪)이 임금의 뜻에 영합하여 중용되어 바로 군주를 꾀었다. 군주의 생모가 폐사(廢死)될 때의 찬성자와 군주가 생모를 추숭하려 할 때의 반대자인 신진 사류들을 한꺼번에 참살하거나 중형 또는 유배하여, 김종직의 남은 문도와 세조 이래의 훈구들이 거의 다 화의 그물에 걸렸다. 이를 갑자사화(甲子士禍)라 한다. 연산군은 음탕함과 잔학함을 방자히 하다가 재위 12년(1506)에 몰려나고 아우가 대신 들어섰는데, 이이가 곧 중종이었다.

중종은 전 왕대의 악정을 고치는 데에 힘쓰고, 청년 학자로 명망이 높은 조광조(趙光祖)를 등용하여 유신을 기약하였다. 그러나 조광조가 이상적으로 하는 일이 너무 급진적이고 과격해서 적이 많이 생기고, 왕 또한 이를 싫어하게 되었다.

중종 14년(1518)에 남곤(南袞) · 심정(沈貞) 등을 중심으로 한 반대파 중신들의 음모에 걸려, 조정을 흐리고 어지럽혔다는 죄명으로 조광조와 문도 김정(金淨) · 김식(金湜) 등이 외방으로 유배되었다. 다시 논의가 일어나 조광조는 사사되고 다수의 명사들이 멀리 유배되거나 파직되고, 거기에 부수한 사건으로 화가 극렬을 더하였다. 이를 기묘사화(己卯士禍)라 한다. 이 뒤로 돌아가는 정황이 더욱 불안하여 음모적 정쟁이 끊이지 않았다.

중종이 재혼하여 들인 장경 왕후 윤씨가 아들을 낳자 세자로 세우고, 세 번째 부인인 문정 왕후 윤씨에게 또 아들이 생기자 문정 왕후의 동생 윤원형(尹元衡)은 세자를 조카로 바꾸려 하였다. 세자의 외숙인 윤임(尹任)은 이를 반대하여, 조정 신하들 사이의 싸움에 외척끼리의 다툼이 뒤섞이게 되었다. 중종이 재위 39년에 돌아가고 이어 즉위한 인종이 거북스런 척족들을 조화시키려다 못하고 재위한 지 8개월 만에 돌아갔다.

문정 왕후의 소생인 명종이 그 뒤를 이었다. 왕이 어려서 태후가 수렴청정하고 윤원형이 권세를 써서 윤임과 그의 당으로 지목되는 자를 핑계를 만들어 일망타진하고, 일이 엎치락뒤치락하여 화를 입는 사류가 많았다. 이를 을사사화(乙巳士禍)라 한다. 이로부터 무고로 인한 옥사가 뒤를 이어 공포 시대를 나타내었다. 명종 8년에 문정 왕후가 정사를 왕에게 되돌렸으나, 왕후가 재세할 동안까지 모후와 외척이 전횡을 계속하였는데, 이때부터 외척이 권세를 부리는 일이 시작되었다.

제83장 삼포 왜변

삼포를 개방하여 그들이 생계를 얻게 한 뒤에 왜구 걱정은 주저앉았지만, 대신 왜인이 삼포에 와 머무는 자가 날로 늘어서, 제포(薺浦; 내이포)와 같은 데는 2천도 넘고 부산포·염포도 각각 수백을 헤아렸다.

사신의 왕래도 갈수록 빈번하고 또 머무는 날수를 가능하면 연장하여, 거기에 대한 비용 지급이 국가의 큰 부담이었다. 그래서 정원 이상의 사람들을 돌려보내고 정해진 기한 안에 퇴거를 가끔 엄명하였지만 실효가 적었으며, 도리어 수를 믿고 오만한 행태가 늘어나 여러 가지 작폐가 있었다.

나라에서 그 폐습을 꺾으려고 현지의 수장에게 단속을 엄하게 하자, 무인의 솜씨로 함부로 몰아치고 내쫓아 도리어 뜻밖의 사건을 일으키는 일이 있었다. 연산군 이래 나라 사정이 불안하니 그들이 업신여겨서 언제 무슨 일이 있을지 몰랐다.

중종 초에 우수사 이하 여러 포의 진장(鎭將)들이 거류 왜인들을 심하게 몰아쳐서 원망이 높던 차에, 마침 세견선 박대에 불평을 가진 대마도주 소 요시모리(宗義盛)와 더불어 내외로 상응하여 중종 5년(1510) 4월에 난을 일으켰다. 병선 수백 척이 거류 왜인과 힘을 합쳐 4일에 제포와 부산포를 습격하여 수장을 죽이고, 성 안의 노약자를 도륙하고 이어 웅천성을 함락하고 동래성을 포위 공격하였다.

이 소식이 8일에 한성에 이르렀는데, 나라가 태평하던 끝이라 실지 이상으로 놀라 허둥지둥하였다. 우선 황형(黃衡)을 좌도 방어사, 유담년(柳聃年)을 우도 방어사로 하여 내려 보내고 이 뒤의 병력 동원을 준비하였다. 19일에 황형·유담년 등이 수륙 양쪽으로 적을 진공하여 제포·웅천 두 성을 차례로 회복하고, 적장 성홍(盛弘)을 죽이고 적선 다수를 뒤집어 침몰시키고 적의 무리 대부분을 참획하여 난을 토벌하니, 이에 따라 다른 곳도 진정되었다. 이를 삼포왜변 또는 경오 왜변(庚午倭變)이라 한다.

이 사건은 왜와의 교섭에서 일대 전기이다. 왜가 사죄하고 애걸하여 중종 7년(1512)에 화해를 허락하면서, 세견선과 세사미를 반감하고 기타 여러 가지 특권을 철폐하고 포구는 제포 한 군데만을 터 주었다. 이 뒤 중종 말에 사량도에서 소란이 있어서 다시 절교하였다가 명종 2년(1549)에 허락하면서, 이번에는 제포를 폐쇄하고 부산 한 군데를 개방하기로 하니, 이로부터 부산이 조선과 왜의 교통에서 유일한 문호 노릇을 하였다.

그전에도 왜구들이 자기 나라 안에서 약탈한 인물을 우리 연해지방에 와서 헐값에 팔아넘기자 이를 사서 농사일에 부렸는데, 이들을 왜노비라 하였다. 삼포에 거류 왜인이 생긴 뒤로 거기서 빠져나와 노비로 팔리는 자가 많아서 왜노비의 수가 격증하여, 경상도에만 5천에 가깝다고 보고된 일이 있었다. 이 가운데는 몸값을 바치지 않고 몰래 도망가는 자가 있어서 쟁송이 끊이지 않아 나라에서는 왜노비를 사서 쓰지 말라는 금령을 가끔 내렸으나 실제로는 잘 지켜지지 않았다.

제84장 유학의 융성

중종과 명종 때는 정치상으로 암흑 시대이었지만 앞대의 여세를 받아서 유학이 놀랍게 발전하였다. 우선 김종직의 문하에 도학으로 이름난 김굉필·정여창(鄭汝昌)이 있다. 김굉필에게 수학한 조광조는 기묘 명유(名儒)의 우두머리가 되었다. 이어 서경덕(徐敬德)·유우(柳藕)·이언적(李彦迪)·이황(李滉)·조식(曺植)·김인후(金麟厚)·기대승(奇大升)·성혼(成渾)·이이(李珥) 등이 다 한때 한 방향의 순유(醇儒)로 일컬었다.

서경덕(1489~1546)의 자는 가구(可久)이다. 개성의 화담에 눌러 살며 그것을 호로 삼았다. 일찍 유학에 뜻을 두어, 18세에 『대학』을 읽고는 문을 걸어 잠그고 정좌하여 오로지 궁리격물(窮理格物)을 일로 삼았다. 또 여러 날 계속 묵념하기를 예사로 하였다.

가령 하늘의 이치를 궁구하려 하면 천(天)자를 벽에 써 놓고 깊이 생각하고 힘써 구하여 통할 때까지 계속하였다. 이렇게 독자의 사색을 위주로 마음에 깨달은 것이 있고 나서 옛사람의 글을 읽어 이를 증명하였다. 그러므로 서경덕의 학문에는 자신만의 심오한 체득이 있어서, 그 세계의 즐거움을 남이 엿볼 수 없었다.

이황(1501~1570)의 자는 경호(景浩)이다. 예안의 퇴계에 살면서 그것을 호로 삼았다. 열심히 학문을 닦아 널리 경전에 정통하고 성리의 학에 가장 뛰어나며, 고래의 모든 학설을 휘몰아다가 주자의 설에 말끔히 절충하여 미흡한 점을 찾아냈다. 실로 유교 철학의 정화인 정주(程朱) 학리의 최후의 완성자이자 조선 제일의 유종(儒宗)이었다. 그의 저술이 일찍이 일본에 전하여 존경하여 따르는 자가 많았고, 일반에게 덕으로 교화하는 데 큰 영향을 미쳤다.

이이(1536~1584)의 자는 숙헌(叔獻)이다. 율곡이라는 호는 그가 살던 파주 남쪽 임진강변의 이름에서 기인한 것이다. 어려서 생사의 이치에 느낀 바가 있어 한때 불교 학문에 종사하다가, 20세에 유가로 돌아서 학문을 두루두루 정밀히 연구하여 드디어 한때 유림의 영수가 되었다.

그는 학문과 경륜을 겸하였고, 조정에 있을 때는 부지런히 세상의 정도를 바로잡으려고 애썼으나, 마침 국론이 분열되었던 때라 공들인 보람을 두드러지게 나타내지 못하였다. 만년에 해주의 석담으로 물러나 있으면서 향약을 실시하여 자못 민간의 풍속을 개선하는 데 공헌하였다.

앞서 중종 36년(1541)에 주세붕(周世鵬)이 풍기 군수로 있으면서 고려 유학 진흥자 안향(安珦)이 살았던 곳에 백운동서원을 창건하여, 선비의 자제들이 모여 강학하게 하였고, 뒤에 조정의 공인을 얻어 조선 서원의 효시가 되었다. 이로부터 명현을 떠받드는 서원이 사방에 수북하게 일어났다. 이황은 경상도 예안(지금은 안동에 속한다)의 도산서원, 이이는 황해도 배천(지금의 연백에 속한다)의 문회서원에 향사되었다.

이이 초상

제85장 당론

명종이 재위 23년 만에 죽고 선조가 뒤를 잇자, 처음에는 백인걸(白仁傑)·이황·이이 등을 등용하여 정치를 개혁하려 하며 여러 가지로 기대를 받았다. 그러나 조정에 당론(黨論)이 일어 시비의 변별에 헤매고, 한편으로 여색에 빠져서 차차 정치에 권태를 느끼게 되었다.

무릇 건국 이래의 숭유 정책이 사림의 사회적 지위를 너무 높게 하여 조정의 신하와 처사가 은연히 대립하는 형세를 가지게 되었다. 더욱이 연산군 이래 여러 번 사화 끝에 시기하고 의심하고 두려워하는 공기가 둘 사이에 서려 있어, 이론을 숭상하는 송학(宋學)이 성행하면서 학풍과 정치론이 걸핏하면 서로 결탁하여 그 세력이 맞겨루며 투쟁을 부르게 되었다. 이런 형세가 선조조로 몰려 내려와서 신하간에 일어난 신구 충돌을 기화로 드디어 정치상·사회상의 일대 분열을 만들어 내었다.

선조 초에 외척 심의겸(沈義謙)과 사류 김효원(金孝元)이 다 같이 명망을 지녔다. 심의겸은 김효원이 선비로 있으면서 권문세가에 가끔 다닌 일을 탈잡아서 그의 인격을 의심하고, 김효원은 심의겸이 외척의 세를 써먹는 무리에 불과하다고 폄훼하여 피차 감정의 골이 깊었다. 이것이 공사의 모든 일로 드러나다가 두 사람의 시비에 역성드는 이들이 차차 한편으로 몰려서, 선조 8년(1575)쯤부터 마침내 대립하는 당파를 형성하였다.

이때 김효원의 집이 성안의 동쪽에 있으므로 김효원 편에 서는 자를 동인(東人)이라 하고, 심의겸의 집은 성안 서쪽에 있으므로 심의겸 편을 서인(西人)이라고 부르게 되어, 드디어 편당의 번듯한 이름이 되었다. 동서의 논란이 갈리는 실마리는 참으로 하찮았지만, 그 유래는 오래되었고 후일에 끼친 영향은 조선을 정치적으로 결딴낼 만큼 컸다.

당론의 결과가 한심스러울 것이라 여겨 당시 이조 판서 이이 같은 이는 지성껏 화해에 힘썼으나 효험이 없었으며, 이이가 죽은 뒤에는 그 폐단이 더욱 커져서 당론 본위의 정변이 자주 일어났다. 선조 24년(1591)에 이르러서는 동인끼리 의견이 충돌하여 동인이 다시 남인 · 북인으로 나뉘었다. 이렇게 당파가 생긴 뒤 파당에 속한 사람들의 눈에는 자기 당밖에 안 보이게 되고, 나라의 계책과 민생이 다 당의 희생물이 되었다.

제86장 임진왜란

삼포 왜변 뒤에도 왜는 가끔 각지에서 돌발적으로 환란을 일으켰는데, 중종 39년(1544)에는 사량, 명종 7년(1552)에는 제주, 다음 해에는 진도, 명종 10년(1555)에는 영암, 선조 20년(1587)에는 손죽도 등에서 변란을 일으켰다. 그러나 이것은 명나라 연안을 목표로 다니는 왜구가 지나가다가 하는 장난에 불과하여 깊이 걱정할 일은 아니었는데, 선조조에 들어와 동해의 형세가 급변하였다.

조선에는 동서 분당 때문에 내부 분열이 점점 심해지고 국가의 모든 통제력이 한껏 이완되었다. 이와 반대로 일본에는 오랫동안의 국내 분열이 도요토미 히데요시의 손에 통일되어서 강대한 기동력이 생기고, 또 도요토미 히데요시는 국내의 여력을 밖으로 발산하기 위하여 이리의 마음과 매의 눈으로 사방을 흘겨보고 있었다. 이때까지의 역사에서는 보지 못한 큰 왜란이 조선으로 닥쳐왔다.

선조 20년(1587)에 일본 새 국왕의 사자라 하는 다치바나 야스히로(橘康廣)가 와서 다음해에 걸쳐 통신사를 파견해 달라고 졸랐지만 조정이 허락하지 않았다. 1589년 5월에 또 사자로 승려 현소(玄

蘇)가 대마도주 소 요시토시(宗義智)를 데리고 와서 회유 반 협박 반으로 먼젓번과 같은 청을 되풀이하였다. 조정에서 오래 끈 끝에 정세 시찰을 겸하여 사신을 보내기로 결정하고, 황윤길(黃允吉)을 정사, 김성일(金誠一)을 부사로 하여 1590년 3월에 현소 등과 함께 출발하게 하였다.

황윤길 등이 교토(京都)에 이르러 객사에 머무른 지 다섯 달 만에 비로소 도요토미 히데요시를 회견하였다. 예의가 심히 거만하고 홀대하였다. 국서(國書)의 회답을 보니 그 중에 "한번 대명국에 뛰어 들어가려" 하니 귀국이 선구 노릇을 하라는 구절이 있어, 옥신각신하다가 어쩔 수 없이 그냥 받아서 1591년 3월에 황윤길 등이 돌아와 보고하였다.

조정에서 서장에 쓰인 이 언사를 보고 사신 등에게 일이 어떻게 돌아가는지를 물었다. 황윤길은 도요토미 히데요시의 거동으로 보아서 반드시 전쟁이 있을 것이라 하고, 김성일은 일시적인 허세이고 실제로는 근심할 것이 없을 텐데도 황윤길이 망언하는 것이라고 반대하였다.

대개 황윤길은 서인이고 김성일은 동인으로, 1589년 출발 때에는 동인 정여립(鄭汝立)의 옥사가 있어 서인 정철이 옥사를 다스리는 바람에 서인의 권위가 성하여 황윤길이 정사도 되었는데, 1591년 돌아올 때에는 정정이 뒤집혀서 정철의 실각과 함께 서인이 파출되고 동인이 다시 권력을 잡은 참이었다.

그래서 황윤길의 의견은 돌아보는 이가 없고, 동인의 거물 유성룡·이산해(李山海) 등이 지지하는 김성일의 낙관론이 조정의 주된 논의를 이뤄서 편안해 하는 태도였다. 이러한 판에 동인은 서인에 대한 태도가 강경하냐 유연하냐에 따라 다시 남인·북인 두 파로 나뉘었다.

무릇 대마도는 조선을 의지하여 생활하는 형편이므로 조선과 말

동래부 순절도(육군박물관)

썽이 생기는 것을 꺼려서, 도요토미 히데요시의 심부름을 하는 동
안에 조선의 감정을 고려하여 거칠고 거만한 도요토미 히데요시의
요구를 그대로 전하지 않고, 또 우리 통신사가 간 것을 도요토미
히데요시에게는 조선이 굴종하는 표시라고 속여서 두 틈에서 간사
하게 속이면서 세월을 보내고 있었다.

　　그러나 도요토미 히데요시 쪽의 출병 준비가 끝나고, 선조 25년
(1592) 4월에 도요토미 히데요시가 나고야에 나와 앉아 군 20만을

동원하였다. 먼저 고니시 유키나가(小西行長), 가토 기요마사(加藤淸正), 구로다 나가마사(黑田長政), 모리 요시나리(毛利吉成), 우키다 히데이에(宇喜多秀家) 등에게 5만 군을 거느리고 조선으로 출발하게 하였다.

4월 13일에 고니시 유키나가와 소 요시토시가 거느린 선두가 이미 부산에 이르렀다. 이튿날 새벽에 부산성을 포위 공격하여 첨사 정발(鄭撥)이 전사하고, 15일에 동래성을 포위하자 부사 송상현(宋象賢)이 용감히 싸우다가 순절하였다. 두 성과 함께 부근의 여러 성이 차례로 함락되었으며, 한편으로 경상도의 좌우 두 수사는 적군을 보고는 싸우지 않고 물러가서 적군이 아무 장애 없이 침입하게 하였다. 워낙 준비 없이 큰일을 당하였을 뿐 아니라, 조총 들고 오는 적을 활과 화살로 막는 싸움이어서 제대로 저항하기가 심히 어려웠다.

적의 여러 군대는 18일까지 부산으로 모여들어서 세 갈래 길로 나뉘어서 한양으로 향하였는데, 그 형세가 물밀 듯하였다. 17일 이른 아침에 소식이 도착하자 조정에서 여러 장수를 뽑아서 세 길로 내려 보내고, 신립(申砬)으로 도순변사를 삼아서 뒤를 꼬느게 하였다. 먼저 간 군이 다 패하고 27일에 신립의 군 또한 충주에서 패하였다.

28일 저녁에 충주 패전 소식을 듣고 세자와 왕자를 각 도로 나누어 보내 근왕병(勤王兵)을 모집하게 하고, 30일 새벽에 왕과 비빈이 영상 이하 여러 관리 100여 사람을 데리고 서쪽으로 나가서 개성·평양을 거쳐 마침내 의주에까지 이르렀다.

5월 3일에 일본의 여러 군이 한양으로 모여들어 부서를 정하였다. 고니시 유키나가는 평안도, 가토 기요마사는 함경도, 구로다 나가마사는 황해도, 모리 요시나리는 강원도로 각각 갈려 나가고, 우키다 히데이에는 한양을 지켰다. 6월 13일에는 평양이 고니시 유키나가의 손으로 들어갔다.

이렇게 육상에서 싸우는 대로 패하여 나라의 명맥이 압록강 한 금에 남아 있게 되고, 수로에서도 경상도는 싸우지도 않고 스스로 무너졌다. 이때에 전라도 좌수사 이순신(李舜臣)이 벌써부터 왜환이 있을 것을 헤아리고 모든 것을 준비하고 기다리다 적선이 이르자 닥치는 대로 엎질러 왜의 수군이 서쪽으로 돌아올 수 없게 하였다. 판세가 온통 왜에 넘어가지 않은 것은 오로지 이순신이 해상을 제 압했기 때문이었다.

이순신은 5월 7일 옥포 앞바다에서 도도 다카도라(藤堂高虎)가 거 느린 함대를 궤멸시키고, 5월 29일 노량에서 거북선으로 적의 유 력한 함대를 불태워 없앴다. 6월 2일부터 3일 동안 당항포를 중심 으로 하는 해전에서 가메이 고레노리(龜井玆矩)가 거느린 함대를 전 멸시켜 지휘 장수를 죽였다.

7월 8일에 견내량에 숨어 있는 적선 70여 척을 한산도 앞바다로 유인하여 맹공격하여 통쾌하게 무찔렀다. 이 뒤로는 적이 마침내 서쪽 바다로 진출할 뜻을 포기하여 수륙 병진하려던 그들의 계획 이 깨져 버렸다. 이러는 중에 이순신이 삼도 수군통제사가 되어 해 상의 최고 사령권을 쥐었다.

나라에서는 명에 구원을 청하여, 명이 제독 이여송(李如松)에게 4 만 군을 거느리고 오게 하였다. 민간에서는 의병이 사방에 일어나 고 그중에 승군까지 나왔으나, 다 대국을 만회할 만한 힘이 되지 못하였다. 다만 전라 감사 권율(權慄)이 1593년 3월 12일에 행주에 서 적의 여러 군대가 한꺼번에 덤비는 것을 때려 부순 것이 육상에 서 처음 본 통쾌한 승리였다.

왜군은 평양까지 가서 더 전진할 수 없고, 명군의 선발대 조승훈 (祖承訓)이 평양에서 싸워 패한 후에는 양군 사이에 화의하자는 논 의가 일어났다. 8월에 명의 유세객 심유경(沈惟敬)과 고니시 유키나

옥포만(경남, 거제)
왜장 도도 다카도라의 함대가 이순신에 의해 궤멸된 곳이다.

가 사이에 조건과 방법이 상의되다가, 1593년 정월에 명의 제독 이여송이 대군을 데리고 오자 화의를 물리치고 평양을 공격하여 왜군을 격퇴시켰다. 그러나 패퇴하는 왜군을 추격하여 남하하다가 벽제관에서 반격을 받아 패하고는, 이여송이 평양으로 물러 앉아 심유겸에게 다시 고니시 유키나가와 화의를 진행하게 하였다.

이때 왜군은 식량이 궁하고 질병에 졸려서 사기가 꺾인 상태라서 화의가 다시 일어나는 것을 호기로 삼아, 4월에 도요토미 히데요시의 명으로 한양과 각 도의 군이 경상도 남해안으로 얼른 철병하고, 거기에 내내 머무를 준비를 하면서 국면의 추이를 기다리기로 하였다.

남으로 퇴각하는 길에 왜군이 우리 한 방면의 중요한 진지인 진주를 빼앗아서 저희들의 새 근거지를 위협할 거리를 없앨 목적으로, 수륙군을 함께 동원하여 6월 22일부터 진주성을 포위 공격하여, 29일에 성이 지탱하지 못하고 부사 이하 군민 죽은 자 6만을 넘었다. 임진란 이래로 전쟁이 참혹하기가 이보다 심하지 않았고, 우리 군의 위용과 장렬한 사기도 이때가 가장 높았다. 유명한 의기 논개의 열행도 이때 생긴 일이다.

4월에 한양이 수복되고 왕의 어가가 의주를 떠나 차차 전진하여

10월에 한양으로 도로 들어왔다. 왕이 의주에 있을 때 당쟁의 화근을 생각하고서, "변방에 뜬 달 보고 통곡을 하니, 압록강 바람이 가슴에인다. 임금과 신하가 치욕을 당했는데도, 오늘 이후에도 서인 동인으로 당파 싸움을 할 것인가." 하는 시를 읊었다.

제87장 정유재란

1593년 이래로 심유경과 고니시 유키나가 사이에 화의가 구체적으로 진행되었는데, 명나라 쪽과 도요토미 히데요시 쪽의 조건에 서로 조화하기 어려운 점이 있음에도 심유경과 고니시 유키나가는 명과 도요토미 히데요시를 속여서 중간에 농락하여 어름어름 안을 작성하였다. 곧 도요토미 히데요시를 일본 국왕으로 봉하고 우키다 히데이에 등 5인을 대도독, 도쿠가와 이에야스(德川家康) 등 10인을 도독, 마에다 겐이(前田玄以) 등 12인을 도독 지휘로 하고, 나머지는 뒤로 미루는 조건이었다.

그래서 1596년 6월에 명의 책봉사 양방형(楊方亨)과 부사 심유경이 고명(誥命)을 가지고 일본으로 건너가서 이 뜻을 전했다. 도요토미 히데요시는 일이 너무 의외인 데 놀라서 사신을 대충대충 대접하여 돌려보내고 곧바로 다시 전쟁하기로 결의하였다.

선조 30년(1597) 정월 14일에 왜장 가토 기요마사가 군선 130여 척을 거느리고 다른 장수에 앞서 동래의 다대포에 도착하여 양산을 함락하고 서생포로 들어감으로써 다시 전쟁은 시작되고, 3월 중순까지 모든 적군이 바다를 건너 와서 전쟁판이 벌어졌다.

그러나 이순신을 없애 버려 해로를 자유로이 통항하지 못하면 만사가 헛될 것이므로, 1596년 가을부터 이순신에 대한 갖은 이간질을 다하였다. 다시 출병할 즈음에는 왜인 통역 가나메 도키쓰라

(要時羅)란 자를 보내 군사 기밀을 통하는 체하고는 아무 때 가토 기요마사가 오는데 제가 그가 탄 배를 가리킬 터이니 이순신이 나와서 잡게 하라 하였다. 이때의 원수인 권율이 이 말을 믿고 이순신에게 명했으나 이순신은 간계임을 간파하고 모르는 체하였다.

이것이 꼬투리가 되고 한편으로 당론이나 기타에 관련되어 1597년 11월에 이순신이 파면되고 우수사 원균(元均)이 대신 통제사가 되었다. 원균이 한산도(통제영이 있는 곳)에 이르자 이순신이 했던 약속을 고치고 주색에 탐닉하여 인심이 흩어지고 군의 사기가 꺾였다.

이때 일본군은 동래·기장·울산 등지에 나눠 점거한 채, 김해·진주·사천·곤양 사이로 왕래하면서 깊이 침입할 준비를 하고 있었다. 7월에 원균이 가나메 도키쓰라의 꾐에 빠져서 절영도로 나갔다가 대패하여 수로가 적에게 돌아가고, 이 때문에 8월에 충청도와 경상도의 목구멍으로 굳게 지키던 황석산성과 남원성이 차례로 함락되었다. 경성이 깜짝 놀라 우선 내전과 세자를 수안으로 피난 보내고, 조정에서는 이순신을 다시 기용할 수밖에 없다 하여 급히 도로 통제사를 시켜서 내려 보냈다.

이 동안에 양호(楊鎬)가 거느린 명의 원군이 와서 남원·성주·전주·충주 등지를 지켰는데, 남원에서 패하자 진을 한강으로 물리고, 뒤에 원군을 얻어 다시 남진하여 9월 5일 소사에서 일본군을 만나서 하루 동안 여섯 번 싸워 전에 없는 큰 승리를 얻었다. 이것이 이번 난에서 처음 얻은 대첩이었다. 일본군은 여기에 기세가 꺾여서 다시 남방의 해변에 가서 떼 지어 주저앉아 버렸다.

한옆으로 이순신은 다시 통제의 소임을 받고서 홀로 말을 타고 회령포(會寧浦)에 이르렀는데, 최근 패배의 끝이라 배와 기계가 남은 것이 없었고, 호남과 영남이 모두 적의 소굴이고, 고니시 유키나가가 땅에 있고 소 요시토시가 바다에 있어 외롭고 위태하기 짝이

명량대첩탑(전남, 해남)
이순신이 배 13척으로 적선 500~600척을 격파한 대승을 기념하는 탑이다.

없었다.

그렇지만 겨우 남은 배 13척을 모아서 군사를 싣고 8월 29일 벽파진에 이르러 겁먹은 군졸들의 마음을 진무하면서 해상을 방비하였다. 9월 4일에 적의 대함대가 서쪽으로 향하려는 것을 탐지하고, 15일에 우수영 앞바다에 진을 치고 피난선 백여 척으로 가짜 군대를 만들어 놓고, 16일에 바다를 덮고 오는 적선 500~600척의 한가운데로 감연히 돌진하여, 어지러이 활을 쏘며 좌충우돌하여 전투 대형을 부쉈다. 다시 명량(鳴梁; 울두목)의 물살을 이용하여 적선을 거의 전부 엎질러 버렸으나 아군에는 별로 손상이 없었다. 이것이 유명한 명량 대첩으로, 원균이 패한 뒤 비로소 제해권을 회복하였다. 이때부터 적선이 서해를 다시 엿보지 못하였다.

명군은 일본군을 소탕할 목적으로 12월에 총 4만 군사로 울산의

국민조선역사

도산(島山)에 있는 가토 기요마사의 진을 포위 공격하였으나, 1598년 정월에 많은 적군이 몰려와 구원하여 명이 패해 돌아가고, 양호는 패전의 책임을 물어 파직되고 만세덕(萬世德)이 대신 수륙 양방으로 다시 싸울 준비를 하였다.

군을 세 갈래로 나누어서 동로는 마귀(麻貴)가 거느리고 울산의 가토 기요마사를 감당하며, 서로는 유정(劉綎)이 거느리고 순천의 고니시 유키나가를 감당하며, 중로는 동일원(董一元)이 거느리고 사천의 소 요시토시를 감당하기로 하였다. 병력 수가 합계 14만 2천 7백여 명이고, 따로 수군은 우리 이순신과 명의 제독 진린(陳璘)이 서로 연락하여 육로의 여러 군대를 성원하기로 하였다.

9월에 총공격을 개시하기로 잡고 있었는데, 앞 달 8월 18일에 적의 우두머리 도요토미 히데요시가 본국 후시미 성(伏見城)에서 사망하고, 조선에 있는 모든 군을 철수하라는 임종시의 명령에 따라 전쟁 국면이 흐리마리 걷혀지게 되었다.

모든 적군이 불시에 철거하려는 것을 보고 적국에 큰 이변이 있다고 짐작하다 마침내 도요토미 히데요시가 죽은 것을 알았다. 이순신은 적에게 일거에 치명적 타격을 주어 후환을 없게 하겠다고 하여, 주력 부대인 고니시 유키나가의 퇴로를 촘촘히 봉쇄하고 있었다. 고니시 유키나가는 초조하다 못해 명의 수군 제독 진린에게 뇌물을 주고 퇴로를 하나 얻었다. 이순신은 신속하게 이 구멍을 틀어막는 작전으로 옮겨갔다.

11월 19일 노량에서 대전이 전개되어, 엎어지는 적선과 거꾸러지는 적의 시체가 바다를 메우려 하였다. 그러나 적의 유탄이 지휘대 위의 이순신에게 맞았다. 이순신은 죽음을 숨기고 계속 싸우라고 의연히 유언하고, 군사들이 잘 싸워 적의 세가 찌부러짐을 보면서 유감없이 가만히 눈을 감았다.

빠져나간 적선이 겨우 50여 척이고, 고니시 유키나가가 그 틈에 숨어 있었다. 도요토미 히데요시가 죽고 왜군이 풀 죽어 도망간 것을 알고 좌의정 이덕형(李德馨) 이하 많은 사람들이 추격을 강력히 주장하였으나, 피폐한 끝이라 혼자 부담질 수 없고 명나라가 들어주지 않아 결국 실행되지 않았다.

전후 7년을 끌던 지루한 전쟁이 마지막에는 당사자도 깨닫지 못하게 끝이 나고, 명나라도 이듬해 1599년 8월까지 군사를 다 거둬갔다. 조선에서는 명이 조선을 구원하기 위하여 대군을 움직였다 하여 그 신세를 오래오래 잊어버리지 않았다.

그러나 사실상 명나라가 받을 환난을 조선이 대신 받았던 것이고, 또 명군이 와서 제법 우리의 위급한 대목을 펴 주었다 할 전과도 없었다. 도리어 그들에게 음식물을 바치고 물자를 대주는 데에 무한한 고통을 치렀다.

일본에서는 도요토미 히데요시 사후에 도쿠가와 이에야스가 군대와 나라의 권세를 잡고 막부 정치를 행하면서 우리와 화해하기를 요구하였다. 우리가 얼른 듣지 않다가 선조 40년(1607)에 비로소 허락하여 국교를 회복하여, 이 뒤 2백 년간 평화로운 관계가 계속되었다. 조선과 도쿠가와 막부의 교제에도 중간 알선의 소임은 여전히 대마도에 일임되어 있었다.

제88장 무기의 신발명

임진 이래 8년의 대란은 한편으로 말하면 조선 민족의 탄발력 시험이었다. 수백 년 동안 밖으로는 왜와 야인에 시달리고 안으로는 문약 태평에 젖은 끝이었지만, 오히려 장기간의 국난에 견디면서 자기의 존립을 다치지 않을 만한 원기가 있음을 버젓이 증명하였다. 기왕의 대국난을 당할 때마다 필요에 따라 발양하던 창작적 재능이 이번에 더 큰 업적을 나타냈다.

비격진천뢰(아산 현충사, 충무공기념관)

남방의 걱정은 바다로부터 오는 것이기에 특수하고 우월한 배를 가지는 게 무엇보다 필요한 조건이었으므로, 조선 창업 이래로 이 방면에 대한 연구와 개량이 쉴 새 없이 계속되어 온 것은 참으로 헛된 일이 아니었다. 어떤 때는 가뿐하고 날쌘 왜선을 그대로 본떠 보기도 하고, 어떤 때는 류큐에서 배 만드는 목수를 데려다가 투박하고 큰 배를 만들어 보기도 하고, 이것저것 새 양식을 고안해 내서 실지로 시험하고 비교 연구하는 데에도 정신을 썼다.

조선에서 새로 발명한 것 가운데 가장 기이한 것은 거북선이란 것으로, 선체를 견고하게 포장하여 적의 공격을 받지 않고, 나는 그 속에 들어앉아서 마음대로 적을 공격할 수 있는 초유의 양식이었다. 거북선은 이미 태종조에 창제하여 효능을 실험했으나, 뒤에 오랫동안 소식이 없다가 이순신이 전라 좌수사로 있을 때 왜환이 있을 것을 알고 모든 전투 도구를 보수하여 일신하면서 거북선을 개량하였다.

옛 거북선을 크게 개량하여 거죽에는 철갑을 두르고 뾰족한 못을 둘러 박아서 적이 뛰어오르지 못하게 하고, 속에는 진보된 총포를 사면으로 장치하여 적진 속으로 돌아다니면서 종횡무진 활동하여도 끄떡할 리 없는 무적의 형태를 만들어 냈다. 이순신은 용병과 작전에도 신묘하였지만, 백전백승의 전과는 거북선의 효능에 많이 힘입은 것이었다. 세상에서는 이것을 세계 철갑선의 시조라 부른다.

국민조선역사

고려 말 최무선(崔茂宣)이 고심 발명한 이래로 쉼 없이 화포를 발달시켜 왔고, 이것이 왜구 제압에 큰 위력을 보였다는 것은 언제고 분명한 사실이었다. 임진왜란 중에 이 방면에도 여러 가지 진보된 개량이 있었다. 그전부터 진천뢰(震天雷)라 하여, 철 동이에 연소제를 담고 그것을 점화하여 포석기(抛石機)로 멀리 발사하면 우레와 같은 소리를 내면서 폭발하여 산탄(散彈)이 위력을 발휘하는 것이 있었다.

화포장 이장손(李長孫)이 여기에 개량을 더하여 사거리가 훨씬 멀고 화약 힘이 몹시 맹렬한 것을 만들어 내고, 이것을 비격진천뢰(飛擊震天雷)라고 이름하였다. 임진년 9월에 경주가 적에게 포위되어 있을 때 경상 좌병사 박진(朴晉)이 비격진천뢰를 써서 성을 회복하였다. 비격진천뢰는 성을 파괴하는 도구로서는 당시에 있던 최고의 것이었다. 또 세계사에서 박격포의 효시라 할 것이다.

호남 소모사 변이중(邊以中)은 화차를 창조하여 훌륭한 업적을 거두었다. 커다랗게 전차를 만들어 한 차에 구멍 40개를 뚫고 구멍마다 승자총통을 걸고 심지를 이어서 발화하여 계속 쏘아 보내게 한 것으로, 위력과 충격의 힘이 비길 데가 없었다. 화차도 예로부터 있어서 불화살 발사에 사용하였지만, 변이중은 그것을 창조적으로 진보시켜서 말하자면 기관포의 시조가 되었다고 할 것이다.

포위 중에 바깥과 연락하는 방법은 군사 방면에서 예로부터 고심해 온 것으로, 우시(羽矢)나 종이 연을 이용하는 이상의 다른 재주가 없었다. 임란 중에 영남의 어느 성이 겹겹이 포위 고립되어 위급하였을 때에, 성주의 친우로서 기이한 재주를 가진 이가 비차(飛車)를 만들어 타고 들어가서 성주를 구출해 가지고 30리 밖에 와서 내렸다는 기록이 있다. 혹자들은 그 사람이 김제 사람 정평구(鄭平九)라 한다.

제89장 왜란의 영향

임진란은 동방의 삼국이 여러 해에 걸쳐 전 국력을 기울여 서로 항전하였기 때문에 국가 재정과 국민 생활에 미친 영향이 다 심각할 수밖에 없었으며, 물론 그중에서도 나라를 내놓아 전장을 만든 조선이 받은 화란은 가장 처참하였다. 더욱이 왜인이 수시로 곳곳마다 잔악성을 드러내, 짐짓 사람에게 모질게 굴고 도읍을 파괴하여 거리낌이 없었던 수많은 사실은 두고두고 조선인의 머릿속에 "임진년 원수"의 관념을 깊이 박았다.

왜인은 이전부터 살벌한 전쟁 상태에 있어 왔기 때문에 문학과 기술이 극도로 쇠퇴하여 아무 보잘 것이 없었으나, 조선의 우수한 문물을 한번 접하자 부러워하고 탐내서 전쟁하는 한편으로 문물을 약탈하여 실어 가는 데 크게 힘썼다. 그래서 고려 이래의 허다한 전적과 송·원의 귀중한 판본이 차례로 실려 가고, 태종 이래 갖가지 활자 대부분이 약취당하여, 문명의 서광이 왜의 땅에 번져나간 반면에 조선의 문화에는 큰 결함이 생겼다.

고려 이래의 도기공이 이조에 들어와서 일종의 특색을 다시 발휘하고 있었는데, 왜인은 차를 좋아하는 관계로 고상한 도자기를 갈구하던 참에 조선의 그릇을 보고 반색하여 실물을 주워 가는 동시에, 남도 요업지에 있는 유명 도공들을 모조리 데려가서 조선 도자업의 정화가 왜국으로 옮겨간 모양이 되었다.

모리 데루모토(毛利輝元)가 데려간 이경(李敬)은 '추요(萩燒: 하기야키)'의 시조가 되었다. 가토 기요마사가 데려간 왜명 강호신구랑(江戶新九郞: 본명 미상)은 처음에는 '강호요(江戶燒: 에도야키)'를 시작하였다가 구로다 나가마사에게 초빙되어서 '고취요(高取燒: 다카도리야키)'의 시조가 되었다. 마츠라 시게노부(松浦鎭信)가 데려간 거관(巨關)은 '평호요(平戶燒: 히라도야키)'의 시조가 되고, 시마즈 요시히로(島津義弘)가 데려간 박평의(朴平意)는 '살마요(薩摩燒; 사쓰마야키)'의 시조가 되었다.

이후 왜의 도자기는 다 이들의 자손으로부터 새끼 쳐 생성 발전한 것이었다. 시마즈 요시히로가 데려간 도공의 수가 가장 많아서, 지금 가고시마(鹿兒島) 시 서쪽 '묘대천(苗代川; 나헤시로가하)'에 따로 마을을 만들고 특별히 보호하여, 지금도 그 마을에는 신(申)·이(李)·변(卞)·심(沈) 등 20여 가지 옛날 성씨가 전하고 있다.

다른 기술에도 조선의 솜씨를 받아서 추진 발전된 것이 많아서, 나고야 성 축조에는 조선의 석축법을 응용한 곳이 있으며, 엷은 채색을 위주로 하던 왜화에 진하고 강한 진채(眞彩)를 쓰게 된 것도 조선화에서 배운 것이었다.

음식에서도 두부가 이때 조선인의 손으로 처음 만들어서 나라 안에 퍼진 것이다. 의약에서도 그때 조선인의 처방으로 지금까지 민간에 성행하는 약방문이 많다. 학문 교화 방면에는 기이번주(紀伊藩主)의 스승이 된 이진영(李眞榮)과 구마모토 혼묘사(本妙寺)의 주지가 된 일요(日遙) 같은 이가 있었다. 대체로 임진란이 일본 근대 문화에 준 영향은 자못 컸다. 어느 역사가가 "임진의 역(役)은 일본이 무력으로 조선에 유학한 것이다"고 말한 것은 공연한 말이 아니다.

임진란으로 말미암아 조선에도 문물 교류에 관한 사실이 많은데, 가장 두드러진 것은 조총 전래이다. 조총은 서양에서 창제한 것으로, 임진년으로부터 50년 전에 포르투갈인의 손으로 일본에 처음 전래하여 철포라는 이름으로 국내에 보급되었다.

임진란 2년 전인 1590년에 일본에서 조총을 선사한 일이 있었으나 조선에서 크게 주의를 기울이지 않다가, 난중에 조총의 위력에 호되게 혼이 나자 갑자기 이것을 본떠 만들고 활용하여 난의 후 기쯤에는 조총술이 크게 진보 발달하여 도리어 왜군을 놀라게 하였다. 연초 · 고추 · 호박 · 토마토 등이 다 임란 중에 남방으로부터 유입하여 일반에게 보급된 것들이다.

제90장 서력 동침의 여파

고대에는 동서 교통은 주로 육상에서 아시아 내륙을 통하여 이루어지고, 해상에서는 수에즈 해협을 넘어서 지중해와 인도양을 간접으로 연결하는 길이 있을 뿐이었다. 그러나 향료 · 진주 · 보석 · 견사 등 무역을 위하여 인도 방면으로 직접 교통하는 해로가 열렸으면 하는 열망이 세월이 지날수록 강해지더니, 12세기 말경부터 유럽의 항해술이 발달하여 15세기에 들어와서 현저히 진보하였다.

1497년 7월 8일에 포르투갈인 바스코 다가마가 거느린 함대가 리스본에서 출발하여 11월에 아프리카 남단의 희망봉을 돌아서 아프리카 동안을 끼고 북상하여 계절풍을 타고 1개월도 못되어 인도 서남안의 캘리컷에 도달한 것이 다음해 5월 20일이었다. 바로 우리 연산군 4년에 사화가 일어나려고 뒤숭숭한 때이었다.

이로부터 포르투갈인을 선구로 하는 유럽인의 동방 진출이 날로 활발해져, 인도 · 말래카로부터 차차 중국 · 일본 · 조선으로 방향을 바꿨다. 1557년(명종 12)에는 광둥의 마카오가 포르투갈인의 중국 근거지가 되었다. 1565년(명종 20)에는 스페인인이 필리핀을 점령하여 동양 무역의 근거지를 만들어서, 동양의 해상에 이들의 상선이 종횡으로 달려 다니고, 여기에 이어 스페인인과 잉글랜드인이 진출해 와 서로 뒤섞여서 활동하였다. 조선이 아직 그들의 정면 목표는 아니었지만, 그들의 배와 인물이 바람에 떠밀려 도착하는 일이 가끔 있었고, 그와 함께 세계의 소식이 차차 이 으슥한 나라로 들어왔다.

중종 15년(1520)에 통역관 이석(李碩)이 베이징에서 돌아와 견문 사실을 글로 적어 올렸는데, 그 가운데 불랑기국(佛朗機國)이 말래카국을 쳐부수고 와서 명나라에 통교한 이야기가 있었고, 이것이 조선에서 최초로 유럽인 동점의 발자국 소리를 들은 것이다. 불랑기란 명대에 포르투갈인을 가리키는 이름이고, 불랑기인이 전한 화포도 또한 불랑기라고 불러서 이것도 우리에게 들렸었다.

기독교의 일파인 예수회는 명종 4년(1549)에 일본으로 처음 전도하여, 선조 원년(1568)에 처음 교토에 교당을 세우고 일본 각지로 널리 전도하고 있어서 유력한 무장 중에도 신도가 많았다. 왜란 때에 온 고니시 유키나가도 독실한 신자이고, 선조 27년(1549)에 고니시 유키나가가 군의 연락을 위하여 선교사 그레고리오 드세스페데스가 조선으로 온 일이 있다.

그들이 조선인에게 영향이 있었는지는 확실하지 않지만, 이때부터 기독교가 이 땅에 인연을 가진 것은 사실이다. 조선인으로서 왜군에게 붙들려서 일본과 남양 각지로 이주한 사람들 중에는 기독교에 들어가 명성을 얻은 이가 적지 아니하였다.

선조 34년(1601)에는 역시 예수회 선교사인 이탈리아인 마테오 리치가 베이징에 와서 교당을 짓고, 서양 학술의 소개를 수단으로 하여 천주교리를 포교하였는데,『교우론(交友論)』·『천주실의(天主實義)』등 교리서와『건곤체의(乾坤體義)』·『기하원본(幾何原本)』등 과학서는 다 진작 조선으로 전래하여 사람들이 읽어서 익혔다. 특히『곤여만국전도(坤輿萬國全圖)』는 조선인에게 처음으로 세계 지리의 개념을 주었다.

선조 15년(1582) 가을에 동양인 막생가(莫生哥)·서양인 마리이 (馬里伊) 등이 제주에 표착한 일이 있는데, 그때 중국의 통용어에 말레이 반도와 수마트라 서쪽, 곧 인도양을 서양이라 이르고 그 동쪽을 동양이라 불렀다. 여기에 보인 서양이 지금 우리말의 유럽을 의미할 것인지 잘 모르지만, 여하간 이러한 먼 나라 사람들의 표착이 또한 해상 무역이 성행함으로써 나온 파동임은 물론이다.

제91장 조선 전기의 학술

태조로부터 선조에 이르는 약 220년간은 이씨 조선의 역사에서 가장 중요한 시기요, 그것은 조선 문화가 자주성을 발휘했다는 점에서 더욱 그렇다 할 수 있다. 태종·세종·세조·성종과 같은 학문을 좋아하고 능력이 많은 군주가 연달아 나와, 그 시대의 뛰어난 인물들을 휘둘러 움직여서 학문으로 예술로, 종으로 횡으로, 조선인의 문화적 능력을 널리 퍼지게 한 것은 실로 당대의 훌륭한 광경이었다.

한 나라의 문화는 학문으로부터 시작하는 법으로, 세종 대왕은 학문을 부흥시키고 널리 편 군주로서 진실로 세계에 비슷한 예를 찾기 어려운 어른이었다. 그런데 태종이 이를 기르고 세조가 뒤를 받아서 세종의 슬기와 재능을 한껏 발현하여 더 이상이 있을 수 없게 하였으니, 이는 실로 인력이 아니라 하늘이 내린 것이다. 이러한 토대 위에서 조선 문화의 황금 탑이 우뚝하게 솟구쳐 나오고, 또 위대한 과학이 중심 기둥을 이루었다.

물론 수학·천문학 등에서도 탁월하였지만, 후생 관계의 과학에서 군주로서의 양심과 정당한 인식이 가장 잘 드러났다. 우리 땅에 맞는 독자적인 조선의 농사 이치를 구명하여 『농사직설(農事直說)』을 찬술했으며, 국토에 적합한 산업으로 잠상(蠶桑)의 보급을 생각하여 『잠서(蠶書)』와 주해서를 만들어서 보급하여 알리기에 힘썼고, 국내에서 얻기 쉬운 약재를 써서 질병 치료 사업에 장애가 없도록

『향약제생방(鄕藥濟生方)』과 같은 대부서(大部書)를 만들어 낸 것 등이 모두가 다 이들의 정신이 발현된 것이다.

이러한 마음이 후세로 계승되어서 농학과 의학의 발명이 줄곧 뒤를 이었으니, 선조조의 임란 중에 어의 허준(許浚)은 『동의보감(東醫寶鑑)』을 완성하고, 민간에서는 전유형(全有亨)이 해부를 응용하여 의학 이론 연구의 선구자가 된 것 등은 진실로 자랑할 만한 문화 정신이라 할 것이다.

고려 이래로 천하의 희귀 도서가 우리나라로 모였는데, 세종조에 이것을 집현전으로 거둬들이시고, 세조조에 집현전 대신 홍문관을 신설하여 규범의 틀을 더욱 정비하였으니, 이러한 지식의 보고가 진실로 이 시대 문화를 배양하는 토양이었다.

성종조에는 문신의 재교육 기관으로 독서당(혹은 湖堂이라 함)을 두고 나이 젊고 총민한 자에게 관직에 있으면서 학업을 익혀 잠재력을 흠씬 늘리게 하였으니, 이로써 대학자와 석학이 전후에 끊임 없이 이어졌고, 이것은 결코 우연한 일이 아니었다.

국초에서는 정도전(鄭道傳)·권근(權近)·변계량(卞季良)이 문학으로 우뚝 솟았다. 집현전의 여러 별 중에서는 성삼문(成三問)·서거정(徐居正)이 받들어졌다. 성종조에 김종직(金宗直)·성현(成俔)이 두터운 명망을 가졌다. 연산군 때에는 천재 시인 박언(朴誾)이 있다.

중종조에는 남곤(南袞)·이행(李荇)·정사룡(鄭士龍)이 각각 독특한 깃발을 세웠다. 여기에 이어 선조조의 문학 황금 시대가 전개되었다. 백광훈(白光勳)·최경창(崔慶昌)·이달(李達)이 당나라 시를 닮아서 삼당(三唐)이란 이름을 얻은 이래로, 최립(崔岦)·차천로(車天輅)·양사언(楊士彦)·정철(鄭澈)·허균(許筠) 등 당대의 대가는 이루 손꼽을 수 없을 만하였다. 이 시기를 일러 문학사상에서 '목릉성시(穆陵盛時)'란 말을 쓰게 되었다. 목릉은 선조의 능호이다.

이른바 목릉성시는 국문학에서도 그러했다. 국초 이래로 시조와

김시습 초상

가사가 차차 발달 도정에 올라, 이황의 「도산십이곡(陶山十二曲)」, 이이의 「석담구곡가(石潭九曲歌)」, 정철의 송강(松江) 가사가 나왔다. 정철은 진실로 국어 가요상의 최고봉이다.

소설에서도 국문으로 지은 이름난 작품이 차차 나오는데, 허균의 『홍길동전』이 그 하나이다. 이미 김시습(金時習)의 『금오신화(金鰲新話)』와 서거정의 『골계전(滑稽傳)』과 성현의 『태평통재(太平通載)』 등이 다 한문이고 또 짧은 이야기인 데 비해, 『홍길동전』은 국문 장편에서 새 길을 연 것이었다.

글씨에는 세종의 셋째아들 안평 대군 이용(李瑢)이 조맹부를 배워서 묘를 얻어 이씨 조선의 서풍(書風)을 이쪽으로 기울어지게 하였다. 중종조의 김구(金絿)가 종요(鍾繇)와 왕희지(王羲之)의 글씨를 배워서 인수체(仁壽體)란 것을 열었다. 명종조에 양사언(楊士彦)이 대자(大字)를 잘하고 특히 초서에 능했다. 선조조에 한확(韓濩)이 공을 쌓아 힘을 얻어 조선 제일이라는 이름을 얻고, 명나라 사람에게 왕희지·안진경(顔眞卿)과 서로 우열을 가릴 만하다는 평을 얻었다. 이들을 일찍부터 국조 4대가로 일러 온다.

그림에서는 세종조에 안견(安堅)·최경(崔涇) 등의 대가를 보게 된다. 안견은 산수를 잘하고, 최경은 인물에 능하였다. 안견이 안평 대군의 부탁으로 그려낸 「몽유도원도(夢遊桃源圖)」는 지금 남아 있는 그의 거작으로서 필의(筆意)와 화경(畫境)이 다 사람을 놀래기에 족하다.

안견 · 최경과 동시대에 강희안(姜希顔)이 있다. 그는 산수와 인물이 다 두 사람의 울타리를 엿보았고, 또 시서화에 다 이름났다. 성종은 군왕으로서 서화로 이름났다. 중종조에 이상좌(李上佐)는 노예로서 당대의 명화로 뛰어났다. 중종 · 명종 때에 사임당 신씨는 여류로서 서화에 다 능하였다. 선조조에는 화단이 또한 번성하여 김제(金禔) · 이경윤(李慶胤)과 아들 이징(李澄) · 최전(崔澱) · 이정(李楨) 등의 명가가 서로 능력을 자랑하였으며, 특히 이정(李霆)은 대나무 그림으로 유명하였다.

제92장 조선 전기의 공예

건축에는 국초의 경복궁이 최고로 웅장하고 화려했을 듯한데, 임란 때에 소실되어 상세히는 알 수 없다. 다만 경회루의 사방 석자인 48개의 커다란 돌기둥은 태조 12년 창건 당시의 것으로, 진작부터 외국 사절이 놀라 우러러 보았다.

한양의 숭례문은 세종 30년에 세워졌고, 창경궁의 홍화문은 성종 13년에 지어졌고, 창덕궁의 돈화문 또한 전기 초에 속하는 것으로, 다 장중하고 웅건한 유명 건축으로 치는 것들이다.

지방에서는 안변의 가학루와 고령의 가야관이 초기의 멋진 작품으로 들렸다. 사찰 건물로는 태조조의 석왕사 호지문과, 초기에 속하는 정방산 성불사의 극락전, 춘천 청평사의 극락전과, 선조조의 통도사 대웅전 등이 다 당대의 대표작들이다.

태조가 신덕 왕후를 정릉에 장사하고 동쪽(지금 조선호텔 지역)에 흥천사를 이룩하여 원당(願堂)을 삼고 절 안에 오층탑을 세웠는데, 아침저녁 햇빛에 아름다운 빛깔이 휘황찬란하여 경성 안의 최대 장관이었으나 후에 없어졌다.

세조 9년(1464) 5월에 경성 중앙에 원각사를 세워, 청기와 8만 장으로 지붕을 이고 거기에 큰 종을 주조해 걸고 큰 비를 세우고, 또 대리석으로 다층탑을 만들어 세조 12년(1467)에 준공하였다. 탑은 돌출된 별 모양의 3층 기단 위에 10층의 탑신을 얹고, 각층의 탑신에 각각 12회상(會相)을 새겨서 탑 전체에 빈틈없이 부처·보살·천계·인물·화초 등을 양각하여 지극히 정교하고 세밀하였다.

이 탑은 고려 말의 경천사 탑을 모방한 것이지만 세부적으로는 다소 차이가 있으며, 수법이 뛰어나고 노련하여 원탑보다 나으면 나았지 뒤떨어지지 않았다. 이조 예술의 정화일 뿐 아니라 동시대의 명나라나 다른 곳에 이를 뒤따르는 것을 볼 수 없다. 또 경천사 탑과 이 탑의 체제·의장은 순전히 조선만의 독특한 것으로서 내외 고금에 비슷한 예를 발견하지 못하는 것이다. 지금 탑골공원의 것이 그것이다.

도자기는 고려의 것에 비하여 선명한 푸른빛이 약간 어두운 잿빛으로 변하였지만 오히려 정교함을 잃지 않았다. 청자 외에 백토 잔무늬, 귀얄 막붓무늬, 철 유약 그림무늬 등 새 솜씨를 내서 정교함보다 온아함을 특색으로 한다. 더욱이 백자에서 독특한 기법을 발휘하여 빛깔의 변화가 많고 아로새김이 재미있으며, 그림 문양이 대담하고 활발하여 사람을 못내 탄미하게 한다. 고려의 자랑이 청자라 하면, 이씨 조선은 분명 백자라고 할 것이다.

제조 공예의 발달은 지물로 알 수 있다. 태종 15년(1415)에 조지소(造紙所)를 둔 뒤 꾸준히 연구와 시험을 거듭하는 한편, 중국과 일본 등의 기술을 전해 받아 지물의 종류와 품질을 발달시켜 세종 이후로 애쓴 효과가 현저하여졌다.

종래의 닥나무를 원료로 하는 여러 종이 제품 외에 세종 6년에 버들잎·쑥대·창포대를 책지(冊紙)의 원료로 채택하였고, 그 뒤 다시 버들잎·버드나무·율무·겨릅대 등이 차례로 종이 원료로 채용되었다. 또 닥나무에 대하여도 토종 이외의 왜종 · 간종(間種) 등을 편의에 따라 채용하여 지질의 변화를 꾀하였다. 세종 12년에는 조지소를 조지서(造紙署)로 승격하여 그 업무를 더욱 성대하게 하였다.

이씨 조선 전기의 갖가지 공작 사업에는 그때마다 때에 맞는 인재가 있어서 그 사업을 온전하게 하였다. 고려 말부터 이조 초에 걸쳐서 건축 설계와 장식 의장에는 환관 김사행(金師幸)이 비범한 천재를 발휘하니, 그 공으로 벼슬이 높아져 태조 6년에 판경흥부사 · 판도평의사사사 · 겸판사복 · 사농 · 선공감사 · 가락백이 되었는데, 이는 왕이 그를 얼마나 믿고 의지했는지 짐작해 볼 수 있게 한다.

세종조의 의상(儀象) 제작에 이천(李蕆)과 장영실(蔣英實)이 입에 혀같이 세종이 시키는 일을 실현하여, 두 사람이 아니었다면 의상이 없었으리라는 게 일반의 정평으로, 두 사람이 다 이 공으로 2품 벼슬에 이르렀다. 동시에 김우무(金雨畞) · 이명민(李命敏)은 건축에 능하여, 이명민은 창덕궁 인정전 건립을 책임졌다. 세조조에는 김개(金漑), 성종조에는 김극련(金克鍊) · 임중(林重) · 김영우(金靈雨) · 이지강(李止堈) 등이 제작 임무를 맡아 명성이 있었다.

제93장 불교의 추이

이씨 조선은 창업 이래로 겉으로는 불교를 눌렀으나 궁정과 사회에 박힌 잠재력은 얼른 덜리지 않고, 더욱이 세종과 세조와 같은 영명한 군주가 다 불교에 독실한 믿음을 가졌고, 이때에 맞추어 기화(己和) · 홍준(弘濬) · 신미(信眉) · 학조(學祖) 등 대덕이 지혜의 등불을 밝혀 교세가 그대로 유지되었다.

서산대사 휴정 초상(국립중앙박물관)

그러나 문학이 숭상될수록 반비례로 불교의 사회적 지위가 차차 낮아지고, 또 워낙 불교 세력을 줄이는 게 국책이 되어 있기 때문에 문호가 저절로 말라 시들어가 고려 이래의 5교 양종(당시의 일곱 분파)이 대개 유명무실하여졌다. 이에 세종께서 당시의 실정에 비추어 불교의 여러 종파를 선(禪)·교(敎) 양종으로 통합하여 버리고, 승시(僧試) 제도를 두어 선발을 엄하게 하였다.

이렇게 승시가 있는 동안에는 오히려 불교의 존재성이 분명했으나, 연산군이 어지러운 정치를 하면서 원각사를 폐하여 교방(敎坊; 기악의 교습소)을 만들고 승시를 폐하고 승려의 도성 출입을 금지하는 등의 조치가 강행되면서 불교의 추락이 극에 달하였다.

중종과 인종을 지내고 명종조에 문정 왕후가 섭정할 때 승 보우(普雨)를 떠받들자, 보우가 이 기회를 타서 명종 7년에 양종의 승시를 개설하고 불교의 중흥을 위하여 여러 가지를 획책하였다. 그러나 문정 왕후의 죽음과 함께 보우는 제주로 귀양 가서 죽고 그가 부흥시켰던 일이 죄다 없던 일이 되어서 불교의 숨기운이 더욱 줄었다.

선조조에 임진왜란이 나서 임금이 의주로 피난할 때, 당시의 고승이자 옛 인연이 있는 휴정(休靜; 서산대사)이 묘향산에 있다는 걸 알고 그를 행재소로 불러다가 현재 당하고 있는 어려움을 해결하는 데 힘써 줄 것을 요청하였다. 휴정이 감격하여 여러 절의 승려

수천을 모집하여 의병을 만들어 원수(元帥)의 군을 지원하며, 다시 여러 도 사찰에 격문을 보내 건장한 승려 무리를 모아서 전적으로 군사 업무에 복무하게 하니, 관동의 유정(惟政)과 호남의 처영(處英)과 호서의 영규(靈圭)는 그중에 저명한 자이었다.

유정(사명당)은 기지와 담략이 있어서 난중에 양쪽 군의 사자로 양 진영을 왕래하여 평판이 높았다. 난이 끝나고 도요토미 히데요시를 대신한 도쿠가와 이에야스가 계속 화해를 애걸하자 그대로 둘 수 없어서 조정에서 유정을 사자로 보내 일본의 실정을 살펴 오게 하였다.

선조 37년 6월에 유정이 일본으로 건너가서 도쿠가와 이에야스를 후시미 성에서 회견하여 화해가 깨진 내력을 종횡무진으로 변론하여 그를 승복시키고, 이듬해 4월에 포로로 잡혀간 3천여 명을 찾아 가지고 돌아와서, 일본에서 알아낸 내용을 보고하여 국교 조정의 기초를 만들어 놓았다.

이 스승과 제자 두 사람의 공로로 당시 일반인들이 크게 감사하여 불교의 인식이 바로잡아지는 한편, 불교인 스스로도 이 사실을 호법의 큰 방벽으로 내세웠다.

제94장 광해주와 인조

선조는 적출자는 없고 서자만 여럿 있었다. 임진왜란이 일어나 서도(西道)로 피난가게 되자, 여러 서출자 중에서 둘째아들 광해군을 뽑아서 태자를 삼고 군무와 국정을 담당하게 하였는데, 태자가 명민하여 대국면의 수습을 감당할 수 있었다.

임란 후 1600년에 선조의 첫 왕후가 별세하고, 1603년에 김제남(金悌男)의 딸을 맞아들여 아들(영창 대군)을 낳았다. 왕이 영창 대군을 지나치게 사랑하여 다만 적출자라는 이유로 태자 자리를 바꿀 생각을 하였고, 조정 신하 중에서 이에 화답하여 응하는 이가 있었다. 그러나 일이 너무 도리에 어그러지는 일이라 얼른 표면에 내어 놓지 못하고 있던 중 41년(1608)에 선조가 별세하고 태자가 자리를 이으니, 이 사람이 곧 광해주이다.

이 전후에 국정을 맡고 있는 쪽은 동인이 남북으로 둘로 쪼개진 북인의 당이었고, 북인은 다시 분열하여 유영경(柳永慶)을 끼고 도는 패를 소북이라 하고, 이이첨(李爾瞻)의 패를 대북이라 하였다. 선조 말에 유영경이 영의정으로 선조의 뜻을 맞추려 하다가 광해가 즉위하자 파출되고, 반대파이던 이이첨이 정권을 붙잡아서 드디어 대북과 소북의 싸움이 격화하였다.

이러한 풍파 가운데 인목 왕후 김씨와 아들 영창 대군을 끼고서 음모를 꾸미는 자가 있어서 광해의 마음에 불안의 구름이 걷힐 틈 없었다. 광해가 견디다 못하여 영창 대군을 강화로 보내 두고 인목 왕후를 경운궁에 따로 살게 하였으나, 당쟁의 여파가 마침내 영창 대군을 죽게 하고 인목 왕후를 폐하기에 이르렀다.

이러한 북인끼리의 파쟁이 오래 쭈그려 있던 서인들에게 국면 전환의 기회를 주어, 이서(李曙) · 이귀(李貴) · 이괄(李适) · 김류(金瑬) · 최명길(崔鳴吉) 등 정계에서 소외된 자들이 몰래 도당을 맺고 인목 왕후와 통모하여 광해 15년(1623)에 병란을 꾸며서, 아우를 죽이고 어미를 폐하였다는 죄목으로 광해를 폐출하고 광해의 조카인 능양군을 임금 자리에 앉혔는데, 이이가 인조이다.

광해주는 선조의 여러 아들 중에 가장 잘난 이였다. 재위 15년간은 바로 북방 여진족의 발흥기에 해당하여 명과 여진을 두 쪽으로 대응하기에 거북하기 짝이 없었다. 이런 가운데 임란 이래의 안목과 수단으로 국제적 난국에 잘 대처하여 큰 실책이 없었는데도 당쟁의 희생으로 단지 임금 자리를 내놓았을 뿐 아니라, 헤아리기 힘든 누명을 쓰게 된 것은 애달픈 일이었다.

인조가 즉위하자 곧 정변 공신 사이에 상의 등급에 대한 다툼이 있었다. 불평파의 두목 이괄을 평안 병사로 쫓아내자, 이괄이 더욱 앙심을 품고 겨우내 준비를 한 뒤 다음해 2년 2월에 임금 측근들의 악을 제거한다 하고, 부병(部兵) 1만 2천과 항왜(降倭) 수백을 데리고 말을 달려 남쪽으로 멀리까지 내려와 이르는 곳마다 관군을 깨뜨리고 한양으로 달려들었다.

일이 급해지자 인조는 남으로 내려가 공주로 피란하기에 이르렀다가, 20일 만에 도원수 장만(張晩)의 군이 안현(한양 서문 밖)에서 이괄의 군을 무찌르고 이괄은 부하에게 죽임을 당하자 인조가 환도하였다. 이것을 이괄 갑자(甲子)의 변이라 한다.

제95장 정묘 · 병자의 호란

여진의 무리는 세종 · 세조 이후 여러 번 서리를 맞고 한참 숨이 죽었는데, 임진란으로 조선과 명이 다 피폐한 틈을 타서 차차 힘을 되찾았다. 건주부에 누르하치라는 자가 부족장이 되자 명의 변방을 공략하여 지금 만주 지방을 거의 통일하여, 드디어 광해 8년(1616)에 허투아라에서 칸의 자리에 오르고 국호를 금(金)이라 하였다.

광해 13년(1621)에 금이 요동을 함락시키자 명의 장수 모문룡(毛文龍)이 해로로 우리 용천에 와서 가도(椵島)에 진을 치고 요동을 회복한다고 선언하므로, 금이 이것을 탄하여 우리의 외교적 입장이 매우 난처하였다. 인조 3년(1625)에 금이 도읍을 선양(瀋陽)으로 옮겼다.

다음해에 누르하치(太祖)가 죽고 아들 홍타이지(태종)가 오르니,

남한산성 동문(경기, 광주)

홍타이지는 조선과 명의 연락을 끊기 위해서 인조 5년(1627) 정월에 사촌동생 아민(阿敏)을 시켜 병력 3만으로 강을 건너 침입하여 모문룡을 쫓고, 남으로 내려오면서 조선이 금에 적의를 가졌다는 책임을 묻고 군을 평산에 주둔시켰다.

조정에서 장만을 도원수로 하여 나가서 막게 하고, 세자는 전주, 왕은 강화로 피란하였다. 형세가 이롭지 못하자 화의를 내어, 왕실의 한 사람을 볼모로 하고 방물 얼마를 내고 3월 3일에 형제국으로 사이좋게 지내자는 서약을 교환하고서 금군을 철퇴시켰다. 금의 침입은 불과 수십 일간이었지만 침탈이 심하여 청천강 이북이 폐허가 되다시피 하였다.

금과의 화약은 본디 일시 방편쯤 되는 것이어서 이 뒤에도 여러 가지로 우리를 귀찮게 굴다가, 10년 뒤 1636년에 금의 태종이 내몽고 여러 부족을 복속시킨 기회에 황제를 칭하고 국호를 청(淸)이라 고치고, 사자를 보내 조선이 이를 승인하라 하므로, 조정이 지극히 격앙하여 청나라 사신을 목 베고 화의를 끊자는 의론이 크게 일어났다.

청에서는 이럴 줄을 알았기 때문에 앞질러서 홍타이지가 만주·몽고·한군(漢軍) 등 무릇 10만을 거느리고 쳐들어왔다. 12월 9일에 선봉 마부대(馬夫大)가 강을 건너 의주 부윤 임경업(林慶業)이 지키고 있던 백마산성을 피하여 샛길로 좇아 풍우같이 돌아서 선양에서 떠난 지 십수 일에 이미 한양에 이르렀다.

일이 급작스러워지자 조정에서 최명길(崔鳴吉)을 내보내 호궤(犒饋)하는 체하여 군사를 늦추고, 12월 14일에 먼저 내전과 태자를 강화로 보내고 왕은 뒤좇아 가려 하였다. 그러나 이튿날에는 길이 이미 막혀서 왕은 말을 돌려 남한산성으로 들어가면서 팔도에 근왕병을 불렀다.

12월 16일에 청의 대군이 남한산성을 포위하고, 이듬해 정월에 홍타이지가 이르러 친히 지휘에 맡고 있는데, 구원병은 이르지 않고 굶주림과 추위가 점점 심해지자 성안에서 주화 주전 양파의 논쟁이 격렬하여졌다가 강화가 함락되어 그리로 갔던 이들이 죄다 사로잡혔다는 기별이 이르렀다. 정월 30일에 왕이 스스로 청의 군문(軍門)에 나아가서 화의를 청하고, 명에 대하는 예를 대신 청에 행하기로 하고 또 왕자 2인을 볼모로 주고 청군을 돌려보냈다.

병자의 난에 힘이 워낙 모자라 굽히기는 하였지만 청에 대한 반항심은 이 때문에 더욱 드세지고 또 갈수록 치열하였다. 청은 인조 22년 연경(燕京; 지금의 베이징)을 빼앗고 들어가서 이전 명의 천하를 온통 물려받아 가졌고, 이와 함께 우리 두 왕자를 돌려보내 왔다.

제96장 나선을 물리치다

인조 재위 27년에 하세하고, 일찍이 인질이 되어 선양·연경으로 끌려 다니던 두 왕자 중의 한 사람인 봉림 대군이 자리를 이었으니, 이이가 효종이다. 효종은 타고난 모습이 영특하고 위대하여 나라의 힘이 나약함을 통한하였다. 또 청의 내부 사정을 잘 알기에 즉위한 뒤에 북벌 복수의 계책을 세우고, 송시열(宋時烈)·이완(李浣) 등을 데리고 부지런히 준비를 하다가 뜻을 펴지 못하고 10년 만에 하세하였다.

효종 대는 한참 러시아인이 모피를 획득할 목적으로 시베리아로 진출하는 데 바쁜 때였다. 효종 원년(1650)에 하바로프란 자가 거느린 원정대가 헤이룽 강에 다다라서, 다음해 봄에는 오른쪽 기슭인 야크사 하구에 군사적 식민 도시인 '알바진' 성을 건설하였다. 이에 그전부터 이 방면을 세력 범위에 거둬 가지고 있는 청과 충돌이 생길 수밖에 없었다.

효종 3년(1652)에 러시아인이 우수리 강 입구 아창(阿槍; 아찬)인의 땅에 새로 기지를 건설하자, 청의 영고탑(寧古塔) 도통(都統) 해색(海色)이 병사 2천을 거느리고 와서 공격하다가 공이 없이 퇴각하였다. 도리어 이 방면에 대한 러시아의 경략이 국가 사업으로 전환되어서, 스테파노프란 자가 선구자로서 헤이룽 강으로부터 쑹화 강으로 내려가서 탐색의 걸음을 내켰다.

청나라 조정에서 북쪽 변경에 대한 걱정이 심상치 않았지만, 순구식의 청군만으로는 러시아인과 대항하지 못할 것을 깨닫고, 조선에게 조총 부대를 보내 지원해 줄 것을 요청하였다. 대개 임란 이후로 조선에서 조총 사용 군대의 양성에 관심을 기울이고, 효종 조에는 특히 북벌을 위하여 더욱 노력해 어느덧 조선 조총수의 명성이 높았기 때문에 이 힘을 입으려 한 것이었다.

효종 5년(1654) 4월에 조선에서 함경 우후 변급(邊岌)을 장수로 삼아 조총수 이하 48명을 거느리고 영고탑으로 들어가게 하여 청나라 장수 명안달리(明安達哩)의 부대에 끼어 출전하였다. 28일 후통강(厚通江; 쑹화 강과 헤이룽 강의 합류점 부근)상에서 스테파노프의 무리와 만나 교전하였다.

러시아군은 뜻하지 않은 총포에 사상자가 속출하는 것을 보고 크게 놀라 싸우는 둥 도망하는 둥 하다가 5월 5일에 마침내 바람을 타고 멀리 도망가 버렸다. 이때까지 어디 가나 적이 없던 러시아인이 처음으로 몽둥이를 맞고 쫓겨 가고, 조선 조총수는 청나라 사람들의 칭송을 받으면서 6월에 되돌아왔다.

다음해에 청이 혼자 1만 병력으로 러시아인의 거점인 후마얼 성을 쳤으나 소득이 없었고, 효종 9년(1658)에 다시 거병할 때 또 조선에 조총수 파견을 요청하자, 혜산 첨사 신류(申瀏)에게 북변(北邊) 9읍 조총수 2백 명과 군속 60명을 거느리고 가게 하여, 3월 19일 영고탑에 이르러 청 장수 사이호(沙爾虎)의 대군에 합류하였다.

그리하여 5월 15일 승선하고 쑹화 강으로 내려가다가 헤이룽 강과의 합류점에서 스테파노프의 선대(船隊)를 만나 여러 번 접전하여 승리를 얻고, 마지막에는 불화살로 적선의 화약고를 폭발시켜 10척이 엎어지고 겨우 1척이 도망갔다. 이 와중에 스테파노프가 죽고 남은 무리는 이리저리 흩어져 원정대 전부가 아주 궤멸해 버렸다.

7월 10일 회군하여 영고탑에서 한참 호궤(犒饋)를 받다가 12월 15일에 두만강을 건너 개선하였는데, 청나라는 이루 말할 수 없이 감사해 했다. 이 이후 여러 해 동안은 헤이룽 강에 러시아인의 그림자를 보지 못하였다. 그때 문적에 러시아인을 나찰(羅刹; 로차)이나 나선(羅禪; 로센)이라고 썼기 때문에, 이 두 번의 정벌을 나선 정토(征討)라 한다.

제97장 대동법과 상평통보

이씨 조선의 모든 제도는 대개 고려의 옛 틀을 받은 것이고, 새로 변통한 것이라도 이미 3백여 년을 지내는 동안에 실제에 맞지 않는 것이 많았다. 더욱이 양대 국난을 치른 뒤에 국가 재정과 민생이 워낙 곤란하였기에 경제 방면에서 개선의 요구가 가장 간절하였다.

조선에서는 공(貢)이라 하여 지방의 물산을 현물로 중앙에 진상케 하였는데, 공은 지방민의 큰 부담이고 또 중앙의 수요와 지방의 공납이 서로 일치하지 않아 공물이 넘치거나 모자라고 혹은 썩어 못 쓰게 되어 말썽스러운 일이 많았다. 그 때문에 공물로 서울에 온 것을 팔아 버리고 서울에서 새로 사서 바치는데, 이러는 동안에 여러 가지 폐단이 있어서 공물은 또 지방 인민의 큰 고통이었다.

진작부터 이것을 적당한 방법으로 고치자는 의론이 있다가 광해왕 즉위 초(1608)에 영의정 이원익(李元翼)이 1년간 상공(常貢)의 대가를 산출하여 이것을 전결(田結)로 나누어 배당하고, 전세(田稅)와 한가지로 1결에 쌀 얼마를 받아서 그 수입으로 중앙과 지방 관청의 소요 물품을 일반 상인에게 구입하는 안을 세웠다.

이것을 대동이라 이름 붙이고, 먼저 경기도부터 시험적으로 실시하기를 요청하였다. 이 말을 좇아 우선 선혜청을 두어 관련 사무를 보게 하였는데, 그 성과가 좋아서 인조 2년에는 강원도, 효종 3년에는 충청도, 효종 8년에는 전라도, 숙종 3년에는 경상도, 숙종 34년에는 황해도에 차례로 실시하였다.

이 법은 내외의 수요를 함께 통하게 한다 하여 대동(大同)이라 이름하고, 인민에게 자비로운 정치를 베푸는 것이라 하여 그 사무처를 선혜청이라고 했다. 대동법은 과연 공납 제도의 폐를 제거하기에 매우 유효하였으며, 선혜청에 있는 대동미의 수입은 국고 수입의 제1위를 차지하였다.

고려의 성종이 철전을 주조해 유통을 꾀
하였으나 곧 폐지되고, 숙종과 예종이 다 철
전 사용을 장려하였으나 또한 성공되지 못
하고, 뒤에 은병(銀瓶)을 썼으나 이 또한 보
급되지 않았다. 이조에서도 저폐(楮幣)·은

상평통보

병·전폐(箭幣) 등을 만들었으나 다 계속 유통되지 않아 고려 이래
로 오래도록 면포가 통화 노릇을 하였다.

인조 11년(1633)에 철전인 상평통보(常平通寶)를 주조하여 유통의
길을 조금씩 넓혀갔다. 숙종 4년(1678)에 이르러는 새로 주전도감
(鑄錢都監)을 두고, 또 상평청 이하 내외 각 영문(營門)에서 상평통보
를 많이 주조하여 와짝 상하에 통용하게 하였다. 이때부터 금속 화
폐가 영구히 유통되었다.

효종조에는 왕이 일찍이 중국에서 보고 온 수차(水車) 이용법을
민간에 보급하기 위하여 꾸준히 노력하였으며, 현종조에는 오래
버려두었던 신라 이래의 보(洑)를 수축하고 제언사(堤堰司)를 두어
길이 이 일을 관장하게 하였다.

제98장 탕평

경제 곤란이 일반으로 심각하여지는 가운데 벼슬아치 계급에는
벼슬자리 다툼이 염치를 무릅쓰고 일어나, 이것이 종래의 당론을
빙자하여 그전에 보지 못하던 치열한 싸움을 일으켰다. 효종이 재
위 10년에 하세하자 인조의 계후(繼后; 효종의 계모)가 무슨 복(服)을
입어야 옳으냐는 문제로 조정에서 서인과 남인의 사이에 쟁의가
일어났다.

서인에는 송시열(宋時烈)과 송준길(宋浚吉)이 영수가 되고 남인에는 윤휴(尹鑴)와 허목(許穆)이 영수가 되어 엎치락뒤치락하고, 이 끝이 점점 엉키어서 현종 당대 15년간과 숙종 20년경까지 전후 35년 간에 일어섰다 거꾸러졌다 하여 추태가 극심했다.

　특히, 숙종 6년(1680)에 남인 중에 역모자가 있다 하여 남인이 서인에게 몰려나갈 때에는 패자의 처참함이 이루 말할 수 없어 무고하게 연루되는 자가 1년에 천을 헤아렸다. 이것을 경신 대출척(庚申大黜陟)이라 한다. 숙종 14년에 왕의 총애를 받던 장 희빈이 낳은 아들을 세자로 책봉하는 문제로 서인이 쫓겨나고 남인이 장 희빈을 업고 한참 득세하더니, 숙종 20년에 이르러 왕이 마음을 돌려 서인을 등용하고 이때부터 서인이 항상 중용되어 형세가 일변하였다.

　이 동안에 서인의 중심은 송시열이었다. 경신 대출척의 결과로 조정에 크게 임용되어 권세가 당대를 기울였다. 한편으로 소장파 중에 반감을 가지는 자가 있었다. 숙종 9년(1683)에 이르러 송시열과 박세채(朴世采)·윤증(尹拯) 사이에 의견의 충돌이 생겨, 마침내 서인이 분열되어 송시열의 파는 노론이 되고 윤증의 파는 소론이 되었다.

　숙종 20년 이후의 쟁론은 대개 서인인 노론·소론의 대립으로 생겼고, 또 이때로부터 그전 같은 동인·서인의 이름은 없어지고 당파가 남북노소의 4파로 되어서 이를 사색(四色)이라 하였다.

　숙종의 말년은 노론이 권력을 전횡하다가, 소론이 받은 억울한 한이 다음 왕 경종의 즉위와 함께 폭발하여 당파가 생긴 이래 대참화가 생겼다. 곧 경종의 나이 30여 세에 고질이 있어 아들을 낳을 기미가 없자 다음 임금을 어느 편에서 붙잡느냐를 가지고 쟁투가 일어났다. 당시에 정권을 잡고 있던 노론이 왕의 동생 연잉군(延礽君; 후의 영조)을 세제(世弟)로 봉하여 중요 사무에 참여시키기를 청하여 왕이 이를 허락하였다.

소론이 이를 막을 양으로 한사코 반대하여 그 명을 거두게 하고, 주동자를 불충으로 논하여 몰아내고 대신 정권을 잡았다. 그러면서 노론의 무리가 시해를 꾀한다 하여 큰 옥사를 일으켜, 원임대신(原任大臣) 이이명(李頤命)·김창집(金昌集)·이건명(李建命)·조태채(趙泰采)를 죽였다. 이밖에도 죽고 귀양 간 사람이 수백 인에 달하였다. 이 일이 경종 원년 신축년부터 이듬해 임인년에 걸쳐 일어났기 때문에 이를 신임사화(辛壬士禍)라 이른다.

경종이 4년 만에 하세하고 왕세제였던 영조가 자리를 이었는데, 영조는

성균관 탕평비(서울, 종로)

당론 때문에 몸이 부대낀 만큼 당쟁의 참혹함을 깊이 알아 처음부터 두 파의 조화에 힘썼다. 당쟁의 여파로 영조 4년(1728)의 이인좌(李麟佐) 모반 이후로 반역 사건이 속출하자, 이를 경계하여 더욱 당쟁 해소에 고심하여 재위 52년간에 이른바 탕평(蕩平)에 전력하였다. 탕평이란 각각 사심을 버리고 올바른 길로 돌아가는 태도를 말한다.

다음 왕 정조가 왕위에 오르자 선왕의 뜻을 받아서 또한 탕평에 치력하여 비록 깊은 뿌리를 뽑지는 못하였으나 이 뒤에는 전과 같은 격쟁이 없었으며, 더욱 조정의 요직을 안분하여 비례적으로 사색(四色)에 고르게 하는 관례를 만든 것이 당론의 응어리를 삭히는 큰 힘이 되었다.

제99장 영조와 정조

영조는 영명하고 과단성이 있어서 오랜 재위 기간 중에 나라에 이롭고 백성을 편하게 하는 많은 계책을 실행하였다.

조선에서는 원칙적으로 국민개병제를 취하여, 16세 이상 60세 이하의 지방 인민이 번갈아 상경하거나 변방에 가서 역(役)을 맡는데, 번서는 자의 비용을 번 쉬는 자가 부담하기로 되어 포(布) 얼마씩을 내는데, 이것을 군보(軍保)라 한다. 또 군역은 상급의 양반과 하층의 천민을 제외한 양민만이 치르는 의무이므로, 군보의 부담은 양역(良役)이라 하고, 군보로 무는 포를 양포(良布)라 일렀다.

후에 인민에게 먼 길을 왕래시키는 것은 불편하다 하여, 인민은 보포(保布)나 물게 하고 실제의 군역과 국역(國役)에는 현지의 장정을 고용 사용하였는데, 이에 군보포(軍保布)는 병역 의무의 대가로 무는 일종의 납세가 되었다.

그런데 의무자들은 백방으로 도피하기에 힘쓰고 그에 반하여 소요 비용은 점차 늘어가게 되자 재원 유지를 위하여 퍽 억지스런 짓을 하게 되었다. 죽은 자를 산 사람으로 쳐서 부과하는 백골징포(白骨徵布)란 것, 유아를 장정으로 치는 황구첨정(黃口簽丁)이란 것, 족징(族徵)·인징(隣徵) 등 가혹한 방법이 바로 그것이다.

이 폐단을 고치려는 논의는 벌써부터 있어 왔지만, 재원을 충당할 묘안이 없어서 그대로 미루어 왔었다. 영조 26년(1750)에 왕이 단호한 결심을 가지고 모든 장애를 헤치고 이 개혁에 착수하였다. 궁중의 비용을 절감하고 국고 수입을 이전하고 기타 새 재원을 찾아내는 등 여러 가지 방법을 동원하여, 종래 2필이던 군보포를 1필로 반감하고 새로 균역청을 베풀어 부역 균등에 필요한 방책을 강구하여 실시하게 하였다.

한양의 개천(開川)이 오랫동안 모래에 덮이고 또 좌우 둑이 분명치 않아 해마다 수해가 났다. 영조 36년(1760)에 군정(軍丁)을 풀어서 바닥을 파내고, 우선 버드나무를 엮어서 둑을 만들고, 이를 위해 준천사(濬川司)를 설치하여 매년 다시 준설하게 하고, 다시 여러 해 재력을 기르다가 영조 49년(1773)에 기어이 석축으로 양쪽 둑을 쌓았다. 이는 실로 왕의 고충이 있었기에 성공한 것이었다.

영조는 또 다방면으로 정치 개혁에 힘썼다. 압슬(壓膝)·전도주뢰(剪刀周牢)·포락(炮烙) 등 악형을 제거하고, 장(杖)을 다시 만들어 팔도에 반포하고, 사형수에게는 3심제를 시행하게 하였다. 서얼 소통을 신칙하고, 농업과 양잠을 권하고, 사치를 금하고, 미신을 배제하였다. 백두산을 조종의 산이라 하여 북악으로 삼아 제사를 모시게 하였다.

다만 중년 이후로 후궁 소생의 세자와 철모르는 계비 정순 왕후 김씨와 왕이 총애하던 숙의 문씨와의 삼각 알력 중에 총명이 가끔 가려지고, 참소로 인하여 세자를 따로 거처하게 하다가 영조 38년(1762)에 마침내 폐하여 서인을 만들어 뒤주 속에서 고민하다가 죽게 하였다. 이 가정적 불행이 왕의 말년을 답답하고 우울하게 하였고 또 여러 가지 정치적 파문을 그려 내었다.

영조는 죽은 세자의 아들을 세손으로 책봉하여 정무에 참가하게 하다가 재위 52년에 하세하고, 세손이 즉위하자 외척으로 전횡하던 자와 궁중을 혼탁하게 하던 자들을 한꺼번에 제거하여 궁궐이 자못 깨끗하였다. 그러나 한편으로 예전 궁중이 위난에 빠져 있을 때에 세손의 신변을 호위하여 공을 세운 궁료(宮僚) 홍국영(洪國榮)을 총애하고 신임하여 이른바 세도란 것을 열었다. 세도란 왕의 위탁으로 정권을 대행하는 지위를 의미하는 것으로, 이 뒤 오랫동안 조선 정치의 한 변형을 만든 것이다.

정조는 총명 호학하고 영조의 치적을 잘 이어받아 실천하여 조손(祖孫) 양대에 여러 방면으로 국정이 일신하여졌다. 그러나 그 개혁은 대개 형식적인 정치에 한하는 것이고, 국가 실력의 함양은 의연히 등한시되어서 마침내 국운을 반전시키기에는 이르지 못하였다.

제100장 문화의 진흥

중국에 힘입어 문학이 생긴 뒤로 학문이 곧 중국의 문학이나 경술(經術)을 의미하였다. 이씨 조선 또한 이 폐를 벗지 못하다가, 왜란과 호란 이후에 자아 사상이 선명해지면서 조선의 본질을 알고 실제를 밝히려 하는 경향이 깊어지고, 영조와 정조 때에 이르러 드디어 학풍이 일변하였다.

효종과 현종 때에 유형원(柳馨遠)이 성리학과 과거 시험 문장이 성행하던 분위기 속에서 일평생 조선의 실지를 연구하고 여러 가지 저술을 남겼는데, 특히 『반계수록(磻溪隨錄)』26권에 고래의 사실에 의거하여 조선 경제를 개조할 방책을 제시함으로써 실로 신학풍의 선구자가 되었다.

그 뒤를 이어 숙종과 영조 때에 이익(李瀷)이 나와서 더욱 실증 실용의 학문을 이끌었다. 이 학풍이 널리 퍼져 영조 이후에는 학자는 물론이고 단순한 문사라도 실용적·내성적 태도를 지녀 조선 연구의 호수물이 와짝 넘치게 되었다. 안정복(安鼎福)·신경준(申景濬)·이만운(李萬運)·유득공(柳得恭)·한치연(韓致淵)·이중환(李重煥)·이긍익(李肯翊) 등이 대표적 인물이고, 정조 말의 정약용(丁若鏞)에 이르러 최고봉을 보였다.

자기에 대한 성찰이 진행됨에 따라 조선의 결함과 그것을 교정하고 구제하는 방책을 생각하는 학풍이 일어났다. 그중에 두드러진 것은 조선을 구하려면 먼저 경제면에 손을 대야 할 것이고, 그

유형원의 「반계수록」

러려면 외국인의 실제 생활에서 좋은 점을 배우고, 특히 진보한 교통과 무역의 실제를 본뜨자 하는 일파가 생겨, 우선 북으로 중국에서부터 배우자 하였다 하여 이들의 주장을 북학론(北學論)이라고 부른다.

북학론자는 박지원(朴趾源)·홍대용(洪大容)·이덕무(李德懋)·박제가(朴齊家) 등 당시에 식견과 문학으로 다 뛰어난 사람들이다. 불행히도 크게 실현되지는 못했지만, 중국의 실지를 직접 답사하여 우열을 변증한 내용들은 당대의 인심을 자극하는 효과가 컸다. 북학파의 대표적 의견은 박지원의 『열하일기(熱河日記)』와 박제가의 『북학의(北學議)』에 실려 있다.

조정에서는 영조와 정조가 다 학문을 숭상하는 임금이고, 정조는 자신이 또한 문장에 능하여 수많은 저술과 편찬과 간행이 뒤받쳐 계속 이어졌다. 내용 또한 시대의 대세에 응하여 조선의 법식과 전고에 관한 것이 많았다.

영조조에는 『경국대전』·『오례의(五禮儀)』·『병장도설(兵將圖說)』 등의 개수 보완에 이어, 영조 46년(1770)에 『동국문헌비고(東國文獻備考)』 240권이 완성되었다. 정조조에는 『국조보감(國朝寶鑑)』 68권, 『대전통편(大典通編)』·『무예도보통지(武藝圖譜通志)』·『동문휘고(同文彙考)』·『해동읍지(海東邑志)』·『규장전운(奎章全韻)』·『전운옥편

(全韻玉篇)』・『오륜행실(五倫行實)』 등이 편찬 간행되고, 정조 자신의 저술로 『홍재전서(弘齋全書)』(191권)이라는 거질이 있었다.

제101장 인삼의 발달

인삼은 조선 고래의 유명한 산물로, 기사회생의 신약이라 하여 중국과 일본에 대대적으로 수출되었다. 신라·고려로부터 이씨 조선의 전기에 걸쳐서는 외교상의 예물로 선사하다가 중엽 이후로 저들의 수요가 커져서 드디어 교역품의 주종을 이뤘다.

압록강 상류 지대와 강원도 방면을 중심으로 나라 안 백여 곳의 산지로부터 산삼을 바치게 하여 연간 5,000~6,000근 내외를 확보하고 이를 외교용과 무역용 물품으로 충당하였다. 이로써 중국에서는 주단이나 기타 물품을 바꾸어 오고, 일본에서는 은과 동 그리고 기타 물품을 사들여 공적 사적 필수품을 확보하였다.

인조 이후 영조의 대에 걸쳐서는 이것을 국제 화폐로 하여, 중국의 생사(生絲)와 일본의 은을 교역하여, 의주의 청시(淸市)와 동래의 왜관으로 왕래하면서 되넘기 장사를 하였다. 그러는 동안에 막대한 이윤이 나라 안으로 떨어져서 오랫동안 국가 경제를 버티어 갔다. 이것은 실로 다 인삼 덕분이었다.

이조 전기의 왜관 무역에는 목면을 수출품으로 삼다가 뒤에 일본에서 목면 재배가 보급되면서 상품 가치를 잃게 되었다. 이즈음에 일본인의 인삼에 대한 인식이 와짝 자라서 해마다 수요가 늘어 연간 3천 근을 돌파한 일도 있고, 부르는 게 값이어서 목면 시대 이상의 이익이 우리에게 생겼다.

그러나 숙종 말경부터 그들이 인삼을 직접 재배하여 자급하기로 계획하여, 조선의 인삼 종자를 얻어다가 고심 재배하여 마침내 영조 10년 전후에 성공하게 되자 이때부터 삼의 수요가 점점 감소하였다. 게다가 정조조에 들어 와서는 그전에 조선을 거쳐 중국의 생사를 구입하던 것을 나가사키(長崎)로부터 중국과 직접 무역하여 왜관 무역이 갑자기 쇠퇴하였다. 이는 실로 조선 경제에서 큰 위기였다.

다행히 북방 중국 무역에서는 인삼의 수요가 계속 늘어만 갔는데, 여기에는 큰 걱정이 있었다. 남채로 인해 자연산 삼만으로는 결코 소요량을 공급할 수 없었던 것이다. 조선에서도 영조 전후로부터 경상도와 전라도 산간에서 삼을 기르는 사람이 있었는데, 정조조에는 이 풍조가 각지로 퍼져나갔다. 특히 개성에서는 토질이 잘맞아 성적이 가장 좋아지자, 개성 일대에서 삼 재배업이 발달하여 하마터면 고갈할 뻔한 삼 자원이 별안간 엄청나게 많아져 부족함이 없게 되었다.

그래서 개성의 삼이 '고려 인삼'이란 이름으로 중국 시장을 상대로 장사하여 국가 경제의 버팀목을 독차지하게 되었다. 중국 쪽의 요구에 따라 만들어진 홍삼(좋은 삼을 골라 쪄서 벌겋게 만든 특수품)의 발달이 고려 인삼의 품위를 더욱 높게 하여 절대적인 권위를 가졌다. 동시에 시장 가치도 그대로 커져서 수출이 천 단위에서 만 단위로 늘고 다시 3만~5만의 질(秩)을 돌파하여 갔다.

제102장 김씨 세도

정조가 재위 24년에 죽고 11세의 순조가 즉위하였다. 영조의 후비인 안동 김씨가 대왕대비로 수렴청정하고, 그의 본가 쪽 김조순(金祖淳)이 도와줄 임무를 맡게 되어 외척 김씨의 세도가 시작되었다. 왕이 또 김조순의 딸에 장가들었는데(純元王后), 이 뒤의 헌종은

8세에, 철종은 19세에 즉위하여 다 순원 왕후의 수렴을 받았고, 또 장가는 다 안동 김씨에게 드니 이후 3대 60년간 세도가 그 한 집안의 수중에서 왔다 갔다 하여 외척 정치의 시대가 되었다.

김조순은 온후하고 근신하여 오히려 큰 줄거리를 잘 지켰지만, 집안끼리의 사이에 알력이 끊이지 않고 요로에 서는 자는 교만하고 사치를 부리며 백성의 재물을 탐하기를 일삼아서 나라일이 날로 글러졌다. 게다가 재해와 기근이 잇따라 발생해 민생이 몹시 피곤하여 불안한 공기가 내외에 서렸다.

순조 11년(1812) 12월에 용강 사람 홍경래(洪景來)가 가산 다복동을 근거로 하여 가만히 무리를 모으고 평서대원수(平西大元帥)란 이름으로 격문을 관서 일대에 전하여, "서도 땅은 단군과 기자의 옛 땅인데도 조정이 경시하고, 더욱이 지금은 어린 임금이 왕위에 있고 김조순과 박종경(朴宗慶)의 무리가 국정을 그르치고 있다. 우리 서도 사람들이 분기하여 국내를 맑게 할 것이다."며 난을 일으켜 가산과 선천을 빼앗고 이듬해 정월에 정주성에 웅거하자 청천강 이북이 많이 호응하였다.

조정에 소식이 닿자 크게 놀라서 이요헌(李堯憲)을 양서 순무사로 하여 가서 치게 하였다. 그러나 정주성의 수비가 강하여 오랫동안 굴복시키지 못하다가, 4월에 땅굴을 파고 화약을 폭발하여 겨우 성을 빼앗고 홍경래를 죽이고 난을 평정하였다.

순조 27년간과 헌종 15년간을 지나 철종에 이르러서는 기강이 더욱 풀리고 백성들의 원성이 점점 높아졌다. 철종 13년(1862) 2월에 진주의 백성들이 흰 수건에 죽창을 들고 봉기하여 토호와 부호를 습격하여 죄를 물었다. 이에 사방이 호응하여 4월에는 부산에서 소요가 일어나고, 이어 개령·함평·함흥이 뒤를 대어 변란을 일으켰다.

조정에서 사태를 크게 걱정하여 한편으로는 박규수(朴珪壽)를 안

핵사로 보내서 백성의 억울한 일을 조사하여 바로잡게 하고, 한편으로는 원성의 표적이 된 전정·군정·환곡 등 이른바 삼정의 폐를 고치려고 급히 이정청을 두었다. 또 관리와 유생을 궐 안에 모아서 임금이 친히 삼정을 바로잡을 대책을 묻는 등의 성의를 보여서 여러 달 만에 겨우 진정되었다.

제103장 세계의 소식

순조·헌종·철종 무렵에 서양 세력이 더욱 드세게 동양으로 침투해 왔다. 동양의 정세 변화를 예측하기 어려웠고, 벌써부터 세계의 풍조는 동방의 숨겨진 나라 조선에도 밀려와서 연방 새 소식을 전하였는데도 조선은 문을 굳게 닫고 모르는 체하였다. 그러나 전에 없었던 기술과 물건이 넌짓넌짓 흘러 들어와서 참으로 모르는 체하고만 있을 수도 없는 형편이었다.

인조 9년(1631)에 견명사 정두원(鄭斗源)이 돌아와서, 서양인 로드리게스에게서 얻은 서양 화포, 염초, 천리경, 자명종과 기타 천문 기구와 도서, 『만국전도』, 서양국 풍속기 등 도서를 나라에 바쳤다. 청에 인질로 가 있던 두 왕자가 베이징에 있으면서 서양인 아담 샬과 교유하여 천문학과 천주교 등을 논했고, 돌아올 적에는 수많은 서적과 함께 지구의와 천주상 등을 가져왔다.

이러한 관계로 서양 역법이 정밀하다는 것이 진작부터 알려져 사행 때마다 역관이 따라가서 배우려다가 얻지 못하고, 효종 2년(1651)에 김상범(金尙範)이 큰 뇌물을 주고 베이징의 흠천감(欽天監)에서 그 기술을 배워다 효종 4년에 이르러 서양 역법을 실행하였으니, 이것이 시헌력(時憲曆)이란 것으로서 서양의 문물을 실제에 채용한 시초이다.

홍이포
효종 대에 조선에 표류한 네덜란드인들이 만든 포이다. 홍이(紅夷)는 네덜란드인을 부르는
말이다.

시헌력을 시행한 효종 4년(1653) 7월에 이양선 한 척이 제주로
표착하여, 파란 눈에 높은 코, 노랑머리에 단발을 한 이양인 36명
이 모래톱으로 기어 올라왔는데, 바다를 지키던 병사가 이들을 발
견하고 잡아서 서울로 올려 보냈다. 이들은 이 해 양력 연초에 네
덜란드에서 출발한 상선의 조난자 64명 중 생존자들이었다.

경성에서는 이들을 금군(禁軍)에 편입하여 두니, 그들 중에 어떤
사람이 신식 대포를 만들었는데 이것을 '홍이포(紅夷砲)'라고 불렀
다. 홍이는 당시 네덜란드인을 부르는 이름이었다. 14년 동안 거주
하다가 현종 7년(1666)에 그중 8명이 나가사키(長崎)로 도망가서 고
국으로 돌아가고, 다다음해(1668)에 그들 중 핸드릭 하멜이란 자가
조난기를 저술하여 암스테르담에서 출판하였다.

순조 이후로는 남해상에 서양 선박의 왕래가 더욱 빈번하여, 물
을 얻기 위해 제주 땅에 내린 일이 있고, 순조 원년(1801)에는 남양
흑인 5명을 내려놓고 간 일이 있는데 그들이 이내 영주해 버리기

도 하였다. 순조 16년(1816)에는 잉글랜드선 2척이 비인현 마량진에 정박하여, 임검하는 지방관이 배 안의 광경에 눈이 둥그래진 일이 있었다.

순조 32년(1832)에 잉글랜드선 1척이 홍주 고대도 뒷바다에 와서 서양포와 천리경 등 본국 물품을 교역하려다가 응하지 않자 빈손으로 돌아간 일이 있었다. 헌종 이후로는 잉글랜드와 프랑스 등의 선박이 우리 연해를 시도 때도 없이 측량해서 그때마다 해변의 정세가 소란하였다.

한편 국외에서는 헌종 8년(1842)에 청이 아편 전쟁에서 패하여 난징 조약으로 홍콩을 영국에 베어 주고, 광저우(廣州)·푸저우(福州)·닝보(寧波)·샤먼(廈門)·상하이(上海) 등 5항을 개방하였다. 철종 9년(1858)에 러시아는 아이훈 조약으로 청나라로부터 헤이룽 강 이북의 땅을 얻었다. 철종 11년(1860)에는 청국이 영·불 두 나라와 싸웠다가 패배하여, 베이징 조약으로 서양인의 포교를 공인하였다. 한편 베이징 조약을 알선한 보수로 러시아는 청국으로부터 우수리 강 이동의 연해 지방을 얻었다. 이 결과로 조선이 두만강을 사이에 두고 러시아와 국경을 서로 접하게 되었다.

이러한 가운데 순조 24~25년(1824~1825)경에 감자가 두만강을 건너 북관으로 들어와서 민생에 큰 보탬을 주었고, 헌종 14년(1848)에는 아편이 압록강으로부터 흘러 내려와서 무서운 해독이 나라 안에 퍼지려 하였다.

제104장 천주학이 퍼짐

인조 이후로 천주교 서적이 베이징 쪽에서 흘러들어와 더러 선비들 사이에 퍼지다가 숙종조에 들어와서는 천주교 신자가 생겼다. 특히, 숙종 말에 남인이 세력을 잃고 정권이 서인의 새 분파인 노론과 소론 사이로만 오가자, 남인들은 차차 활력을 다른 방면으로 돌려쓰기 시작하였다.

유형원 이하 신학문을 주도하는 자들이 남인 중에서 많이 나오는 한편, 남인은 지식을 흡수하는 데 전력하여 중국 방면의 새 서적을 남보다 먼저 얻어 보았다. 이러한 중에 천주학과의 인연 또한 깊어서 천주교가 남인을 중심으로 자못 널리 유포되었다.

영조의 탕평 이래로 남인이 조금씩 등용되고, 정조조에는 남인인 채제공(蔡濟恭)이 왕의 후대를 받아서 재상 자리에 오르고 이어 그와 가까운 사람들이 요직을 가지게 되었는데, 이에 남인 중에 뜻을 이룬 사람과 그렇지 못한 사람이 서로 밀어내려 하였다. 이런 참에 채제공파 안에 천주교인이 있다는 걸 비채제공파가 들추어내 사학(邪學) 배척을 표방한 남인끼리 자중지란이 일어나고, 한편으로 서인 중에 채제공을 미워하는 사람들이 비채제공파에 가담하여 불길을 돋우었다.

천주교에서 조상 제사를 금하는 것은 유교 윤리에 어긋나므로 당시의 국민 도덕에 비추어 보면 어쩔 수 없이 천주교를 사학으로 배척해야 했다. 정조 15년(1791)에 이른바 첫 번째 사교의 옥사를 일으킨 뒤로, 순조 원년(1801)과 헌종 5년(1839)에 거푸거푸 큰 탄압을 더하였다.

이 동안 조선의 천주교도는 베이징에 있는 천주교 주교에게 선교사 파견을 요청하여, 정조 18년(1794)에 중국인 선교사 주문모(周文謨)가 몰래 압록강을 건너 입국하였다가 신유교옥(辛酉敎獄)에 잡혀 죽었다.

이 뒤 교도들이 로마 교황에게 주교 파견을 연신 간청하여 순조 31년(1831)에 조선교구가 독립되었다. 그 결과로 헌종 2년(1836)에 프랑스인 선교사 모방(Maubant), 1838년에 샤스탕(Chastan), 앵베르

(Imbert) 등이 차례로 잠입하여 교세 확장에 종사하다가 기해교옥 (己亥敎獄)에 교도 30여 명과 함께 순교하였다. 그러나 그럴수록 교세는 비밀리에 지속되다가, 철종조에 이르러 금지령이 풀리자 다시 불길처럼 일어났고 서양 선교사들도 자꾸 들어와서 신도가 전국에 퍼지게 되었다.

무릇 세계 기독교 포교사를 보면 대개는 선진국이 그 나라에 들어가서 비상한 노력으로 포교하는 게 보통이다. 그런데 조선인은 남이 와서 권하기 전에 스스로 신앙의 길을 트고 자진하여 선교사를 맞아온다, 교구를 세워달라 하는 것은 다 유례를 볼 수 없는 일이다. 또 잇따른 교난으로 줄줄이 희생되었지만 위력에 눌려 신앙을 버리는 이가 거의 없고, 같은 집안의 부인이나 어린이까지도 웃음을 머금고 제집으로 돌아가듯 선뜻 순교하였다. 이 또한 순교사상에 보기 드물게 장렬하였다.

채제공

한편 정조조에는 교도 탄압과 함께 베이징 방면으로부터 신학문 관련 서적의 수입을 금지할 뿐 아니라, 민간의 서양 서적은 물론이고 궐 안과 사고에 감추었던 것까지 다 꺼내어 불 지르니, 이때부터 조선인은 세계를 보는 눈이 가려서 정신을 새롭게 할 인연이 없어졌다.

제105장 신학술

개명으로 가는 세상의 흐름은 나라에서 막는다고 될 일이 아니어서 서양의 신학문이나 서적은 민간에 꽤 골고루 흘러들어 오고, 그것을 추론하여 넓힌 저술과 응용하여 이루어진 제작이 순조 이후에 속출하였다.

순조·헌종·철종 사이에 걸쳐 이규경(李圭景; 이덕무의 손자)은 떠돌며 지친 가운데에서도 널리 찾아내는 공을 쌓아서, 동서고금 천지 만물을 변증하여 『오주연문장전산고(五洲衍文長箋散稿)』 60권을 찬술하였다. 그중에는 중국에서 생긴 서양 선교사들의 번역서에 의거하여 서양의 신학설과 새로운 물건들을 소개한 것이 많았다.

이규경과 거의 동시대에 최한기(崔漢綺; 崔恒의 후손)는 명문가에서 태어났고 문학이 넉넉하였지만 벼슬에 나서지 않고 오로지 학문과 저술에 종사하며, 특히 서양 학설을 완미하고 전하는 데 힘썼다. 그의 저작인 『명남루문집(明南樓文集)』 1천 권 중에는 『신기통(神氣通)』·『추측록(推測錄)』과 같은 철학류로부터 『성기운화(星氣運化)』(천문서)·『지구전요(地毬典要)』(지리서)·『신기천험(身機踐驗)』(생리 심리서) 등 격물치지 방면에 관련된 신학(新學) 관계 서적들이 많이 들어 있다.

예로부터 조선에는 지도에 대한 업적이 많았지만, 선조 이후 서양 선교사가 정밀 측량한 세부 지도를 전래하면서 그 기술을 채용하기 시작하여 위치와 거리 표시가 더 크게 정확해졌다. 영조조의 문신 정항령(鄭恒齡)의 집에 『동국대지도(東國大地圖)』가 있었는데, 백리척을 응용하여 산천과 도로가 다 두루 갖추어져 있어서, 나라에서 들여다가 여기에 의거하여 『전국통도(全國通圖)』와 『팔도분도(八道分圖)』 등 여러 가지를 만들어서 국가의 장고(掌故)에 갖춘 일이 있었다.

헌종과 철종의 사이에 김정호(金正浩)가 나왔는데, 본디 이름 없는 서민으로 지도학에 돈독한 뜻을 품고 평생 온 나라의 산천 읍락을 두루 다니며 실지를 조사하여 『대동여지도(大東輿地圖)』 22첩과 『대동지지(大東地志)』 16권을 만들었다.

지도는 자기 손으로 조각하여 철종 12년(1861)과 고종 1년(1864)에 두 번 간행하였는데, 도식이 지극히 정밀하고 또 눈금마다 정(正)으로 10리, 사(斜)로 14리로 하고, 편마다 세로 120리, 가로 80리를 수용하여 거리 표시를 가장 정확하게 하려 하였다. 김정호는 순조 34년(1834)에 이미 「남북항성도(南北恒星圖)」와 「지구전후도(地球前後圖)」를 간행한 일이 있는데, 그 기술이 대개 서양의 방법을 응용한 것이었다.

제106장 민중의 각성

왜구가 침입해도 시원히 물리치지 못하고 정치가 어지러워도 바로잡을 줄 모르면서 권력 다툼에만 눈들이 벌개 있는 위정자들을 보고는, 민중이 차차 정치를 신뢰하지 않고 스스로 새 운명을 타개할 생각을 하였다. 그들은 현실 세계의 개혁에 앞서 관념적 국가의 건설을 생각하여, 언제부터인지 조선인의 머리 앞에는 '남조선(南朝鮮)'이라는 황금 시대가 기다리고 있다는 신념이 성립하였다.

현실 국토의 온갖 것이 아주 막다른 골에 들어가는 때에, 남방의 섬에서 위대한 인물이 출현하여 모든 일이 다 흡족하고 만민이 함께 즐기는 신천지를 만들어 낸다는 것이었다. 이 신앙이 있기 때문에 국가와 민족이 현실적으로 어떤 곤경에 빠질지라도 그들은 낙심 실망하는 일 없이 운명의 내일을 기다리고 나가는 정신적 탄력을 가졌다.

최제우 초상

이러한 민중의 경향을 반영하고 또 추진하는 것으로 소설이 있었다. 조선에서 소설의 발달은 대강 남조선 신앙과 발을 맞추어 진행하였다. 숙종 이후로 민중을 상대로 하는 통속 소설이 갑자기 성행하였다. 내용은 대개 외국에 대한 적개심과 조정이나 권력에 대한 반항 정신과 현실의 고통을 위로하려 하는 것으로, 미래 나라를 흔쾌히 구하려는 태도를 담은 것이 많고 또 신통한 사람이 요술을 부려 신세계를 출현시키는 경로를 그린 것이 널리 읽혀졌다.

이러한 민족 심리와 시대사조가 밀려 내려오는 가운데, 서양의 천주학이 들어와서 인심을 풍미하려 하는 데에 자극되어 대대적인 정신적 국민운동이 갑자기 일어났다. 그 한 예가 경주의 선비 최제우(崔濟愚)이다. 그는 진작부터 사상을 통한 개혁 운동에 뜻을 두고 전심전력으로 수양하며 도를 구하다가 철종 11년(1860)에 진리를 깨달았다.

그가 세운 신앙 체계는 조선인의 전통적 신앙 대상인 천주(하느님)를 주체로 하고, 유 · 불 · 선 3교의 정화를 한데 뭉쳐서 천인합일(天人合一)을 목표로 하는 것이었다. 그는 주문을 외고 정성을 다함으로써 무극대도(無極大道)로 돌아가 다함께 신천지를 개벽해야 한다는 가르침을 피압박민 중심으로 조용히 선전하였다. 그 교설을 스스로 동학(東學)이라 불렀다.

대개 천주학을 보통 서학이라 하는 데 대응한 것이고, 이른바 신천지는 남조선을 가리키는 것이었다. 오랫동안 구심적 경향을 가지고도 초점을 얻지 못하여 지향할 바를 모르던 민중이 동학의 말을 듣고는 마치 바른 길을 이제 얻었다는 듯이 몰려들어서 교세가 금세 만만치 않게 되었다.

본디는 비밀리에 번져 나가던 것이지만 차차 겉으로 드러나서 선비와 벼슬아치의 미움을 받고 또 천주란 말이 서학과 비슷하다는 의외의 의심을 사서, 철종 말년에 혹세무민이라는 죄목으로써 관가에 잡혔다가 이듬해에 사형당하였다. 그러나 시대가 요구하는 그 운동은 갈수록 사회의 저변으로 퍼져 갔다.

최근

제107장 대원군의 혁신

철종이 재위 14년에 아들 없이 하
세하고 영조의 현손인 흥선군의 둘
째아들이 왕위를 이으니, 이 사람이
곧 후일의 고종 태황제이다. 전례에
따라 흥선군은 대원군으로 진봉(進
封)되고, 왕의 나이 겨우 열두 살이
어서 대원군이 국정을 처결하게 되
었다.

흥선 대원군

대원군이 정권을 잡자 오랜 병폐
를 크게 바로잡으려 5백 년 이래의
큰 용단과 대개혁을 하였다. 우선 외
척으로 전횡하던 김씨를 억누르고,
사색 평등의 견지에서 오래 짓눌렸
던 남인과 북인을 등용하였다. 건국
이래 있어 온 지방적 차별과 계급적 제한을 깨뜨리고, 개성인과 서
북 양도인과 서민에게 중요한 벼슬자리와 책무를 주고, 썩어빠진
선비들의 소굴인 서원을 대부분 헐어 버렸다.

군포라 하여 상민만 부담하던 병역세를 호포(戶布)로 고쳐 양반
도 똑같이 부담하게 하며, 탐관을 엄징하며 유약한 기풍과 사치 풍
속을 엄금하였다. 이로써 60년간 김씨 세도 하에 침체하였던 공기
를 매우 깨끗하게 하였다.

그러나 강직하고 과단성이 있는 반면에 거칠고 난폭하여 온당
하지 못한 폐단도 적지 않았다. 고종 2년(1865)에 새 정부의 위엄을
나타내기 위하여 임진란 때 불탄 채 그대로 있던 경복궁의 중건에
들어갔다. 재원이 없자 인근 도민에게는 부역을 시키고, 그밖에 원

납(願納)이라 하여 부유한 백성에게 금전을 내게 하고, 당백전(當百錢)이라 하여 1매를 100문(文)으로 쓰는 돈을 발행하는 등 백성들의 원망을 크게 샀다. 그러나 수백 년의 창피한 꼴이 이 때문에 없어지고, 한국인의 건축 능력이 오히려 쇠퇴하지 않았음을 보여 주었다.

고종 4년에 왕비를 간택했는데, 종래에 외척이 권력을 행사했던 것을 미워하여 친정아버지가 없는 집안에서 맞아 온다 하여 민씨의 자식을 뽑아들였다. 이런 일은 대원군이 영민하고 총명하였기에 비로소 단행한 일이고 취지는 다 좋은 것이었으나, 이것이 그대로 후일 대원군이 실각하는 원인을 만들었다.

제108장 양요

천주교가 철종 이후로 무서운 박해를 받지는 않았지만 오히려 공개적으로 포교를 하지 못하여 기회를 엿보고 있었다. 철종 말에 청나라와 러시아간에 맺은 새 조약에 의해 조선이 러시아와 땅을 접하게 되고, 고종이 즉위한 해에 러시아인이 경흥에 와서 통교를 요청하였다. 조선이 크게 근심하여 거절할 묘책을 생각하다가 대원군이 천주교도를 여기에 이용하려 하였고, 천주교인 또한 이 기회에 신교를 공인받고자 하여 서로 왕래하며 획책하였다.

그러나 사정을 알고 보면 러시아인의 일은 급한 걱정이 아니고, 천주교도의 행동에는 대원군의 마음에 거슬리는 점이 있는데, 서학 배척자들이 대원군을 충동하여 고종 3년(1866) 정월에 제4차이자 전에 없는 천주교 대탄압이 일어나서 교도 다수와 프랑스 선교사 거의 전부를 잡아서 극형에 처하였다.

선교사 중의 한 사람인 리델이 몸을 빼 황해도 장연에서 중국의 즈푸(芝罘)로 가서, 텐진에 있는 프랑스의 중국 파견 함대에 이 참상을 보고하였다. 함대가 안남 방면에 일이 있던 까닭에 곧 출동하지 못하다 8월 15일에야 로스(P.G. Roze) 제독이 군함 3척을 데리고 인천 바다에서 강화 해협을 거쳐 한강으로 거슬러 올라 양화 나루까지 올라와서 제반 정세를 시찰하고 잠시 돌아갔다.

양헌수 승전비(인천, 강화)
전등사 안에 있다.

다시 9월 5일에 전함 게리에르 이하 5척을 데리고 인천 해상의 물치도에 와서 군사를 머무르게 하고, 9월 7일에 그중 한 부대가 강화도를 습격하여 우리 병장기와 서적을 약탈하였다. 9월 18일에 한양으로 향하려던 한 부대는 통진에서 한성근(韓聖根) 군에게 격퇴되고, 10월 1일에는 한 부대가 정족산성으로 올라오다가 양헌수(梁憲洙) 군에게 참패를 당하였다. 우리 군병은 사방에서 모여드는데 저희는 고립되어 어쩔 수 없다는 걸 알고 마지막 10월 4일에 강화에 불을 놓고 5일에 철수하였다. 이것을 병인양요(丙寅洋擾)라 한다.

고종 5년(1868) 여름에 미국 상선 셔먼 호가 홍수로 불어난 물을 타고 대동강을 거슬러 올랐다가 만경대에서 물이 빠져 배가 박히고, 양식이 궁하여 약탈을 하다가 우리 군민들에게 배는 불태워지고 사람은 몰살된 일이 있었다. 중국에 있는 미국 관리가 오랜 뒤에 어렴풋한 소문을 들었다.

고종 8년(1871) 4월에 사실을 알기 위하여 공사 로우와 아시아 함대 사령관 로저스가 군함 콜로라도 이하 5척을 거느리고 인천 해상에 와서 힐난을 개시하는 동시에, 24일에 강화 해협으로 침입하여 덕진과 광성 사이에서 우리 어재연(魚在淵) 군과 교전하여 서로 승부가 있었다. 그러나 미군이 머무른 지 한 달 남짓 지났어도 아무 다른 계책을 꾸밀 수 없자 5월 16에 싱겁게 퇴거하고 말았다. 이것이 신미양요(辛未洋擾)이다.

대원군은 수차 양요를 만났으나 번번이 물리치자 외국이 무서울 것 없다고 속단하여 척사척양(斥邪斥洋)의 결심을 새로 하고, "서양 오랑캐가 침입하는데 싸우지 않으면 화친하는 것이고, 화친을 주장하는 것은 나라를 팔아먹는 것이다. 우리들 만대 자손에게 경고하노라."는 내용의 척화비를 한양의 종로와 국내의 큰 길에 세웠다.

그러나 경복궁 중건 공사와 양요의 영향으로 나라 재원이 매우 곤색해지고, 고종 4년에 민비를 맞은 뒤부터 왕후를 중심으로 하는 세력이 형성되었다. 이리하여 대원군의 위세와 명망이 전과 같지 못하다가 고종 10년(1873)에 이르러 대원군이 드디어 정권을 왕에게 돌렸다. 이로부터 민씨의 세력이 차차 조정을 덮는 가운데 대원군과 민비와의 사이에 갈등이 심하여 여러 가지 변고를 빚어내었다.

제109장 외국 통교

일본이 도쿠가와 막부 말기에 구미와 통상 관계를 맺은 뒤로 우리가 그 속내를 의심하여 친교가 끊어졌다가, 고종 5년(1868)에 그 정권이 왕실로 돌아가자 새 정부가 그 사연을 통기하여 왔으나, 문자가 전과 같이 공손하지 않아서 대원군의 방침으로 이를 거절하여 왔다.

고종 10년(1873)에 대원군이 실각하여 조정의 논의가 차차 변하고, 12년에 일본 군함 운요 호(雲揚號)가 강화 앞바다에 닻을 내리자 우리 포대가 이를 포격하여 양국간에 분쟁이 일어났다가, 이참에 우리 외교 정책이 결정되어 고종 13년(1876) 2월에 우리 대표 신헌(申櫶)과 일본 대표 구로다 기요타카(黑田淸隆) 사이에 수호 조규 12개조가 성립하였다.

그 내용은 먼저 조선이 자주국으로서 일본과 평등함을 밝히고, 다음에 사절을 교환하며, 부산 외에 다시 한 항구를 열기로 한 것이다. 이 결과로 1876년 4월에 우리 수신사로 김기수(金綺秀)가 일본으로 가고, 1879년에는 일본 공사 하나부사 요시모토(花房義質)가 와서 공사관을 열고, 부산(1879) · 원산(1880) · 인천(1883)이 차례로 개항되었다.

신헌 초상
강화수호조약 체결시 조선측 대표였다.

원래 조선은 인조 15년(1637)에 청을 종주국으로 하여 세공을 보내게 되었지만 그것은 형식상의 일이고, 실제로는 일체의 정치 업무에 자유롭고 자주적이었기 때문에 자연히 분명한 독립국이었다. 그러므로 고종 초에 천주교도 학살과 미군함 소각 사건이 나서 프랑스와 미국이 교섭 상대가 누구이어야 하느냐고 청 정부에 묻자, 청이 교전과 강화의 권능은 조선의 자유라고 말하고 뒤에 일본에 대해서도 이러한 성명을 하여 강화 조약 제1조에 조선이 자주국임을 언명하게 된 것이었다.

그런데 이 조약 이후에 일본 세력이 조선에 퍼질 조짐이 보이자, 청국이 전날의 태도를 고쳐 조선을 각국의 균등한 세력 아래에 두기로 하고 조선에게 구미와의 통상을 권하고, 제일착으로 미국과의 수교 통상 조약이 고종 19년(1882)에 성립하였다. 여기에 뒤이어 1883년에는 영·독·청, 1884년에는 이탈리아·러시아와의 통상 조약이 차례로 성립하여 조선이 완전히 국제 무대에 나섰다.

제110장 임오 군변

외국과 통교한 뒤에 국내의 사조는 개국과 양이로 분열하고, 정계의 지표는 자주냐 청에 의존이냐로 대립하고, 한 쪽에는 대원군과 민씨 일족의 암투가 뒤얽혀 극도로 혼란하였는데, 세계 대세에 덜미 잡히는 제도 혁신이 어쩔 수 없이 시행되자 여러 가지 파란이 가끔 나라 형편을 불안하게 하였다.

고종 17년(1880) 12월에 통리기무아문을 신설하였는데, 대개 국제 교섭을 구제도만으로 처리하기 어려워졌기 때문이었다. 이듬해 1881년 정월에는 전 참판 조준영(趙準永) 이하 10인을 일본으로 파견하여 개화 정무를 시찰하게 하고, 2월에는 똑똑한 기술자 38명을 뽑아 텐진으로 보내 각종 기기와 병기 제조법을 학습하게 하고, 4월에는 장어영과 무위영을 신설하고 별기군을 편제하여 일본으로부터 육군 소위 호리모토 레이조(堀本禮造)를 초빙하여 신식 조련을 받게 하였다. 또 따로 관리들의 자제 백여 명을 사관생도로 뽑아서 훈련도감의 하도감(下都監)에서 신식 기예를 배우게 하였다. 이러한 일은 다 수구파 쪽에서 좋아하는 일들이 아니었다.

1881년 8월에 대원군의 서장자(庶長子)이자 왕의 이복형인 이재선(李載先)을 추대해 폐출과 함께 왜를 정벌하려고 음모하고 있다고 밀고가 들어와, 그 일당이란 사람들이 다 잡혀 죽고, 이 일로 이 재선도 사사되고 대원군의 집안이 다 현직에서 물러나게 되었다. 일반에서는 이는 실상 민씨네가 대원군의 지위를 더욱 위태롭게 하려고 지어낸 사건이라고 믿었다.

쇄국 배일주의자인 대원군과 수구파들이 작금의 조선의 상황에 분개하고, 또 새 군제 채용으로 이미 파면되거나 장래를 두려워하는 군사들이 개화당과 민씨에 대해 불평이 많은 상황에서, 1882년 6월에 구식인 훈련도감 군인들이 연체된 급료를 타는데 모래 섞인 거친 쌀로 주자 이에 군중들의 분노가 격발하였다.

이들은 바로 영문으로 돌아와서 각자 무기를 지니고 여러 부대로 나뉘어서, 한 부대는 대원군에게 사정을 하소연하고, 한 부대는 급료 책임자인 선혜당상 민겸호(閔謙鎬)의 집으로 달려들고, 한 부대는 탐학 불법하던 여러 민씨와 추종자들의 집을 들붓고, 한 부대는 하도감으로 가서 일본 교사 호리모토 레이조를 죽였다.

저녁 무렵에 한 부대는 소리를 지르며 서문 밖의 일본 공사관을 습격하였고, 이튿날 날이 밝자 다시 돈화문으로서 돌입하였다. 위해가 미치려 하자 민비는 변복하고 후문으로 탈출하여 여주·충주로 전전하며 피란하기에 이르렀다. 대원군이 변고를 듣고 입궐하여 겨우 진정시키고, 신설한 아문과 영문을 다 혁파하였다.

대원군이 잠시 정권을 잡고 있는데, 민씨네 당이 청의 이홍장(李鴻章)에게 구원을 청하자, 이홍장이 이를 기회로 삼아 조선 내정에 간섭하리라 생각하고, 7월에 정여창(丁汝昌)의 북양 함대에 오장경(吳長慶)이 거느린 병 3천 명을 실어 보냈다. 이어 속임수를 써 대원군을 붙들어서 정여창이 싣고 가고, 오장경은 부하 마건충(馬建忠)·장건(張騫)·오조유(吳兆有)·원세개(袁世凱) 등과 함께 경성에 주둔하여 하도감에 머무르면서, 원세개에게 난 후에 신설한 좌우 두 군영을 훈련하고 감독하게 하였다. 12월에 청국의 관제를 본떠서 외교 기구로 통리군국사무아문을 두고, 이홍장이 추천한 독일인 묄렌도르프를 고문으로 삼았다.

일본 공사 하나부사 요시모토 등은 난이 일어나자 스스로 공사관에 불을 지르고 인천으로 도망가서 영국 측량함을 얻어 타고 본국으로 돌아갔다. 일본 정부는 즉시 하나부사 요시모토에게 육해군 약간을 데리고 인천으로 와서 담판을 개시하게 하였으나 돌아갈 실마리를 얻지 못하다가 대원군이 청으로 붙들려 간 뒤에 이유원(李裕元)과 김홍집(金弘集)이 전권(全權)이 되어 7월에 제물포 조약을 맺어 해결하였다. 대개 배상금 50만 원을 내고, 일본 공사관에 호위병을 두고, 또 우리가 국서로 사과를 표하는 등의 조건이었다.

그래서 8월에 박영효(朴泳孝)를 특파대사로 하고 김만식(金晩植)·김옥균(金玉均)을 부사로 하여 일본에 가서 유감의 뜻을 표하였다. 이때 타고 간 배에 태극기를 처음 국기로 사용하였다. 8월 1일에 민비가 환궁하였다.

제111장 개화당의 작변

일반이 혼몽하여 세계 정세와 시대의 요구에 대하여 성찰이 없는 가운데, 고종 초에 벼슬도 이름도 없는 사람이 홀로 국가의 앞날에 깊은 우려를 품고, 나라 안 청년 중에 총명하고 준수한 이를 망라하여 세상 돌아가는 데에 핍절하게 지도해 주는 이가 있었다. 바로 유홍규(劉鴻逵; 자는 大致)라 하는 숨어 사는 선비였다. 유홍규는 특히 박영효·김옥균·홍영식(洪英植)·서광범(徐光範)·서재필(徐載弼) 등 청년 인재들에게 개혁 사상을 주입하여, 이들을 통하여 정치 혁신을 기도하였다.

1882년 가을에 박영효와 김옥균이 일본에 사신으로 가 있을 때,

우정총국(서울, 종로)
1884년 갑신정변이 시작된 곳이다.

가만히 일본과 연락하여 청국으로부터 구속을 벗어나고 개화의 본
보기를 일본에 취하기로 하고 돌아오자 나라에 국정 개혁의 의견
을 올렸다. 1882년 11월에 일본으로부터 기술자를 불러와 이듬해
1883년 1월에 전환국(典圜局; 주전소) · 기기국(機器局; 제조소) · 박문
국(博文局; 인쇄소) 등을 설비하고, 농잠 · 직조 · 채광 등 생산 사업을
권장하고 교통편을 여는 등 실적이 자못 컸다. 이 청년 개혁가군을
세간에서 개화당이라 하였다. 이들은 일부에서는 촉망을 받았지만
청과 청을 배경으로 하는 다수의 관리들은 좋아하지 않았다.

1882년 1월에 일본 공사 하나부사 요시모토가 경질되어 가고
다케조에 신이치로(竹添進一郎)가 대신 왔는데, 호위병 2백 명을 데
리고 있게 되었다. 개화당의 행동이 활발하면 할수록 수구파의 반
동이 크고, 또 배후에서 물과 불 사이인 일본과 청이 서로 시비를
붙여서 사사건건 충돌이 생겨 차차 양립하기 어려운 형세를 나타
냈다.

그러더니 홍영식과 김옥균 등이 일본의 권력 실세들과 연락을

취하여 반대당에 대하여 일대 강압을 주기로 하고 기회를 기다리다가, 고종 21년(1884) 6월 이후에 청국이 안남 사건으로 프랑스와 푸저우(福建) 해상에서 싸워 대패하였다는 기별이 들어오자 이 틈을 타서 드디어 거사하기로 하였다.

1884년 10월 17일(양력 12월 4일) 밤에 신설하는 우정국의 축하연을 전동(典洞) 청사에서 거행하여 내외 고관이 모였다. 홀연 근처에 화재가 나서 모인 손님들이 놀라 밖으로 나갈 때, 민씨 당의 중심인 민영익(閔泳翊)이 자객의 칼에 넘어지고, 이 틈에 김옥균과 박영효는 궁중으로 들어가서 청나라 병사가 변을 일으킨 것이라 하여 일본 병사의 호위를 얻어다가 왕을 경우궁으로 옮기고, 사관생도를 시켜 민태호(閔台鎬)·조영하(趙寧夏) 이하 중신 다수를 죽이고, 개화당 신정부를 수립하였다.

이튿날 저녁때에 왕이 창덕궁으로 돌아오고, 일본 병사가 일본 공사의 지휘 하에 궁중의 요소를 지켰다. 그러나 밤 동안에 사태가 변하여, 이튿날 19일 아침에 원세개의 병력 2천이 선인문으로 입궁하여 일본 병사와 충돌하여 종일 승강이한 끝에 일본 병사가 퇴거하고, 왕은 원세개의 군영으로 옮겨갔다.

대개 이번 변은 필요한 후원을 일본에 부탁하고 일으킨 것인데, 일본이 언약한 대로 하지 않아서 이 이상을 진행할 수 없어 20일에 일본 공사 이하가 격앙한 우리 민중의 습격을 받으면서 퇴거하였다. 김옥균·박영효·서광범·서재필 등도 이 틈에 끼어서 일본으로 망명하였고, 그 즉시 민씨 중심의 보수당 천하가 되고 23일에 왕이 비로소 돌아왔다. 이것이 갑신 시월의 변이다.

11월에 일본이 전권대사 이노우에 가오루(井上馨)를 보내서 보병 2대대의 호위 하에 경성으로 들어오자, 우리는 김홍집에게 교섭을 맡게 하였다. 여러 번 절충한 뒤에 조선이 일본에 사과 사절을 보내고, 일본 공사관 신축 부지와 비용을 담당하는 등의 조건으로 시월의 변의 수습을 마감하였다. 이것이 한성 조약이다.

이듬해 1885년 3월에 일본이 이토 히로부미(伊藤博文)를 대사로 하여 청에 가서 청의 책임을 묻자, 청이 이홍장에게 톈진(天津)에 모여 담판하게 하여, 드디어 양국이 조선 주둔병을 4개월 이내로 철퇴할 것과 장래에 조선에 변란이 있어 양국이 파병하게 될 때에는 서로 통지할 것 등을 약정하였다. 이것이 톈진 조약이란 것이다.

대개 갑신의 변은 해가 갈수록 내면에서 갈등을 겪던 청일 양국의 세력이 표면에서 충돌한 것이므로 이 조약이 필요했던 것이다. 톈진 조약에 의하여 양국이 군대를 철수하였으나, 청병의 장수이던 원세개는 통상사무전권위원이라는 명목으로 그대로 경성에 주재하여 내치와 외교에 서슴없이 간섭하였고, 새로 위압을 마음대로 하는 민씨들과 표리가 되어 제멋대로 하여 나라일이 아득해져 갔다.

제112장 신풍조

관문이 이미 트이자 구래의 누습을 고수할 수 없어서 갑신 전후로부터 개화의 시설이 점점 각 방면으로 나타났다. 임오 군변 후 7월에, "우리나라가 문벌을 숭상하는 것이 하늘의 이치에 따른 것이 아니므로, 마땅히 사람 등용의 길을 넓혀서 무릇 서북·송도·서얼·의역(醫譯)·서리·군오(軍伍)를 일체로 중요한 자리에 두루 써서 오직 됨됨이와 도량만을 보라."는 교시가 내려졌다.

또 12월에 팔도와 4도(四都) 인민에게 특별히 유시하여, "정치를 갱신하는 데는 구습을 타파하는 것이 우선이므로, 지금 통상 교섭하는 시대를 맞이하여 문벌가라도 상업에 종사하고, 서민이라도 학교(전에 특권 계급만을 위한 성균관과 향교)에 입학을 허락하여 오

광혜원

직 재주와 학문이 어떤지를 보겠노라." 하였다. 이는 실로 계급 타파 · 사민평등의 대의를 표시한 것으로 중대한 사회 개혁의 일단이었다.

1880년의 통리기무아문 관제에는 식산흥업에 유의하여 농상 · 지다(紙茶) · 목축 · 자전(瓷甎) · 직조 · 기계 등의 전담 국(局)이 설치되고 이 이념이 뒤에 계승되었는데, 갑신년에 잠상공사(蠶桑公司)를 설립하여 독일인 메르텐스를 초빙하여 경영을 맡겼으니, 이는 산업 경제에 관한 신정책의 발현인 동시에 공사(公司)라는 이름이 사용된 효시이다.

학교라 하면 종래에는 유학 기관을 의미하였지만, 갑신 이후로 신지식을 주는 외국풍의 학교가 차차 설립되어 갔다. 1885년 2월에 미국 의사 알렌의 요청으로 한성부 재동에 광혜원을 설립하고 신식 의료에 종사하였으며, 학생을 두어 서양 의학을 강습하게 하였다. 얼마 안 있어 광혜원을 제중원이라 고쳐 불러서 후에 이르렀다.

1886년에 육영공원을 설립하고, 미국에서 길모어(Gilmore, G. W.) · 번커(Bunker, D. A.) · 헐버트(Hulbert, H. B.) 등 3인을 초빙하여 영어 중심의 양학을 교수하게 하였다. 어학생은 관리의 친족 자제 중에서 선발하였다. 1887년에 성균관과는 따로 경학원(經學院)을 두고 전현직 관리와 문임(文任)의 자제(子弟)·질서(姪壻)를 뽑아서 날마다 과업을 받게 하였다. 이는 구교육에 새 형식을 응용한 또 하나의 예이다.

1883년 10월에 박문국에서 『한성순보』를 간행하여 관보 중심의 시사를 게재하니, 이것이 조선 최초의 신식 신문이다. 그 뒤 중단되었다가 1885년 11월(양력으로는 다음해 1월)에 이름을 『한성주보』로 고쳐 속간하였는데, 이것이 한글과 한문을 섞어 기사를 만든 우리 새 문체의 시초가 된다.

1884년에 복제를 고쳐서 구래의 도포·직령(直領)·창의(氅衣)·중의(中衣) 등 무릇 도포류를 다 폐지하고 공복과 사복을 다 간편성 위주로 하되, 일반인은 홀태소매의 두루마기를 입고 관리는 그 위에 전복을 덧입게 하였다. 이것이 구습에 익숙해 있는 자들의 반대로 약간 번복이 있었지만, 여하간 이때부터 두루마기를 평상복으로 삼았다.

제113장 서북 경략

압록강과 두만강의 건너편은 그전부터 변경 인민이 마음대로 왕래하며 경작하더니, 청조가 흥기한 이래로 만주 일대를 봉쇄하여 만주인 이외에 다른 민족은 일체 들어와 살 수 없게 하는 통에 조선인의 월강 출입이 표면상으로는 저지되었다. 그러나 조선 인민의 자연스런 발전이 눈앞 지척이 천리 기름진 벌판이고 또 조상의 땅이라는 관념이 잡아당기는 곳을 그대로 둘 리 없었다.

이른바 '범월(犯越)'을 놓고 생기는 국제 분쟁을 모르는 체하고 사실상 들어가 살았고 시간이 갈수록 늘어갔다. 더욱이 고종 7년

백두산 정계비

(1870)에 관북에 큰 기근이 들자 농사에 실패한 백성들이 서로 끌고 두만강 밖 해란강 유역의 농사에 적합한 땅으로 진출하여 금세 조선 땅이 크게 연장되었다. 여기를 차차 간도(間島)라고 불렀다.

한편 청국 쪽에서도 산둥(山東)의 유민들이 금지령을 무릅쓰고 만주로 잠입하여 그 추세를 막을 수 없게 되자, 고종 12년(1875) 이후에 토문강 동북의 황무지를 정식으로 개방하기로 하고 관리를 파견하였다가, 해당 지역에 수많은 조선인의 부락이 서 있는 것을 발견하여 그 처리가 양국 간의 문제로 되었다.

즉 청국은 이 인민을 자기네에게로 입적시키든지 그렇지 않으면 본국으로 쇄환하라 하는데, 우리 조정에서는 그들이 입적을 좋아하지 않고 현재 살고 있는 사람들은 나가는 것을 싫어하여 저들 요구를 다 물리치는 것이었다.

한옆으로 철종 말에 조선이 러시아와 경계를 맞댄 후에 북방의 새 근심을 방비하기 위하여 여러 가지 계책을 세우는 가운데, 고종 19년(1882) 10월에 어윤중(魚允中)을 서북 경략사로 하여 가서 압록강과 두만강 유역의 국방선을 재정비하게 하였다. 어윤중이 먼저 압록강 방면의 일을 마치고 이듬해 1883년 초에 두만강 유역으로 넘어가서 북방의 시설에 착수하였다. 간도의 교민이 경략사의 이름을 알고 와서 실정을 호소하자, 어윤중이 이를 국가 발전상 큰 문제라 여겨 적절히 바로잡기로 결심하였다.

이보다 앞서 숙종조에 밭을 개간하고 삼을 채취하기 위한 범월 사건이 많아서 청의 강희제가 전담원을 내보내 서로 현장에서 조

국민조선역사

사한 결과로 숙종 38년(1712)에 백두산 아래 분수령 위에 정계비를 세운 일이 있었음을 상기하였다. 어윤중이 논변의 근거를 여기에서 발견하기 위하여 종성 사람 김우식(金禹軾)에게 5월과 6월 두 번 백두산을 탐험하여 정계비문과 그 실세를 밝히게 하고, 간도가 당연히 조선의 영토임을 청국에게 시비를 가리기 시작하자 간도 문제가 여기에서 비롯하였다.

대개 정계비에 "서쪽으로는 압록, 동쪽으로는 토문(土門)으로 국경을 삼는다."고 하였는데, 청은 토문이 곧 두만의 다른 이름이라 한 데 대하여, 우리는 쑹화 강 상류가 문 모양으로 흘러내리는 것이 토문강으로서 간도가 그 안에 있다고 주장하는 것이다. 간도 문제는 국세(國勢)와 민생에 관련되어 중대한 만큼 이 뒤에도 줄곧 강경한 태도를 지키고, 20년 · 24년 · 25년에 여러 번 감계(勘界)를 하여 기어이 우리 논거의 적확함을 저들에게 승인시키고야 말려고 하였다.

이 사이에도 우리 이주민은 부지런히 들어가서 간도를 사실상 조선화하는 기운이 날로 현저하였다. 어윤중은 간도 문제의 논거를 정하고, 또 백춘배(白春培) 이하 능력 있는 인물을 많이 삼국 접경 지대로 나누어 보내 실사하여 북방책의 대강을 세운 뒤, 1883년 10월에 돌아와 보고하였다.

제114장 동남 개척

울릉도는 고려조에 여러 번 찾아가 탐색하였으나 마침내 아무 시설이 없이 그만두었고, 이씨 조선에 들어와서도 별로 적극적인 정책을 취하는 일이 없고 태종 · 세종 · 성종의 열조에 가끔 유민으로 도망쳐 들어간 자를 잡아오는 데 그쳤다.

그러다가 임진란 이후에 조선에서 비워둔 틈을 타서 일본인이 들어가 고기잡이 근거지를 만들고 의죽도(礒竹島) · 죽도(竹島) · 송도(松島) 등이라 부르므로, 광해조 이래로 여러 번 대마도주에게 비위를 논책하여 분란을 없애려 하였지만 사실상 일본이 반성을 보이지 않았다.

숙종 19년(1693)에 홀연 대마도주가 표류민 두 사람과 함께 문서를 동래 부윤에게 보내 말하기를, 이바나 주(因幡州) 목(牧)으로부터 에도(江戶)로 보냈더니 관백이 특별히 송환하고 금후의 폐가 없게 하라고 하였으니 잘 헤아리라는 것이었다. 조정에서는 일본인이 말하는 저희 땅 죽도란 것이 실상 울릉도임을 숙지하고 있었기에 이번에야말로 그 궤변을 깨뜨리고 문제를 근본적으로 시정해야 할 필요를 느끼고, 곧 반박서를 보내는 동시에 엄중한 교섭을 개시하여, 왔다 갔다 하다 7년 뒤에 저희가 죽도와 송도가 다 울릉도이고 물론 조선에 속한 땅임을 확인하게 하여 드디어 문제가 해결되었다.

이른바 표류민 두 사람 중 한 사람이 동래의 군졸 안용복(安龍福)이다. 안용복이 담력과 식견이 있고 왜어를 잘하여, 이바나 주와 에도의 궁정에서 죽도가 울릉도이고 우리 국토에 우리 인민이 출어하는데 왜 붙잡아 두느냐고 당당히 논변하여 저희들의 입을 다물게 한 것은 조 · 왜 교섭사상의 하나의 유쾌한 이야기로 전해오고 있다.

그러나 조선에서는 의연히 등한하게 버려두어서 손님이 주인 노릇하는 일본인의 버릇이 고쳐지지 않고, 더욱이 메이지 유신 후로 그들의 고기잡이가 점점 성하여 폐단이 컸다. 고종 18년(1881) 5월에 울릉도 수토관(搜討官)이 일본인 7명이 잠입하여 벌목하는 것을 발견하여 보고하자, 통리기무아문으로부터 일본 외무성에 엄중히 금지할 것을 계고하고 또 섬을 텅 비게 버려두는 것은 허송한 일이므로 이규원(李奎遠)을 울릉도 검찰사로 하여 정황을 알아보게 하였다.

그 결과로 1882년 이후에 울릉도가 양국간의 교섭 문제로 다시 말썽이 되고, 1883년 3월에는 김옥균을 동남제도 개척사 겸 관포경사, 백춘배(白春培)를 종사관으로 하여 울릉도를 중심으로 한 여러 문제를 적극적으로 판별하여 처리하게 하였다.

동남 제도 개척 사업은 불행히 갑신의 변으로 좌절되고 일본인의 도벌과 밀무역이 끊이지 않더니, 고종 22년(1885) 4월에 일본 범선 만리환(萬里丸)의 목재 도둑질 사건이 발견되어 전권대신 서상우(徐相雨)와 부대신 묄렌도르프가 도쿄에 갔던 길에 외무성과 논책 담판하여 벌금과 처벌을 논의한 일이 있었다.

한옆으로 고종 19년(1882) 8월에는 울릉도에 도장(島長)을 두고, 21년(1884) 3월에는 울릉도 개척 관수(官守)를 첨사로 일컫는 등 제도를 만들었고, 특히 부역 일체를 면제하여 인민들이 들어와 살 것을 권장하였다. 그러나 개척의 효과는 얼른 나타나지 않고, 러시아의 동해 출동이 이루어지면서 섬 안의 임목이 러 · 일 양국 이권 경쟁의 한 목표가 되었다. 그 뒤 광무 말경에 섬을 울도군으로 하여 강원도에 속하였다가 융희 4년(1910)에 경상북도로 이관하였다.

제115장 세계 정국의 파동

구미 열강과 교제하는 틈으로 열강 외교의 파동이 차차 조선으로 미쳐 왔다. 러시아는 조선에 경계를 접한 뒤에 곧 남하하려고 했으나 유럽 방면의 정세가 이를 허락하지 않았다. 고종 21년(1884)에 우리가 개국을 실행하자, 러시아는 텐진 영사로 동양 사정에 정통한 웨베르를 보내와서 윤5월에 조러 수호 통상 조규를 조인하고,

그에 따라 웨베르가 공사 겸 영사로 경성에 와 머물렀다. 이때는 우리 조정이 청 · 일 양국에 다 불안을 느끼는 참인데, 웨베르가 재주와 지략이 있고 그의 처 또한 슬기가 있어 자주 궁중에 출입하면서 크게 신임을 샀다.

이듬해 고종 22년(1885) 초에 중앙아시아에서 영 · 러의 관계가 매우 험악하여 일촉즉발의 형세에 이르렀다. 영국은 러시아가 동방 해상으로 나올 길을 틀어막을 목적으로 3월에 동양 함대가 전라도 흥양 해상의 거문도를 점령하고 필요한 군사 시설을 설치하였다. 러시아가 이를 좌시할 수 없다 하여 강경한 항의를 제출하고, 만일 영국의 이 짓을 버려두면 러시아도 조선의 일부를 점령하겠다고 하여 옥신각신한 끝에, 청국을 사이에 두고 영국과 러시아가 다 조선 땅을 점령하지 않겠다는 보증을 시킨 뒤 고종 24년(1887) 2월에 영국이 거문도를 내 놓았다.

이 동안 러시아는 우리 조정의 심리를 맞추어 가면서 두만강에서 2백 리 거리에 있는 부령을 러시아에만 개방하는 조약을 맺으려 하는 등 수상한 거동이 많았다. 또 이홍장의 앞으로 온 묄렌도르프 또한 러시아의 편의를 돕는 눈치가 있자, 청에서 1885년 9월에 급히 대원군을 돌려보내서 이 기세를 억제하게 하였다.

이어 이해 말에 묄렌도르프를 소환하고, 다음해 3월에 미국인 데니를 대신 보냈다. 데니도 경성에 와서는 웨베르와 깊은 정을 통하여 원세개의 전횡에 반대하므로, 고종 27년(1890) 2월에 다시 미국인 르 장드르(Le Gendre, Charles William)로 하여금 데니를 대신하게 하였다.

그러나 청의 까다로운 간섭과 원세개의 오만한 태도는 러시아가 우리 궁정에 더욱 친근하게 되는 원인이 되어, 일본과 청을 제어하는 데에 러시아의 힘을 비는 밀약이 성립할 뻔하였다. 고종 26년(1889)에는 웨베르의 주선이 성공하여 전번의 제의보다 조건이 매우 변통되었으나, 경흥을 개시장(開市場)으로 하는 조러 변계 통상 조약이란 것이 성립하여 청과 러시아의 각축이 매우 날카로 워졌다.

제116장 갑오 경장

양요 이래로 변란이 연이어 인심이 심히 불안한데, 더욱이 민씨 일족이 돌려가며 권세를 쓰면서 기강이 이전에 예를 볼 수 없을 만큼 퇴폐하였고, 재물을 탐해 거두어들이고 백성들에게 부리는 포악이 끝이 없었다.

민심이 이반하여 난리의 기운이 날로 익어가더니, 수십 년 동안 사회의 저변에 세력을 쌓아 온 동학당이 전봉준(全琫準)을 우두머리로 하여 고종 31년(1894) 2월에 전라도 고부에서 난을 일으켜, "포악을 물리치고 백성을 구한다."고 표방하자 사방이 호응하여 형세가 굉장하였다.

5월에 조정에서 군사를 발동하여 토벌하게 하였으나 도처에서 계속 패하고, 그 달 하순에 전주가 동학군에게 점령되자 조정이 어찌할 줄 몰라 원세개에게 상의하였다. 원세개는 청병 1,500명(장수는 葉志超)을 불러 와서 관군과 협력하여 부근의 남은 무리를 평정하고 20여 일 만에 경성으로 돌아왔다.

일본이 임오 이래의 추락된 지위를 회복하려 하여 항상 기회를 엿보던 판에, 1894년 2월에 일본의 보호 하에 있던 김옥균이 상하이에 갔다가 암살당하고, 청국이 동학당의 난으로 일본 모르게 조선에 출병하자 호기가 이르렀다고 판단하였다.

일본은 텐진 조약을 빙자하여 5월에 공사 오토리 게이스케(大鳥圭介)가 군함 8척과 육군 3천 명을 데리고 경성으로 와서 청에게 조선의 현상 개선에 양국이 힘을 합쳐 같이하자고 요구하였다. 청국이 듣지 않고 서로 철병하기를 주장하자 일본이 단독으로 맡겠다고 하고, 오토리 게이스케가 임금을 알현하고 시정 개혁 조건 5개조를 제출함과 동시에 청병 철회를 요구하고 현행 조약 파기를 권고하였다.

원세개는 형세가 글러가는 것을 보고 변복하여 귀국하였다. 당시의 집권자이던 민영준(閔泳駿)이 물러나고 대신 한참 틀어박혀 있던 개화당들이 나서서 6월 21일에 대원군을 궁중으로 데려다가 어전에서 개혁의 대강을 의논하여 결정한 후, 다음날 22일에 내정 개혁을 발표하여 실행에 착수하였다. 이에 민씨 일족이 요직에서 몰려나고 개화당 정부가 들어섰고, 청국과의 모든 조약이 파기되었다.

청국에서는 전쟁을 피하려고 외국 공사를 사이에 넣고 조정에 힘썼으나 여의치 못하였다. 22일(양력 7월 25일) 이른 새벽에 청국과 일본의 해군이 아산 해상에서 충돌하고, 26일에는 성환에서 지상전이 시작되어 29일(양력 8월 1일)에는 양국이 정식으로 개전을 포고하였다. 7월 26일에 조일 양국간에 공수(攻守) 동맹이 체결되었고, 제1조에 조선국의 독립 자주를 공고하게 함이 목적임을 명시하였다.

새 정부는 6월 24일에 기획 중추 기관으로 군국기무처를 설치하고, 영의정 김홍집 주재 하에 매일 새 정치의 조목을 상의하였다. 그리하여 공사 문서에 개국 기원을 사용할 것 등 관제 개혁, 계급 타파, 풍기 교정, 간신 처벌에 관한 208건을 반 년 동안에 의결하였다. 이를 갑오 경장(甲午更張)이라 이른다.

그러나 오랜 폐단과 복잡한 사정으로 실시하는 데에 장애가 속출하고, 한편으로 동학당의 난이 재발하고 대원군이 여기에 관련되어 국면이 점점 뒤숭숭하더니, 8월에 청국이 평양에서 크게 패하여(양력 9월 16일) 전쟁 국면이 일본에 유리하여지자 비로소 추진력이 강해졌다. 12월 12일에 왕이 자주 독립의 기초를 굳게 할 결심을 종묘에 고하고 내정 개혁의 요강으로 홍범 14조를 발표하였다.

12월 16일에 의정부를 내각으로 고치고, 이어 내부 · 외부 · 탁지부 · 군부 · 법부 · 학부 · 농상공부의 7부로 구성된 내각 관제를 발표하였다. 이듬해 1895년 5월에는 외관 직제를 고쳐 전국을 23부(府) 331군(郡)으로 하고, 부에는 관찰사, 군에는 군수를 두었다. 이듬해 1896년 8월에 다시 개정하여 전국을 13도(道) 7부(府) 1목(牧) 331군(郡)으로 나누고, 도에 관찰사, 부에 부윤, 목에 목사, 군에 군수를 두었다.

제117장 을미 8월의 변

일본군이 수륙 양방으로 연전연승하여 뤼순(旅順)과 웨이하이웨이(威海衛)가 함락되자 청국이 화의를 청해서, 1895년 2월(양력 3월 20일)부터 시모노세키(馬關)에서 양국 전권 대표가 협상하여 3월 5일(양력 3월 30일)에 드디어 강화 조약이 체결되었다.

제1조에 청국은 조선이 독립국임을 확인하여 독립에 손상되는 모든 옛 관례를 폐지하기로 하고, 또 청국은 배상금 3억 냥(4억 50만 원)을 지급하고 동시에 대만과 랴오둥 반도를 일본에 할양하기로 하였다. 그러나 조약이 조인된 지 일주일도 못되어 러시아 · 독일 · 프랑스 3국이 나서서, 일본의 랴오둥 반도 점유는 동양 평화의 화근이라고 협박하여 랴오둥 반도를 청국에 되돌려주게 하였다.

이렇게 일본의 허약함이 드러나자 우리 조정에 일본을 배척하고 새 정부가 침체되는 경향이 생기는데, 러시아 공사 웨베르는 더욱더 궁중에 친근하려 힘쓰고 러시아가 신뢰할 만하다고 자랑하여

경복궁 건천궁 옥호루 내부(서울 경복궁)
이곳에서 민 황후가 일본 낭인에 의해 잔인하게 살해되었다.

러시아의 세력이 날로 늘었다. 이 동안에 일본 공사 이노우에 가오루(井上馨)가 갈리고 미우라 고로(三浦梧樓)가 대신 왔다.

미우라는 무인의 기질이 심한 자로서 일본 세력이 여지없이 무너지는 것을 보고 국면을 타개할 비상 대책을 생각하였다. 8월 20일(양력 10월 8일) 새벽에 공덕리에 퇴거하여 있는 대원군을 끌어내 앞세우고 수비대와 낭인패를 데리고 궁중으로 뛰어들어갔다. 미우라는 왕을 면박하여 친러파를 물리치고 친일 내각을 조직하게 하고, 낭인패는 수년간 변란의 본원지라 하여 왕후 민씨를 끌어내 뜰에서 시해하여 불에 태웠다. 이것을 을미 8월의 변이라 이른다. 이번의 변이 국제적으로 거북한 문제가 되자, 일본이 미우라 이하 40여 인을 소환하여 히로시마(廣島)의 감옥에 던지고 대신 고무라 주타로(小村壽太郞)를 공사로 보냈다.

정변 후에 새 집권 세력들은 즉시 개혁에 착수하여, 구력을 폐지하고 태양력을 채용하여 개국 505년 11월 17일을 505년(고종 33년) 1월 1일로 하였다. 소학교를 설립하고, 우체 사무를 개시하고, 군제를 바꾸어 중앙에는 친위대, 지방에는 진위대를 두기로 하였다. 또 11월 15일에 한 임금에 하나의 연호를 쓰기로 하고 다음해부터 건양(建陽)이라 할 것을 반포하였다. 또 단발령을 내려 왕이 먼저 몸으로 모범을 보였다.

한편 국모의 변과 단발 강제에 분격하여 각지에 의병이 봉기하자 친위대의 대부분이 진압에 출동하였다. 건양 원년(1896) 2월 9일에 러시아 공사 웨베르가 경성이 허소하여 공사관을 호위할 필요가 있다며 수병 백 명을 인천으로부터 입성시키고, 2월 11일(음력 12월 28일)에 별안간 왕과 태자가 궁중에서 탈출하여 러시아 공사관으로 파천(播遷)하는 변고가 일어났다.

그동안 친러파와 친일파가 엎치락뒤치락한 끝에 친러파가 이 일을 꾸민 것이었다. 이에 내각이 갈리고 수반 김홍집과 각료 정병하(鄭秉夏)·어윤중은 난민에게 해를 입었고, 친러적 신내각의 손에 단발령과 기타의 개화적 신법이 많이 철폐되었다.

왕은 이 뒤 1년간 러시아 공사관에 머물다가 이듬해 건양 2년 2월 11일에 러시아 공사관 옆의 경운궁(지금의 덕수궁)을 수리하여 이리로 돌아왔다. 이 동안에 여러 가지 이권이 러시아인의 손으로 떨어져 그 세력이 뿌리를 깊이 박고, 이에 따라 미·독·불 사람들도 각기 이권을 움키기에 눈이 벌겠다.

제118장 대한제국

왕이 러시아 공사관에서 경운궁으로 돌아오자 을미년 독립 후에 아직 처리하지 못한 것들을 결행하였다. 우선 8월에 국호를 대한이라 고치고 황제에 오르고, 연호도 광무라 고치고(건양은 친일 정권이 세운 것이라 하여 다른 것과 함께 모두 없던 일로 함), 조상을 추존하고, 죽

독립문(서울, 서대문)

은 민비에게 명성 황후(明成皇后)의 호를 올리고, 또 대한 국제(國制) 9조를 발포하여 제국의 체제가 이에 정비되었다.

그러나 종래의 정치 정세가 청·일·러·미 등 외부의 힘에 의존하여 그들이 일진일퇴하는 동안에 나라의 계책과 민생이 날로 글러가는 것을 보고, 이를 걱정하는 관민과 유지들 사이에서 따로 호국 운동이 일어났다.

갑신 개화당의 한 사람으로 미국에 망명하여 있던 서재필이 건양 원년(1896) 가을에 귀국하여 외부(外部)의 고문이 되었다. 서재필은 신지식으로 관리를 계발하는 동시에, 한편으로는 순국문과 영문으로 된 『독립신문』을 발간하고, 또 한편으로 가두에서 시국 문제를 연설하여 민중의 사상을 고취하였다. 또 옛날 중국 사신을 영접하던 지점에 독립문을 건설하더니, 이어 독립협회를 설립하여 구체적인 독립의 완성을 꾀하였다.

독립협회는 처음에 회원의 대부분이 관리여서 일종의 벼슬아치 클럽과 비슷했다가, 그중의 소장 회원들이 차차 실효 있는 단체로 전화하여서 드디어 한 세력을 이루었다. 광무 원년(1897) 9월에 러시아 공사 웨베르가 갈리고 스페예르(Speyer, A.)가 오자, 반 너머 협박으로 군대 업무와 재정 처리를 자기 수중으로 거둬 가며, 다른 이권을 차지하기에 몹시 열중하였다. 이에 독립협회가 맹렬히 일어나서 러시아 세력을 쫓아내는 인민적 활동을 개시하여, 러시아의 해군 근거지로 마산만을 조차지로 하려는 비밀 계획이 이 때문에 미연에 방지되었다.

독립협회는 차차 내정 개혁에 대하여 담대한 의견을 제출하여 정부를 핍박하다가, 조직을 만민공동회로 개조하여 많은 시민을 이끌고 궐문 앞에 엎드려 황제의 단호한 결의를 강요하여 여러 날 궁성이 포위 상태에 빠졌다. 조정에서는 달리 방책이 없어 지방의 보부상패를 불러들여 황국협회란 것을 만들어 폭력으로 공동회 군중을 쫓아내게 하였다. 광무 2년(1898) 11월 21일부터 다음날 새벽에 걸쳐 궐문 앞·서문 밖·남문 밖 각처에서 두 집단의 격전이 벌어져 수많은 사상자를 내기에 이르렀다.

사태가 이러하여 변화를 헤아리기 어려워지자, 26일에 만민공동회원을 궐 앞에 모으고 황제가 친히 왕림하여 군주와 백성이 일체로 유신에 매진할 것을 유시하고, 또 민회의 요구 조건을 대강 따랐다. 이에 독립협회는 다시 설립되고 보부상은 해산하였지만, 이때부터 협회는 이럭저럭 광채를 잃다가 어느 사이 스스로 소멸하고 유신의 공약을 다시 묻는 사람이 없었다.

제119장 러·일의 대항

러시아는 불·독 양국과 더불어 일본을 위협하여 랴오둥 반도를 청국으로 돌려주게 한 후, 다음해에 시베리아 철도를 만주를 통과하여 블라디보스톡에 연결시키는 동청철도(東淸鐵道)의 부설권과 뤼순·다롄의 전시 사용권을 청국으로부터 얻었다. 이어 랴오둥 반도의 조차(租借)와 만주철도 부설 등 여러 권리를 얻어서 만주에 대한 야심이 아주 노골화하였다. 한편 한국에 대해서도 연방 시꺼먼 손을 내밀었다.

그러는 족족 일본이 큰 위협을 느껴 러시아와 한국에 관한 협정을 맺어서 그 야심에 방어막을 치고, 광무 6년(1902) 1월에는 영일동맹을 맺어서 한·청 양국의 독립과 영토 보전을 보장하여 러시아의 활동을 견제하였다.

한옆으로 광무 4년 5월에 청국에 의화단의 난이 일어나 각국이 연합 출병하였다가, 평정 후에 다른 나라는 소수 수비대만 두고 점차 철병했지만 러시아만은 동청철도를 보호한다는 평계로 만주에서 철병하지 않아 만주를 사실상으로 점령한 셈이 되었다.

광무 6년 1월에 영일 동맹이 성립하자, 3월에 러불 동맹을 발표하여 대항의 기세를 보이며, 이해 4월에 형식적으로 청국과 만주 환부 조약을 맺고, 철병을 3기에 나누어 세 번 6개월씩 완료하겠다고 하였다. 그러나 제1기는 실행하고, 제2기인 광무 7년 4월에는 일 · 영 · 미 3국의 항의를 받으면서 조금도 움직이지 않았다.

그뿐 아니라 바로 이때 러시아는 한국에 대하여 새로 활동을 개시하여, 봉황성(鳳凰城) 방면에 있던 러시아 병사 한 부대가 우리 용암포로 들어와서 토지를 매수하고 건물을 건축하고 전선을 부설하는 등 영구적 설비에 착수하고, 러시아 공사 파블로프는 우리 외부(外部)에 조차권을 정식으로 청구하였다.

대개 그해에 변경된 러시아 신정부는 만주에 대한 적극파이고, 특히 시종 겸 국무 고문관 베조브라조프(Bezobrazov, A. M.)는 고종 황제 아관파천 중에 압록강 상류 벌목권을 얻어간 압록강목재주식회사의 대표로, 러시아 황제 니콜라이 2세의 허가를 얻어서 군대를 압록강 일대에 배치하였던 것이다.

러 · 일의 관계는 점점 긴장되어 임자 모르는 타협안이 도쿄와 페테르부르크의 사이에 왕래하니, 일본에서는 한국과 만주의 교환을 희망하고 러시아에서는 반도 내 북위 39도(대강 평양과 원산을 잡아매는 선) 이북에 있는 부분을 중심 지대로 하여 양국이 다 군대를 들이지 말자는 것을 주장하였다.

이런 한편으로는 러시아가 용암포 조차지 정식 교섭을 제기하자 일 · 영 · 미 여러 나라가 강경히 반대하였다. 9월에 청과 교섭하여 용암포 맞은편의 다둥거우(大東溝)와 안둥 현(安東縣)을 개방하게 하고, 우리에게는 용암포의 개방을 청구하여 11월에 개항을 결정하였다.

이 동안 8월에 러시아에서는 관둥 총독이던 알렉세예프를 극동 총독으로 하여 권력을 크게 하였고, 철병은커녕 해륙의 병비를 급히 확장하여 전쟁 의지를 겉으로 내보였다. 일본이 또한 이에 응하여 이듬해 광무 8년 2월 6일에 러·일의 국교가 끊어지고, 8일 밤의 뤼순 공격에 이어서 9일 인천항 밖에서 러시아 군함 2척을 폭침하여 양국의 전쟁의 단초가 열렸다.

제120장 일본과의 관계

러시아와 일본의 전운이 급해지자 우리 정부는 1월 23일에 미리 국외에 중립을 선언하였다. 그러나 전쟁 개시와 함께 일본병이 연방 입국하는데도 막지 못하고, 또 군용이라는 이름으로써 광대한 토지가 점유되고, 경의선과 경원선을 서둘러 마음대로 부설하고, 외교·행정 등에 간섭하여 날로 까다로웠지만 어쩌지 못하였다.

2월 23일에 '의정서(議政書)'라고 하는 늑약을 체결하여, ① 한국이 일본의 정치적 충고를 받을 것, ② 일본의 군사 행동을 최대한 편의하게 할 것, ③ 일본은 필요한 대로 군용지를 수시로 수용할 것, ④ 금후에 일본의 승인 없이 본 협정에 위반하여 외국과 관계를 맺지 못할 것 등을 정하였다.

이 의정서에 대하여 신하들 중에 반대가 많았는데, 그 주요한 인물로 지목되는 탁지부대신 이용익(李容翊)은 일본으로 데려가고 나머지는 쫓겨났다. 의정서 체결이 발포되자 공분이 격발하여 당사자인 외부대신 이지용(李址鎔)과 통역 구완희(具完喜)의 집에는 폭탄이 투척되었다.

5월 18일에는 칙령을 내려 한 · 러 양국 간의 모든 조약을 파기시키고, 연해 및 하천 항행권과 아직 손에 넣지 못했던 연안 어업권을 달래서 가져가고, 8월에는 산림 · 하천과 못 · 황무지 개간권을 가져가려다가 민중의 반대가 워낙 극렬하자 철회하였다.

전쟁 국면이 유리해지자 '의정서' 뒤 반년 만에 다시 '협약'이란 것을 강제로 체결하여, ① 일본 정부가 추천하는 일본인 한 명을 재정 고문으로 고용하여 재정에 관한 일은 죄다 그 지휘를 따를 것, ② 외교 고문으로 서양인 1명을 고용하여 또한 그렇게 할 것, ③ 외국과의 조약 체결과 특권 양여 등 중요 사항은 죄다 일본 정부와 상의할 것 등을 정하였다.

이 결과로 재정 고문으로 메가타 다네타로(目賀田種太郎), 외교 고문으로 일본 외무성에 고용되어 있던 미국인 스티븐스, 조약에도 없이 군사 고문으로 노즈 시즈다케(野津鎭武), 경무 고문으로 마루야마 시게토시(丸山重俊), 학무 행정 참여관으로 시데하라 히로시(幣原坦) 등이 줄줄이 와서 이른바 고문 정치(顧問政治)가 시작되고, 또 광무 9년 4월에는 통신 사업을 빼앗아 갔다.

광무 9년(1905) 3월 10일에 일본이 봉천(奉天)에서 크게 이기고, 5월 17일에는 대마도 해협에서 러시아 해군에 치명상을 줘서 전쟁의 형세가 정해졌다. 미국 대통령 루즈벨트의 알선으로 양국 강화 담판이 열려서 9월 5일에 포츠머드에서 조인되었다.

그 협정 제2조에 일본이 한국에서 정치상 군사상 및 경제상의 특수한 이익을 가지는 것을 러시아가 승인하며, 이보다 먼저 8월 12일에 체결된 제1차 영일 동맹에도 일본이 한국에 대하여 우월한 이익을 가진다는 조항이 있었다. 이에 일본이 이 권리로 먼저 외교권을 거두기로 하여 11월 9일에 이토 히로부미가 와서 여러 날 군사적 시위를 하고, 17일에 이르러 제2차 협약이란 것을 체결하였다. 이것이 이른바 을사 조약 또는 보호 조약이란 것이다.

조약의 요지는 ① 한국이 부강한 실력을 가질 때까지 외교 기능을 일본에게 맡기고, ② 일본 정부는 그 대표자로 통감 1인을 경성에 파견하여 외교 사항을 관리하고 또 한국 황제께 알현하는 권리를 가지며, ③ 한국의 각 개항장과 필요로 인정하는 곳에 이사관(理事官)을 두고 통감의 지휘 하에서 구 일본 영사의 직권과 본 조약을 실행하는 데 필요한 사무를 집행하게 한다는 것이다.

민영환

이 조약의 체결에 황제는 끝끝내 승인하지 않고 당시의 참정대신 한규설(韓圭卨)도 반대의 뜻을 굽히지 않자, 일본이 한규설을 몰아내고 박제순(朴齊純)으로 대신하여 억지로 형식을 갖추어서 18일에 이를 발포하였다.

협약의 내용이 알려지자 인심이 비길 데 없어 격앙되어 반대 운동이 여러 형태로 일어났다. 30일 새벽에 시종무관장 민영환(閔泳煥)이 비통한 '결고서(訣告書)'를 국민에게 알리고 자결했으며, 12월 1일에는 특진관 조병세(趙秉世)와 홍만식(洪萬植) · 송병선(宋秉璿) 등 각 계급에서 분에 못 이겨 죽는 자가 속출하였다. 지방에서는 사방에서 의병이 일어나서 기세가 잔디밭에 불붙 듯하였다.

이해 12월 20일에 일본이 통감부 및 이사관의 관제를 발포하고, 광무 10년 2월 1일에 하세가와 요시미치(長谷川好道)가 임시 통감 대리로 이른바 보호 정치를 시작하였다. 3월 1일에 이토 히로부미가 첫 통감으로 도착하였다.

이때부터 민간에서 반대 운동이 점점 치열해졌다. 광무 10년 5월에 전 참판 민종식(閔宗植)이 병사를 일으켜 홍주의 읍성에 웅거하여 일본에 전쟁을 선포하고, 6월에 노유학자 최익현(崔益鉉)은 순창을 중심으로 일어나고, 신돌석(申乭石)은 평해 부근에서 일어나서 이에 호응하였다. 광무 11년 3월에 전라도 유생 나인영(羅寅永)의 일당이 이른바 오적(五賊) 대신에 대한 암살을 계획하여 우선 군부대신 권중현(權重顯)을 노상에서 포격하였다. 이러한 일들은 당시의 인심을 가장 떨쳐 일어나게 하였다.

제121장 민간의 신운동

러일 전쟁 개시와 함께 시대의 추세가 크게 변하자 식자들은 깊은 우려를 품고 구국 운동을 전개하였는데, 최대 목표는 교육의 보급에 있었다. 광무 9년 봄에 이용익이 일본에서 풀려나 들어오면서 다수의 도서와 인쇄 기기를 가지고 와서 신해영(申海永) · 김주병(金澍炳) 등과 함께 편집소로 보성관, 인쇄소로 보성사, 교육 기관으로 보성소학 · 보성중학 · 보성전문학교를 설립하니 민간의 교육 사업이 이 때문에 비약적으로 융성해졌다.

또 광무 10년에 엄 귀비가 힘을 써 진명 · 숙명 두 여학교를 설립하였는데, 이는 우리 힘으로 생긴 여자 교육 기관의 효시이다. 광무 11년에 안창호가 미주에서 귀국하여 평양에 대성학교를 세우니, 관서 일대에 미친 교화가 심히 컸다.

광무 10년 10월의 서우학회(西友學會)를 시발로 하여 한북흥학회 · 기호흥학회 · 호남학회 · 교남교육회 · 관동학회 등이 차례로 설립되어, 제각기 지방 교육 진흥의 근거지 노릇을 하였다. 기독교

안에는 진작부터 청년 교양 단체가 있어 오다가, 광무 7년(1903) 말에 황성기독교청년회가 설립되어 울림이 와짝 커졌다.

종교 이외의 순수 청년 운동으로는 융희 4년(1910)에 청년학우회가 일어나서, 비밀 구국 단체인 신민회와 서로 연락하여 국민 정신 진작에 주력하였다. 광무 11년(1907)에 유길준이 일본에서 돌아오자 흥사단을 일으켜서 교과서 공급을 담당하고, 한성부민회를 만들어서 자치 훈련과 풍속 개선에 관한 방안을 연구하였다. 이것들이 다 한때의 공헌이 되었다.

종교 방면에서는 수십 년래로

국채보상운동기념비
(대구, 국채 보상운동 기념공원)

은근히 한 구석에서 신문화의 선구가 되어 오던 기독교가 차차 표면에서 보편화되고, 광무 10년(1906) 봄에 나철(羅喆: 前名 羅寅永)이 동지와 함께 단군의 도를 부흥하여 대종교의 문을 여니, 실로 오래 침체하거나 중단되었던 고유 신앙이 밝아지기 시작하였다.

바야흐로 광무 8년(1904) 러일 전쟁 뒤에 일본이 이권을 심하게 움켜가자 원세성(元世性) 등이 보안회를 일으켜 배일의 기세를 부채질하니, 일본군 사령부의 통역으로 있는 송병준(宋秉畯)이 일본군의 후원 하에 8월에 유신회를 만들어서 이에 대항하였다.

그러더니 동학의 수령으로 그전부터 일본에 가 있던 손병희(孫秉熙)가 러일 전쟁을 활용하여 활동할 공간을 만들기 위하여 부하 이용구(李容九)를 먼저 보내 동학 신도들로 진보회를 만들었다. 송병준이 이용구를 달래 진보회를 유신회에 합병하여 일진회라고 일컬으면서 일본 정책 선전의 귀신 노릇을 하고, 광무 9년 제2협약이 성립될 무렵부터 한국은 모름지기 일본의 보호를 받을 것이라는 난폭한 주장을 공표하자, 민중의 의분이 일시에 폭발하였다.

그러자 광무 9년(1905) 5월에 이준(李儁)·양한묵(梁漢默) 등이 헌정연구회를 만들어 대응하고, 광무 10년(1906) 4월에 윤효정(尹孝定)·장지연(張志淵) 등이 이를 확충하여 대한자강회를 만들어 운동을 전개하다가, 광무 11년(1907)에 송병준이 내부대신이 되어 치안 방해로 해산시키자 조직을 대한협회라고 고쳤다.

손병희는 이용구에게 기대했던 일이 빗나가자 광무 11년(1907) 1월에 갑자기 일본에서 돌아와 동학을 천도교로 고치고, 일진회원이 된 교도를 전향시켜서 정치와 종교를 혼동하는 것을 엄히 경계하고, 이어 학교와 교리 연구 등 교화의 계발에 힘을 쓰자 동학의 새 기초가 다시 섰다. 동학의 무리를 빼앗긴 일진회는 이 뒤에 헛소리로 회원이 백만이라고 떠들게 되었다.

광무 말년에 민심에 가장 큰 충격을 준 것은 국채 보상 운동이었다. 일본이 통감부를 두고 우리의 시정을 개선한다 하면서 소요 비용을 일본에서 차관하게 하여, 금액이 1천 3백만 원에 달하였다. 이에 국권의 자주를 확보하려 하면 채무에서 벗어나야 한다 하여, 광무 11년 1월에 대구에서 단연(斷煙)을 통한 국채 보상 운동이 발기되어 동래가 먼저 이에 호응하고, 2월 22일에 경성에서 국채보상기성회가 일어나자, 사방이 한꺼번에 바람을 일으켜 촌부나 아이들까지 없는 형편에 돈을 쪼개 다투어 기부하여 금세 거액에 달하였다. 일은 결국 성공하지 못하였으나 온 나라 사람들이 전에 없이 일심동체가 된 기운이었다.

제122장 신사물

갑오 경장 이후로 신문명 시설이 차차 많아지다가, 광무 연간에 들어와서는 속도와 범위가 끊임없이 늘어 갔다. 신식 통신 기관의 시설은 임오 · 갑신 두 변란을 치르고 청국과 급히 연락할 필요가 있어, 1885년에 한성~인천간과 한성~의주간에 전신선을 가설하여 의주에서 청국 봉황성으로 연결한 것을 시작으로, 1888년 2월에 한성~부산간 전신선이 가설되어 드디어 전파가 반도를 관통하였다. 여기에 덴마크 대북전신회사의 해저선을 통하여 다시 일본이나 세계로 연락하게 되었다.

그러나 이것들은 청국의 전보총국의 관리 하에서 시행하는 것이어서, 광무 원년(1897)에 우리 정부가 스스로 경인간의 전선을 가설하고 이때부터 자주적 전보 기관이 전국에 보급하여 나갔다. 우체는 1884년 3월에 우정총국을 설립하여 먼저 연해 각 항구의 편지 왕래를 처리하고 차차 내륙 일반에 시행하려 하였으나, 그해 갑신정변으로 인하여 중단되었다가 1895년에 이르러 겨우 복설하여 전국에 일시에 시행하였다.

철도는 1892년경부터 조정에서 부설을 계획하였으나 반대 의견이 있어 실행되지 않았다. 1894년에 경부철도와 경인철도에 대한 양해를 일본에 주었으나, 구체화하기 전에 경인철도 부설권이 1896년 3월에 미국인 제임스 모르스에게로 넘어갔다. 다음해 1897년 3월에 인천 우각현에서 기공하였으나 공사 중에 다시 일본인 쪽으로 넘어갔다.

광무 3년 9월에 인천~노량진간이 개통되고, 4년 7월에 경성까지 완전 개통되었다. 이것이 반도에서의 철도 실현의 효시이다. 경부선과 경의선은 허다한 곡절을 치르다가, 광무 8년 러일 전쟁의 시작과 함께 일본이 공정을 재촉하여 이 해 말에 경부선이 완전 개통되고 또 다음해 말에 경의선과 마산선이 차례로 완성되었다.

전차는 모르스와 함께 경인철도 건설에 종사하던 미국인 콜부란(Collbran, H.)·보스트위크(Bostwick, H. R.) 두 사람이 경성으로 와서, 청량리에 있는 홍릉 왕래에 편리하다는 이유로 황실에 권유하였다. 광무 2년 2월에 황실과 미국인의 합자로 한성전기회사를 설립하고, 그해 10월에 서대문~청량리간의 공사에 착수하여 12월 말에 준공하고, 다음해 구력 4월 8일에 개통식을 거행하였다. 이것이 조선에서의 전차의 시초이다. 동양에서의 전차의 효시는 갑오년 교토에서 건설된 것이고, 경성이 바로 다음이었다. 전차 선로는 곧이어 종로에서 남대문으로 분기하고 다시 구용산까지 연장하였다.

한성전기회사는 광무 4년 6월부터 전등 영업을 개시하여 와짝 보급을 보았으며, 전화는 광무 1년 경운궁(지금의 덕수궁) 내에 궁정 전용으로 시설한 데서 비롯하지만, 일반으로는 광무 6년(1902)에 통신원이 전화를 가설하여 한성부 내뿐 아니라 한성·개성간의 통화를 개시함으로부터 보편적으로 이용하게 되었다.

양악은 기독교회를 통하여 종교악의 일부가 전래되었을 뿐이었다. 그러다가 1896년에 러시아 니콜라이 2세의 대관식에 특파 대사로 갔던 민영환

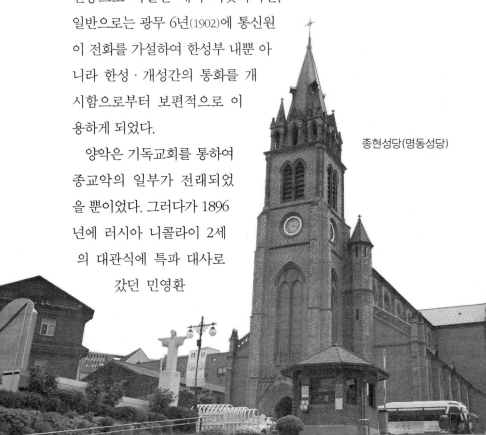

종현성당(명동성당)

이 돌아와서 보고하는 가운데, 육해군 확장의 필요와 함께 사기를 고취하자면 신군악을 건설해야 한다고 청을 올려 임금이 허락하였다. 그래서 광무 4년(1900)에 궁내부 고문관 미국인 샌스와 총세무사 영국인 브라운에게 설계를 명하여, 우선 50인의 한 소대를 두고, 독일 악사 에케르트를 초빙하여 시위연대 군악대란 이름으로 구성되었다. 이것이 양악이 일반에게 전래한 시초이었다.

양식 건축은 교회와 외국인 주택 등에 약간 실마리를 보았지만, 오래도록 두드러진 것이 없었다. 그러다가 1887년에 천주교회에서 종현에 터를 잡고 1892년부터 중국인을 부려 건축에 착수했다가 1894년 청일 전쟁 때문에 일시 중지되었다. 1895년 여름에 중국 인부들이 다시 들어오게 되어 공사를 계속하여 광무 2년에 겨우 헌당식을 거행하였다. 이로써 양식 첨탑을 서울 하늘에 처음으로 쳐다보게 되었다.

이러는 한편에 독립협회의 부탁으로 러시아 기사 사바틴이 설계한 독립문이 건양 원년(1896) 11월 21일에 기공하여 1년 남짓 만에 준공되었다. 이는 서양에 흔히 보는 개선문의 풍모를 본뜬 것으로, 한편으로 양식 건축 수입의 좋은 기념물도 되는 것이다.

그러나 당시의 순연한 일반적인 서양 건물은 경운궁(지금 덕수궁) 내의 석조전(돈덕전 별관)이 처음이었다. 프랑스 명가(名家)의 설계에 의하여 광무 4년(1900) 시공 이래로 130만 원의 공사비와 11년의 기간을 허비하고 융희 4년(1910)에 겨우 준공을 보았으며, 당시에는 동양 유수의 명건축이었다.

제123장 정미 정변

보호 조약이 체결된 뒤에 일본이 궁정과 외부와의 교통을 막기에 가장 힘썼으나, 1907년 1월 16일에 영국인 베델이 경영하는 『대한매일신보』에 황제의 친서로 조약이 당신이 승인한 것이 아니니 여러 나라의 공동 보호를 구한다는 글이 발표되었다.

동년 6월에 네덜란드의 헤이그에서 만국 평화 회의가 열리자, 이상설(李相卨)·이준(李儁)·이위종(李瑋鍾) 등 3인이 황제의 신임장을 가지고 회의장에 도착하여 보호 조약이 황제의 뜻이 아니라고 역설하였다. 그러나 일이 뜻대로 안 되자 이준이 회의장에서 권총으로 자결하여 한국 인민을 대표하여 진심을 보여 주었다.

이 기별이 도쿄에 전해지자 다들 어찌할 바를 모르다가, 우선 그 책임을 물어야 한다며 7월 18일에 외무대신 하야시 다다스(林董)가 건너와서 통감 이토 히로부미와 총리 이완용이 몰래 논의하였다. 그 결과로, 고종 황제가 을사 보호 조약에 옥새를 누른 후 황제를 퇴위하게 하여, 19일 오전 3시에 황태자가 나라의 대사를 대신하는 의미의 양위 조서를 발표하고 부산한 통에 옥새를 누르는 일을 자행하였다.

18일부터 경성의 민심이 극도로 드세게 일어나 이날 밤에 일진회의 기관지 신문사가 파괴되고, 비분해 하는 회합이 사방에서 일어났고, 19일에 양위가 발표되자 인심이 더욱 격앙하여 온 도시가 무질서 상태에 빠졌다. 궁을 지키던 전동의 시위대는 병영에서 나와 종로에서 일본인을 사격하였고, 난이 커지려 하자 일본 군대가 달려와서 제압하였으며, 20일에는 총리 이완용의 집이 소각되었다. 20일에 양위례란 것이 중화전에서 거행되고, 23일에 전 황제에게 태황제의 칭호를 올려서 대리 형식을 없앴다.

23일에 제3 '협약'을 발표하여, ① 행정과 입법에 죄다 통감의 승인을 받고, ② 고등 관리의 임면에는 통감의 동의를 필요로 하고, ③ 일본인을 한국 관리로 임용하고, ④ 통감의 동의 없이 외국인을 고용하지 못할 것 등을 정하였다. 이 결과로 31일에 군대가 해산되고, 8월 2일에 광무 연호를 융희(隆熙)로 고치고, 7일에 황제의 아우 영친왕 이은(李垠)을 황태자로 책봉하였다. 이를 정미 정변(丁未政變)이라 한다.

10월 16일에 일본 황태자 요시히토(嘉仁: 후의 다이쇼)가 내방하여 황태자를 일본으로 데려가는 일이 결정되고, 11월 13일에 황제의 거처를 창덕궁으로 옮기고 경운궁은 덕수궁이라 하여 태황제의 은둔처가 되고, 12월 5일에 영친왕이 이토 히로부미(太師라고 일렀다)에게 끌려서 도쿄로 향하였다.

8월 1일에 군대의 해산식을 훈련원 머리에서 거행하자, 서소문 내에 있는 시위보병 제1연대 제1대대와 인접한 제2연대 제1대대가 항전을 일으켜 일본군과 종일토록 교전하여 전 부대가 거의 순사하였다. 지방에서도 강화의 분견대가 한참 동안 반항하고, 원주의 진위대는 온통 도주하여 오래도록 게릴라전을 벌였다. 이때부터 이전의 의병과 해산된 군사가 합류하여 각 지방에서 항전이 5년 동안에 걸쳐 계속하였다.

조약에 의하여 종래의 고문관과 참여관 등은 해고되고 8월 초부터 궁내부와 내부 이하 각부에 일본인 차관이 임명되어 이른바 차관 정치가 실시되었다.

제124장 국욕이 오다

융희의 대는 쉽게 말하면 일본이 한국에 대한 야욕을 마지막으로 내보이려는 시기였다. 무릇 일본이 서세 동점 이래로 발분 진작하여 나라의 사명을 잘 유지하고, 메이지 개혁에 상하가 협심하고 힘을 합쳐 크게 국력을 양성하였다.

그러고 나서 맨 먼저 분에 넘치게 희망을 건 것이 한국을 침략하

안중근 의사 흉상(서울, 남산 안중근기념관)

여 대륙 진출의 기점을 삼자는 것이었다. 그러자면 청국의 종주권을 배제해야 하는데, 임오·갑신의 변을 거치고 갑오·을미의 청일 전쟁으로 이를 성공시켰다. 그 다음 열강의 세력 균형 정책에서 한국을 따로 떼내야 했는데, 영일 동맹과 러일 전쟁의 승리로 이를 실현하였다.

일본이 여기까지 오는 동안에는 목청을 다하여 한국의 독립 옹

호와 동양 평화 유지를 주창하였지만, 일본의 지위가 동양에서 특수하다는 것을 인정받으면서 아무 거리낌없이 제 스스로 한국의 독립을 침해하며 동양의 평화를 파괴하는 악마가 되어 한 단계 한 단계씩 음흉한 심보를 드러냈는데, 이제 한국에 대한 총결산을 할 시기가 온 것이다.

보호 조약을 맺은 이래로 한국에 대한 일본의 방책이 소극론과 적극론으로 나뉘어서 지혜 있고 유식한 자는 한국을 존립시키는 것이 좋다 하였지만 이는 소수이고, 대개는 일본의 국제적 지위가 양호한 이때에 확실히 차지해서 오랜 희망을 이루는 것이 좋다 하여, 이른바 근본적 해결론이 대세를 이루고 있었다. 그러다가 헤이그 밀사 사건이 나고 또 민간의 반일 운동이 갈수록 거세지자, 군인 중심의 적극론자는 더욱 기세를 높여 조속한 단행을 주장하였다.

이에 일본인의 야망 수행과 한국 민족의 양심 발동은 서로 충돌하고 서로 불꽃 튀기면서 융희의 일력(日曆)을 한장 한장 제쳐 갔다. 융희 2년(1908) 8월에 동양척식회사를 설립하여 우리 역둔토를 가져다가 거기에 저희 이민을 강행하고, 3년 7월에 사법권과 감옥 사무를 앗아가는 동시에 법부가 폐지되었다. 또 3년 7월에 군부와 사관학교를 폐지하였다. 3년 10월에 한국은행이 설립되어 금융의 전권을 저희 마음대로 하게 되었다. 이것들은 다 일본 정책을 한발 한발 전진시킨 것이다.

여기에 대하여 조선 인민은 휘지 않고 반발하였다. 융희 2년 3월 23일에 외교 고문 스티븐스가 휴가를 받아 귀국하는 길에 미국 샌프란시스코에서 일본 보호 정치를 변호하다가, 대동보국회원 전명운(田明雲)과 장인환(張仁煥)에게 사살당했다.

융희 3년 6월에 이토 히로부미가 통감을 사임하고 10월 26일에 러시아 정부의 유력자인 탁지부대신 코코프체프(Kokovsev, V. N.)를 만나서 한국에 대한 일본의 적극책에 러시아 정부의 양해를 구하려고 동청철도 하얼빈 정차장에 내려서다가 의사 안중근(安重根)의 총 한방에 즉살을 당했다. 융희 3년 12월 22일에는 내각 총리대신 이완용이 종현 천주교당에서의 벨기에 황제 레오폴드 2세 추도회에 참석하고 나오는 것을 의사 이재명(李在明)이 문 앞에서 기다리다가 비수로 찔렀다.

이토 히로부미의 사살이 당시에 큰 충격을 일으킨 바람에 일본인이 일진회장 이용구를 끼고 한일 합방 의견서를 발표하였다. 한편 이 뜻을 정부에 건의하고 또 황제에게 상소하자, 이에 대하여 대한협회 · 한성부민회 · 흥사단 등 모든 단체가 궐기하였다. 일반 여론이 격앙하여 형세가 두려워지자, 통감부는 양파를 다 누르고 의견 발표를 허락하지 않았다. 그러나 일본의 합방 강행은 기정사실로 다만 시일이 문제일 따름이었다.

3년 6월에 이토 히로부미가 통감을 사임하자 부통감 소네 아라스케(曾爾荒助)가 승진하였다가 4년 5월에 그 또한 사임하고, 육군대신 데라우치 마사다케(寺內正毅)이 육군대신 직을 지닌 채 자리를 이었다. 부임하기 전인 6월 24일에 경찰 사무를 빼앗아다가 국내의 경찰을 헌병 중심으로 개편하고 7월 23일에 경성에 도착하자, 근심스런 기색이 이미 반도의 산하를 덮었다.

이때부터 통감부의 한 방에서 날마다 데라우치 마사다케의 으름장과 이완용의 굴종이 계속되다가 8월 21일에 최종 병합안이 성립되었다. 22일에 대신과 원로들의 어전 회의를 열었으나 거친 비분의 소리가 높아 논쟁이 끊이지 않자, 오후 3시 30분에 억지로 결정 형식을 만들고 오후 5시에 통감부의 한 방에서 조인을 마쳤다. 그래서 29일에 병합 조약을 발표하는 동시에 황제로 하여금 나라를 내주는 조서를 내게 하였다.

이씨의 조선이 이제 없어지고, 또 전 한국사의 행진이 여기서 전에 없는 대시련을 만났다. 태조 건국으로부터 융희 4년(1910)까지 27대에 햇수로 519년이고, 단군 기원후 4,243년만에 일어난 일이다.

제125장 조선 후기의 학예

후생 관련 학술은 후기에 들어와서도 대마다 명가가 나와 명저를 냈다. 선조조 허균의 『동의보감』(23권)은 동양 의약의 편람서로, 중국과 일본에 성행하여 수많은 종류의 번각판이 있다. 정조조 강명길(康命吉)의 『제중신편(濟衆新編)』(3권)이 또한 중국에 번각되어서 널리 알려졌다.

고종조에 이제마(李濟馬)가 사람의 체질을 독특하게 고찰하여 4종의 구별이 있어 병리와 약효가 서로 다르다는 것을 밝히니, 이른바 사상 의학으로서 조선 의학을 위하여 크게 기염을 올린 것이다. 본초학에는 선조조의 정외(鄭頠)와 고종조의 황지연(黃芝淵) · 황필수(黃泌秀) 부자가 다 열성으로 공부하였다.

이제마 초상

서양 의학은 오래 전부터 베이징에서 오는 예수회 선교사의 저술에서 그 언저리를 약간 바라본 지 오래이었다. 숙종조 이익(李瀷)의 『성호사설(星湖僿說)』에는 서양인 아담 샬이 지은 『주제군징(主制群徵)』에 보인 심장·간장·뇌가 몸의 중심이라는 새로운 설을 자세하게 소개하였고 또 나머지들도 영향을 미쳤다. 한옆으로 일본 통신사행 편에 네덜란드 처방이 더러 들어왔지만 큰 흔적을 남기지 못했다.

헌종 원년(1835)에 정약용이 중국(필시 천주교의 길)을 통하여 새 우두방을 얻어서 일부에 시행하였는데, 이는 우리 정조 20년(1796)에 영국인 제너가 발견한 것으로서 40년 만에 이리로 들어온 것이었다. 철종 말년에 영국 의사 홉슨이 중국에서 『서의약론(西醫略論)』·『부영신설(婦嬰新說)』 등 격치(格致) 서적 5종을 번역 간행하였는데, 이 책이 진작 우리나라로 들어와서 꽤 널리 알려졌다.

농업 이론에 대해서는 현종조의 박세당(朴世堂)이 『색경(穡經)』과 『산림경제(山林經濟)』를 내고, 영조조의 서호수(徐浩修)는 『해동농서(海東農書)』를 짓고, 정조조의 서유구(徐有榘)는 『임원경제지(林園經濟志)』라는 생활 백과사전 안에 「본리지(本利志)」·「예원지(藝畹志)」·「전공지(展功志)」 기타 농업 관계 부문을 실었고, 헌종조의 정학상(丁學祥)은 『종축회통(種畜會通)』을 편찬했는데 다 『농사직설(農事直說)』의 취지를 발전시킨 것이다.

또 민간에서는 오랜 경험을 바탕으로 토지에 적응하는 여러 가지 원리를 발명하였다. 건농(乾農; dry farming)·윤작·퇴비 등 진보적인 방법이 세계에 앞서서 실행되었다. 근대 과학의 산물인 농업·토목의 이론에 부합하는 지하수를 이용한 관개술도 진작 밝혀졌다. 한편 수산 방면에는 정조조 김려(金鑢)의 『우해이어보(牛海異魚譜)』, 순조조 정약전(丁若銓)의 『자산어보(玆山魚譜)』 등 훌륭한 저작이 있다.

관상감·주청(籌廳) 등 기술 관서가 있어서 전통적 수학이 이어져 왔지만, 인조 이래로 서양 수학이 수입되어서 역서를 만드는 등에 응용되었다. 철종조에 남병철(南秉哲)·남병길(南秉吉) 형제가 수학에 면밀하여 남병철은 『의기집설(儀器輯說)』·『해경세초해(海鏡細草解)』·『추보속해(推步續解)』를 지었고, 남병길은 『시헌기요(時憲紀要)』·『성경(星鏡)』·『산학정의(算學正義)』·『추보첩례(推步捷例)』를 지어서 이 방면의 교량이 되었다. 그와 전후하여 김상혁(金尙爀)이 또한 이 학문으로 유명하여 『산술관견(算術管見)』의 저술이 있다.

국문학 방면에서는 시조·가사 등의 노래가 점점 보급되어 서민 사이에서 작가가 많이 나오기에 이르렀지만 질은 도리어 떨어지고, 겨우 「한양가」·「연행가(燕行歌)」 등 수백 구를 연이은 장편 서사시가 속출한 데서 발달상을 보였다.

그 대신 소설 쪽에서는 세월과 함께 약진하여, 창작과 번역 어느 편으로나 자못 성황을 보였다. 광해조 허균의 『홍길동전』, 숙종조 김만중(金萬重)의 『구운몽(九雲夢)』·『남정기(南征記)』, 숙종조 남영로(南永魯)의 『옥루몽(玉樓夢)』 등은 내용과 영향 면에서 대표적 명작으로 꼽히는 것이다. 한편으로 『열국지(列國志)』·『삼국지연의(三國志演義)』·『수호전』·『서유기』 이하 명청 시대의 장편·단편 소설류는 거의 다 국문으로 번역되어 일반으로 유행하였다.

신문학의 건설과 서양 문학의 수입은 광무 이후에 느릿느릿 진행되었다.

한문학은 활발했던 선조조 기운의 여력으로, 광해·인조의 사이에 이정구(李廷龜)·신흠(申欽)·이식(李植)·장유(張維)가 나란히 등장하여 4대가라 불리어졌고, 숙종조에 김창협(金昌協)·김창흡(金昌翕) 형제가 형은 문장, 아우는 시로 유명했으며, 영조조에 이언진(李彦瑱)은 27세에 요절하였지만 독특한 표현의 시로 이름을 내외에 떨쳤다.

정조조에는 문학이 이전에 비할 바 없이 성하였다. 박지원(朴趾

源)의 문학은 뛰어나고 탁월하여 동방에서 처음 볼 뿐 아니라 천하에 소리칠 만하였으며, 이덕무(李德懋)·박제가(朴齊家)·유득공(柳得恭)·이서구(李書九)는 청신한 시풍을 발휘하여 일찍부터 4대가라는 이름을 얻었으며, 순조조에 신위(申緯)가 시를 가지고 쥐고 흔들어 시의 양이 이씨 조선에서 제일 많아 백 년 이후의 시인이 다 그 영향을 입었다고 한다.

헌종조에는 이상적(李尙迪)이 열두 번에 걸쳐 연경에 다니며 시로 교우한 것들이 천하에 그득하여 국내외에서 주고받은 시가 고금에 걸쳐 가장 많았다. 철종조의 정지윤(鄭芝潤)·강위(姜瑋)와 고종조의 황현(黃玹)·김택영(金澤榮)이 다 당대의 시 방면에서 최후의 보루가 되기에 족하였다.

글씨에는 숙종조의 윤순(尹淳)이 재주와 학문이 다 같이 충분하여, 옛 사람의 정화를 반드시 습득하여 동방의 탁한 공기를 한번에 씻어냈다는 평을 얻고, 영조조의 이광사(李匡師)는 힘차고 뛰어나 당대의 거수(巨手)로 인정받았다. 순조·헌종 사이에 김정희(金正喜)가 나와서 출중한 재주에 공부를 더 없이 쌓았고, 자학(字學)과 금석(金石)에 정통하여 식견이 고매하니, 한국의 서도가 여기에 이르러 독특한 경지를 얻은 감이 있고, 그 일가의 서풍에 추사체의 이름이 있다.

김정희와 전후하여 평양에 조광진(曺匡振)이 있고, 전주에 이삼만(李三晩)이 남북에 엇갈려 빛났으며, 고종조에 정학교(丁學敎)가 명성을 드날려서 광화문 이하의 제액(題額)이 그 손에서 많이 나왔다.

그림은 인조조의 김명국(金明國)·조속(趙涑)이 당대를 대표하여 명성이 높고, 영조조의 정선(鄭歚)이 산수에 뛰어나고, 특히 진경화를 그리는 데 능하여 동방 산수의 종화(宗畵)로 불리고, 그의 제자 심사정(沈師正)이 또한 능란한 솜씨로 유명하여 이 둘을 2재(二齋)라고 불렀다.

정조조에 김홍도(金弘道)는 산수·인물·화훼·영모에 다 묘를 얻었고, 의장과 필법에 다 독자적인 경계를 열어 한국의 화도(畵道)가 비로소 빛을 크게 발하였다. 고종조에 장승업(張承業)은 제멋대로의 필법과 있는 듯 없는 듯한 신비로운 운치로써 독보적인 이름을 얻고, 겸하여 세속을 떠난 자유로운 예술가적 풍격을 당대인들이 크게 칭찬하며 부러워하였다.

제126장 간도 문제

고종 20년(1883)에 어윤중이 서북 경략사로 경원에 가서 간도 문제에 대한 근본 대책을 세우고 돌아온 뒤로, 우리의 방침은 간도가 어디까지나 우리 영유라고 주장하여 굽히지 않고 청 또한 만만히 양보하지 않자 말썽이 점점 커졌다. 고종 22년(1885)에 이르러 청국이 같이 모여 감계(勘界)하자고 하여, 9월에 우리 안변 부사 이중하(李重夏)·종사관 조창식(趙昌植)이 청국 파견원 덕옥(德玉)·가원계(賈元桂) 등과 함께 회령부에 모여서 담판을 개시하였다.

청인은 중국편의 문서에 의거하여 도문강(圖們江: 豆滿江)이 천연의 경계라 하고, 다만 상류 지방에서 어느 지류를 본류로 할 것인지를 조사하여 국경을 정하자고 주장하였다. 우리는 실제가 제일이므로 백두산의 비문과 거기에 토문(土門)이라 한 것이 어디인지를 조사하여 국경을 결정해야 한다고 항변하였다.

이처럼 당초부터 의견이 서로 충돌하여 옥신각신하다가 양국의 파견원이 세 길로 나누어 여러 갈래 수원(水源)을 각각 더듬어 올라가서 정세를 살피기로 하였다. 실제를 보고는 청인이 또한 다른 감을 가지고 말이 궁해지자, 이번에는 조사하고 살펴봤을 뿐이라 하고 그대로 돌아갔다.

감계 담판은 고종 24년과 25년에도 행하여 또 이중하가 맡았으나 번번이 합의안을 얻지 못하고, 이 뒤 한참은 문제가 그만저만 하였다. 고종 32년(1895) 이후에 한국이 자주 독립하게 되자 거류민들이 다시 논의해 주기를 거듭 요망하고 있고, 광무 4년(1900)의 북청 사변을 타서 러시아가 간도를 점령하자 거류민 문제 해결을 더욱 간절히 생각하게 되었다.

광무 6년에 정부에서는 이범윤(李範允)을 시찰원으로 파견하여 인민을 순무하게 하고, 다음해에 이범윤을 북변 간도 관리로 임명하여 이를 경성 주재 청국 공사에게 통고하였다. 이에 이범윤이 개인적으로 포병을 양성하고 조세를 징수하여 청의 관리하고 충돌이 끊이지 않았다. 드디어 경성과 베이징에서 외교적 문제가 되더니 러일 전쟁이 일어나자 일본 공사의 권고로 전쟁 중에는 감계 논쟁을 중지하게 되었다. 한편 전쟁 중에 이범윤이 러시아를 이용하다가 러시아가 패퇴하자 러시아 땅으로 들어가고, 일본이 외교권을 빼앗아 가자 문제가 드디어 청일간의 외교 문제로 되었다.

일본은 이것을 좋은 거리로 생각하여 융희 원년(1907) 8월 23일로부터 통감부의 파출소를 간도의 용정촌에 설치하고, 우리 내부(內部)에서 파견한 관리와 일본인이 협력하여 행정을 시작하였다. 한편으로는 감계상에 필요한 조사와 연구에 힘을 쏟아 한국의 영토라는 전제 하에 모든 시설을 설치하였다. 청에서도 여기에 격하게 대응하여, 길림변공서(吉林邊公署)를 특설하고 다수의 관리와 군대를 파송하여 대항하기에 골몰하였다.

베이징에서는 이론상으로, 간도에서는 실제상으로 수년간 갈등을 거듭하다가 융희 3년(1909)에 남만주철도의 안봉선(安奉線)을 개축할 때에 청일간에 분쟁이 일어나자, 일본이 간도 문제를 희생물로 내놓고 개축의 양해를 얻기로 하여 9월 4일에 '간도에 관한 협약'이란 것이 성립하였다.

그 개요는 도문강(圖們江; 곧 두만강)을 한·청 국경으로 하여 수원(水源) 지역에서는 정계비와 석을수(石乙水)로 경계를 삼고, 간도를 청국의 영토로 확인하여 한청 양국인의 잡거지로 하여 한인은 전과 같이 거주하며 생업하게 하고, 용정촌·국자가(局子街)·백도구(百道溝)·두도구(頭道溝) 네 곳을 개항장으로 개방하여 일본이 용정촌에 총영사관, 다른 세 곳에 영사 분관을 설치하여 한인을 보호한다는 것이었다.

한국이 약소국으로서 27년 동안 항쟁하여 굽히지 않던 문제를 강국을 자처하던 일본은 외교권을 대행한다고 한 지 4년도 안 되어 이처럼 일시적 이해를 위하여 얼른 굴복하여 넘겨주었다. 그러나 한국인의 자연 발전력은 외교 관계의 구속을 받는 일 없이 북간도는 고사하고 서간도 - 남북만주 - 시베리아 - 몽고의 각지를 향하여 한국의 사실적 연장을 계속 실현하여 나갔다.

제127장 독립의 싸움

한국이 건국 이래 반만 년에 국토와 인민의 전통이 면면하여 단절이 없었는데, 일본에 의해 강제 병합의 변을 당하자 국민 모두가 통분하고 격노하였다. 의병은 게릴라전을 전개하고 지사는 실력 양성 운동에 나서고, 또 일면으로는 국제 정세를 이용하는 외교 공작을 펴서 국권 회복의 열성이 날로 고조되었다.

일본은 오로지 무력 제일주의로 한국을 통치하기로 하였다. 병합이 다가왔을 때 먼저 헌병 경찰 제도를 마련하여 탄압의 소지를 만들고, 병합되자 총독은 육해군인으로 임용하는 제도를 정하여 언제든지 무력을 행사하기에 편하게 하였다. 이어 종래의 1개 사단 내외이던 주둔군 말고 새로 2사단을 증설하여 위협할 힘을 충실히 키웠다.

다른 한편, 일본은 한국인에게서 언론과 집회의 자유를 빼앗고 교육 형식과 사상 내부에까지 가혹하게 단속하였다. 무릇 국민성 파괴에 필요한 일이라면 어떤 잔인 포학한 수단이라도 거리낌없이 마음대로 하였다. 근거도 없이 허위로 큰 옥사를 만들어서 제 정신 가진 사람을 근절시키려 했다.

모든 생활의 안팎에 무수한 질곡과 함정을 만들어서 한국인이 수족을 놀릴 여지를 못 가지게 하고, 직업 · 대우 · 경제적 진출 등에는 전혀 도리에 맞지 않는 차별과 차단벽을 겹겹이 설정하여 모든 민족적 향상의 기회를 완전히 틀어막았다. 그리고 날마다 일마다 몰아적 복역(服役)과 까닭 모르는 감읍(感泣)만을 강제하였다.

그러나 잠복 암행하여 광복을 꾀하는 이가 서로 이어 끊이지 않았다. 국내에서의 운동이 거북하여지면 해외로 눈을 떠서 북간도 · 러시아 연해주 · 서간도 · 북만주 · 시베리아로 활동 근거지가 뻗어 나가고, 베이징 · 톈진 · 상하이와 하와이 · 북미를 연결한 운동선이 형성되어서, 나라의 혼을 환기시키고 경제력을 키우고 군사 훈련을 실시하는 등 시세에 따라서 대응하였다. 한편으로 세계 대세의 추이에 마음의 눈을 밝혀서, 가깝게는 중국의 혁명 운동, 널리는 국제적 계급투쟁을 죄다 당겨다가 우리 민족 전쟁을 배양하는 전선을 만들었다.

1914년 4월에 세르비아 청년이 오스트리아 황태자를 사살하자 마침내 세계대전이 일어나 만 4년 여의 혈전을 치르고 1918년 11월에 독일과 오스트리아 측의 패배로 종결을 고하였다. 누가 이기고 지든지 전후의 세계에 일대 개조가 있으리라는 것은 미리부터 일반이 느껴 헤아리고 있었다.

더욱이 그해 1월에 미국 대통령 윌슨이 강화 기초 조건으로 14개 원칙을 발표한 것 중에 각 민족이 각자의 운명을 결정할 것이라

는 이른바 민족 자결주의 항목이 있었다. 다음해 1월 이후에 영·
미·불·이·일 5국이 이 지도 원리 하에 파리에서 예비적 평화
회의를 열게 되자, 세계에 있는 피압박 민족 중에 누구보다도 한국
인이 예민하게 받아들여 이 정세를 정치적으로 유효하게 이용하려
고 국내외가 일치하여 진작 착수하였다.

　바야흐로 이러할 즈음에 1919년 1월 23일(구력 1918년 12월 20일)
에 고종이 하세하고, 그 원인에 의문점이 있다는 말이 퍼져서 국내
의 인심이 크게 충격을 받았다. 작년 이래로 암중에 준비하던 민족
자결 계획이 여기에서 폭발구를 발견하고, 3월 3일의 국장에 13도
인민 수십, 수백만의 경성 집회를 준비하였다.

　2월 말까지 필요한 준비를 완료하였다가 3월 1일에 한국 민족
대표 33인의 이름으로 중앙과 지방에서 일제히 독립 선언서를 냈
다. 이어 청년 학생 중심의 행동대가 가두 행진을 거행하여, 40~50
만 군중이 독립 만세를 높이 외치면서 전 도시의 주요 가로를 완전
히 독립 전선으로 만들었다.

민족 자결의 의거가 한번 일어나자 국내외가 일시에 호응하였다. 국내에서는 방방곡곡 면면촌촌이 경쟁적으로 자결 만세를 불렀고, 일본 군경이 발포하여 방자히 학살하였지만 그럴수록 기세가 올랐다. 해외에서는 북서간도, 남북 만주, 러시아, 중국, 미국, 유럽 등 실로 한국인이 거주하는 곳이면 어디서나 태극기 아래 독립 선언식이 열렬히 거행되었다. 4월에는 전 세계 각 지구를 대표하는 한국 민족의 전 세력이 상하이로 모여들어 17일에 임시정부를 건설하여, 대의원을 두고 구미위원부를 만들어서 국내외를 아우른 독립 운동을 활발히 전개하였다.

이 해 6월에 세계대전 강화 조약이 베르사이유에서 체결되고, 현상 유지에 급급한 열강이 마침내 약소민족 문제를 불문에 붙이고 말았으나, 이번의 운동으로 한국 민족의 독립 정신은 가장 깊고 강하게 세계에 각인되었다. 이것을 3·1운동이라 한다.

베르사이유 조약 이후에는 독립운동이 저절로 장기전으로 변화하였다. 안으로는 지하 공작과 밖으로는 국제 활동에서 사람의 지혜와 힘을 다하며, 시국을 따르고 시세에 대응하여 가지가지로 새로운 민족 전쟁의 양식을 만들어 가면서 돌아오는 시운에 대비하였다.

1931년 9월에 일본이 만주 사변을 일으키고 1937년 7월에 일본이 다시 지나 사변을 만들어서 중국에서 항일 구국전이 치열하여지자, 우리 투사는 감연히 여기에 참가하여 공동 항일의 유력한 일익이 되었다. 시세가 더욱 진전하여 일·독·이 삼국이 서로 연결되고 1939년 9월에 유럽이 다시 전란에 빠지자 미국이 거기에 뛰어들었다. 1941년 12월에는 일본이 미·영을 상대로 하는 태평양 전쟁을 일으키니, 이제 진실로 유사 이래의 세계대전이 벌어졌다.

이렇게 세계의 시운이 변전하는 족족 한국 인민의 독립 싸움은 새 기회를 붙잡고 또 새 국면을 만들었다. 만주에서는 반만 항일전의 중추로서 활동하고, 중국에서는 중칭의 중앙군과 옌안의 홍군에서 다 유력한 별동대로서 참가하였다. 태평양 전쟁 개전에 다다라서는 12월 12일에 단연히 일본에 대해 선전포고를 하고, 세계 신질서 건설의 일익을 담당하였다. 한편으로 국내에서는 합법적·비합법적으로 가능한 한도의 해방 투쟁을 꾸준히 진행하여 한국인의 불요 불굴하는 반발력을 보였다.

일본이 처음에는 기습적 저돌적 태도로 기세를 얻은 듯하였지만, 세월이 끌림과 함께 중·미를 상대로 한 양대 전쟁 국면을 혼자 감당하지 못하여 개전 일 년 반쯤부터는 무너지는 기세를 가릴 수 없었다. 마침내 1943년 11월에는 미·영·중의 3국이 북아프리카의 카이로에 모여서 전후 수습책을 일방적으로 평결하기에 이르렀다. 이 카이로 회담 후의 선언에서 중국은 만주는 물론이고 타이완(臺灣)·펑후다오(澎湖島) 등 잃었던 땅을 찾고, 한국은 자유 독립국으로 부활될 것이 천명되었다.

일이 이쯤 되어서 운명이 분명 결정되었지만, 일본은 국민을 속여서 무의미한 발악적 항전을 계속하였다. 이 동안에 미국은 잠시 내놓았던 태평양 여러 섬을 모조리 회복하고, 우수한 성능의 중폭격기로 일본의 크고 작은 도시를 차례로 파괴하였다. 다시 일순간에 대도시를 폭격하여 날려버릴 수 있는 원자탄을 만들어냈다. 그 뒤 1945년 7월 하순에 삼국이 다시 프로이센의 포츠담에서 회담을 열고, 일본에게 무조건 강복을 권유하는 동시에 소름끼치는 새 폭탄의 위력을 나가사키와 히로시마 등에 실험하여 보였다.

일본도 이제는 하는 수 없어 소비에트 연방에게 항복 알선을 부탁하였더니, 소련이 도리어 8월 8일에 포츠담 선언에 가입하여 9일에 조선과 만주 국경으로 진공하였다. 이에 일본이 기세가 꺾이고 힘이 다하여 드디어 14일에 미·영·중·소 4국에게 포츠담 선언을 따르겠다고 통고하고, 15일에 일왕이 스스로 항복한 사실을 국내외로 방송하였다. 이에 여러 해에 걸친 중일전 · 세계대전 · 태평양전이 다 일시에 종국을 고하고, 세계가 일신하는 기운 속에 한국의 독립이 37년 만에 회복되었다.

이렇게 하여 일본은 사납고 오만하고 거짓을 꾸민 끝에 저희 나라를 망하게 하고, 한국인은 내외 일치, 불요 불굴하는 협동력으로 민족 부흥의 서광을 맞이하였다. 그리하여 한국 역사의 연면성은 잠시 구부러져 있다가 다시 자유자재한 본래 모습으로 돌아왔다.

제128장 총론

한국의 역사는 세계에서 가장 유구한 국민 기록의 하나로, 인류 문명이 다섯 손가락 안에 들 때에 그 한 자리를 차지할 수 있었다. 조선 민족의 조상은 이미 북부여 평야에 있을 때부터 농업 생활을 시작하여 수렵민이나 유목민 사이에 두각이 우뚝하였다. 남으로 낙랑 평원에 들어오자 생산 기술의 진보와 함께 사회 생활이 더욱 발달하여 아름다운 예절 풍속이 중국인의 안목을 둥그렇게 하였다.

석기 시대로부터 금석 병용 시대에 걸치는 수천 년 동안에 그들은 넓은 토지와 기름진 땅에서 평화로이 농사지으며 신정적(神政的) 질서를 누리며 다른 것을 생각하지 않았다. 그러다가 중국 쪽에서 오는 유이민의 침략을 만나서 비로소 민족적 자각을 얻었다.

이어 북방 삼림과 남방 해도로서 덤비는 물자 약탈자를 방어할 필요에서 부족적 원시 국가가 차차 군국적 조직으로 이행하여, 그들의 국가 생활은 더욱 복잡해지고 험난해졌다. 이러한 가운데 민족과 국가의 구심 운동이 진행하여 응집도가 가장 높은 남방으로부터 통일이 결성되기 시작하였다.

신라의 손에 성취된 최초의 통일은 당시의 정세에 얽매어서 남방의 절반에 국한될 수밖에 없었다. 그러나 마음과 마음이 서로 부르고 피와 피가 서로 당기는 바에 따라, 남은 반인 북방을 견인할 마음이 반도 인민의 북방 진출을 유발하였다. 그래서 그들의 발길이 어쩐 셈인지 모르고 북으로 내켜서, 언제까지고 가쁜 줄을 모르는 것이 신라 이후 수백 년 동안 한국 역사의 중심된 마음이었다.

이 동안 대륙에는 거란·여진·몽고 등 용이니 호랑이니 하는 대민족이 거끔내기로 발흥하여 하늘과 땅 산과 바다를 뒤잡아 흔드는 대활동을 하였지만, 이러한 기세도 한국 인민의 잰걸음을 지체시키기는 했어도 다만 한 번 한 걸음이라도 후퇴시킬 수는 없었다.

그리하여 신라 북쪽 경계 대동강이 태봉에서 청천강으로 내밀고, 고려에서 압록강으로 내키고, 이조 전기에 두만강에 이르고, 중기에 백두산 주변을 확보하고, 말기에도 오히려 북서간도 내지 연해주 일부를 사실상 한국 땅의 연장으로 만들었다. 최근의 대륙 풍운을 타고서 한국인의 침투력이 마침내 만주·몽고·북중국을 멀리 두지 않은 것은 또한 우리의 장래에 대한 큰 시사가 아닐 수 없다.

그러나 한국인의 본성은 유구한 농업 생활에서 순치된 평화롭고 온순한 백성을 기준으로 하여, 발전은 언제고 자연히 사실적이었다. 북방 다른 민족이 살벌하고 침략적이고 저돌적인 것과는 형태를 아주 달리하고 있다. 기세 있게 대륙 평원에 들어서서 대제국을 건설하는 통쾌한 맛은 없었을 법하지만, 유사 이래 수천 년에 혈통·사회·문물의 전통이 잠시도 끊이지 않고 한 나라 한 민족이 고스란히 전승되어 온 큰 특색을 자랑할 수 있다.

최근의 외화(倭禍) 30여 년도 결과적으로는 한국인의 강인 투철한 민족적 반발력을 증명하는 것 외에 다른 것이 아니었다. 장구한 한국 역사의 과정에는 한국인이 장점과 함께 결점이 정직하게 드러나 있다. 우월한 독창력과 총명한 변통성 같은 자랑거리가 있는 일면에, 조직력이 취약하고 집단성이 느슨하여 가끔 의외의 손실을 부른 부끄럼이 있다.

그 중에서도 이따금 생겨나는 내부 분열의 관성적 작용이 그때마다 영락없이 국민적 재앙을 가져왔건만, 여기에 대한 반성과 징계가 결여하여 동일한 과오를 대고 되풀이하는 것은 거의 설명하기 어려운 어리석고 암울한 모습이다.

과거의 역사가 장래의 거울이라 할 수 있으므로, 우리는 모름지기 아름다운 모습과 추한 모습을 공평히 거기에 비춰 보아 사실의 교훈 앞에 엄숙히 공손하여야 할 것이다. 새로운 한국의 건설은 곧 세계의 앞에서 치르는 크나큰 국민적 시험이다. 얼마만큼 우리 미덕을 잘 키우고, 얼마만큼 우리 오점을 불식하며, 또 얼마만큼 창조하며, 얼마만큼 비약해서, 어떻게 세계 역사의 큰 장면에서 빛나는 월계관을 집어 쓰려는가. 한국의 역사는 영광의 새 책장을 우리에게 기대한다.

해제

1. 간행 경위

통사(通史)는 시대를 한정하지 않고 전 시대 전 지역의 역사적 줄거리를 기술하는 역사 서술 방식이다. 역사가는 자신의 역사 이해를 체계화하고 집대성하여 통사를 서술하고, 그렇게 서술된 통사는 그 역사가의 역사관을 대표하는 작품으로 남게 된다.

최남선은 역사 연구를 시작했을 때부터 한국사 통사를 계획했다. 그의 나이 33세 되던 1922년부터 작업을 시작하여 6년여 후인 1928년에 탈고하여 1930년에 『조선역사강화』로 발표했다. 태평양 전쟁의 패색이 짙어지면서 일제의 탄압이 가중되고 있던 1943년에 『고사통』을 발표했다. 1945년 해방이 되자 곧바로 '해방된 역사'를 위하여 기존의 두 통사를 바탕으로 하여 『국민조선역사』를 탈고하여 1947년에 발표했다.

『국민조선역사』가 출간된 1947년은 그의 나이 58세이다. 한말 이래 일제 시기까지 숱한 파란을 겪은 후였고 또한 역사가로서의 식견도 절정에 오른 때였다. 일본 지배라는 제약이 사라진 후의 한국사 통사였기 때문에 『국민조선역사』는 앞서의 두 통사와는 성격을 달리한다. 그가 역사가로서 하고 싶었던 얘기를 처음으로 '검열'이라는 제약 없이 표현할 수 있었을 것이다. 바로 그런 이유로 해방 후 최남선은 다른 어떤 것보다 『국민조선역사』에 심혈을 기울였던 듯하다.

> 내 진실로 공적 없고 불민하지만, 한국 역사를 어찌할까 하는 근심과 고충을 품고서 험난한 가시밭길에 동심(童心)과 장혈(壯血)을 다 소모하고 성성한 백발이 이미 연적을 비추고 있다. 바라되 기약치 못하던 8·15의 기쁜 운이 문득 다닥치매 혹시 남은 생명과 끼친 정력으로 한국 역사에서 고봉(高峰)에 이르는 한 작은 길이 되고, 한국 역사의 태양이 중천할 때까지의 횃불 하나가 되라는 소임이 내 어깨에 짊어져 있는 듯한 생각이 다시 났다. 이에 석 달 밤낮을 문 닫고 쉼 없이 공부하여 겨우 이 초고 한 편을 마쳤는데…

이 글에서 나타나는 것처럼, 이미 성성한 백발이 된 최남선은 석 달 동안 두문불출하면서 남은 정력을 다 쏟아 부어 『국민조선역사』를 완성했던 것이다. 그러나 물자가 극도로 부족한 당시 상황에서 『국민조선역사』 출간은 쉽지 않았다. 탈고하기는 1945년 11월 20일이었으나, 1947년 1월 10일에야 출간이 미루어진 연유를 서문에 추가하여 동명사를 통해 『국민조선역사』가 출간되었다.

『국민조선역사』는 해방 후에 쏟아진 최남선의 다른 단행본과 마찬가지로 널리 읽혔다. 일본사가 '국사(國史)'이던 일제로부터 해방된 직후인 당시로서는 마땅한 한국사 개설서가 없었고, 『국민조선역사』는 이러한 수요에 부응하여 각 학교의 교재로 채택되었다.

인기리에 판매되고 있던 『국민조선역사』는 1955년 동국문화사를 통해 『우리나라역사』로 출간되었다. 『우리나라역사』는 『국민조선역사』의 지형(紙型)을 그대로 썼기 때문에『국민조선역사』와 판형에서는 차이가 없다. 다만 '조선'이 '한국'으로 바뀌었다. 『국민조선역사』가 출간된 1947년 당시는 대한민국 정부 수립 이전이므로 '한국'이란 말을 쓰지 않았던 반면, 정부 수립되고 국호가 정해진 이후인 1955년『우리나라역사』에서는 '한국'이란 말로 바꾸었던 것이다.

그러나『우리나라역사』는『국민조선역사』의 지형을 그대로 썼기 때문에『국민조선역사』의 잘못된 조판도 그대로 답습되었다. 동명사의『국민조선역사』조판 과정에서 '제19장 선덕·진덕 양여왕'을 빠뜨리게 되어 책 맨 뒤에다 '보(補)'라 하여 추가하였는데,『우리나라역사』에서도 마찬가지로 되어 있다. 1973년 고려대학교 아세아문제연구소에서 간행한『육당최남선전집』제1권에 실린『국민조선역사』는『우리나라역사』를 대본으로 하였다. '조선'이 '한국'으로 바뀌어 있기 때문이다. 그러나 제19장을 제자리에 위치시킴으로써 동명사의『국민조선역사』와 동국문화사의『우리나라역사』의 조판 착오를 바로잡았다.

본 윤문은『우리나라역사』를 대본으로 하고,『육당최남선전집』제1권에 실린『국민조선역사』와 비교 검토하면서 진행되었다.『우리나라역사』를 주대본으로 한 것은『국민조선역사』의 원래 지형을 그대로 쓰고 있다는 점, '조선'이 '한국'으로 바뀐 것은 당시 생존해 있던 최남선의 뜻이었을 것이라는 점, 조선이 조선왕조를 뜻하기도 하고 한국 자체를 뜻하기도 하여 구분할 필요가 있다는 등을 감안해서이다.

2. 구성과 내용

"역사를 생각하는 것은 역사를 시대구분하는 것이다."라는 말이 있을 만큼, 시대구분은 역사 인식에서 중요한 개념이다. 시대구분이란 양적으로 연속하는 시간이 아니라 각각 질을 달리하는 일관된 시대를 단위로 하여 역사를 구분하는 것을 말한다. 이러한 시대구분이 가장 전형적으로 적용되는 것이 통사이다. 역으로 말하면 통사 구성에서 가장 중요한 것은 시대구분이라 할 수 있다.

최남선은 시대구분에 많은 고심을 했다. 그의 시대구분은 1930년의 『조선역사강화』에서 시도된 이래 『고사통』·『국민조선역사』에 일관되게 적용되었다. 최남선의 통사 세 권에 적용된 시대구분은 상고(上古), 중고(中古), 근세(近世), 최근(最近)의 4구분법이다. '상고'는 단군 조선에서 후삼국까지, '중고'는 고려 건국에서 멸망까지, '근세'는 조선 건국에서 철종까지, '최근'은 대원군 집권에서 한일합병까지이다. 현재의 고대, 중세, 근세, 근대의 시대구분과 비교하면 근대의 하한만 제외하면 시기 구획이 같다.

최남선이 『조선역사강화』를 준비하고 있던 당시 시대구분은 고대를 삼국 이전과 삼국 이후로 이분화하였다. 태고/상고, 상고/중고, 태고/중고 등으로 표현되었으나 기본적으로 고대는 이분화되어 있었다. 이렇게 이분적으로 인식하던 고대를 '상고'로 일원화시켜 한국사 서술에 적용한 최초의 역사가가 최남선이었다. 『국민조선역사』도 이 시대구분에 의해 구성되었다. 『국민조선역사』가 해방 후 가장 널리 읽히던 한국사 통사이자 개설서임을 감안하면, 『국민조선역사』의 시대구분이 이후 한국사 시대구분에 미친 영향을 짐작할 수 있다.

시대구분에서는 『국민조선역사』가 『조선역사강화』·『고사통』과 같다 해도, 장 구성과 내용에서는 두 통사와는 많이 다르다. 구성상으로 보면, 『조선역사강화』와 『고사통』에서 공통적이었던 1장 3절의 형식을 버리고 장만으로 구성하여 총 128개의 장을 두었다. 또한 일제 시기에는 쓸 수 없었던 내용들, 설령 쓴다 해도 에둘러서 써야 했던 내용들에 대해서 새롭게 장을 두어 서술했다.

무엇보다 『국민조선역사』의 첫 장이 '신시(神市)'라는 것이다. 제1장 '신시'에서 『삼국유사』 단군 관련 기록을 그대로 실어 환웅, 즉 신시 시대로부터 한국사를 서술했다. 단군 연구에 매진했던 최남선이었지만 일제 시기의 두 통사에서는 단군 왕검만 거론했을 뿐이고, 단군 왕검 이전은 모호하게 처리했다. 그러나 『국민조선역사』에서는 단군이 하느님의 아들인 환웅의 아들이라는 단군 신화의 전반부가 그대로 실렸다. 우리 역사의 개창자가 천손(天孫)이라는 것을 통사에서 처음으로 드러낸 것이다.

일본에 대한 서술, 즉 한일 관계사에 대한 서술이 크게 변화했다. 서문에서 최남선은 "악독한 이민족이 철저한 국성(國性) 파괴력으로 역사의 파멸에 가장 힘썼다. 그리하여 마침내 한국 역사라는 말을 입에도 올리지 못했다. 이 악몽을 돌아다보면 누가 몸서리를 치지 않을 것인가."라고 하여 일제의 한국사 왜곡을 통탄했다. 따라서 검열을 의식하면서 써야 했던 두 통사와는 달리 해방 후에 쓰여진 『국민조선역사』에서는 일본에 대한 서술이 바뀔 수밖에 없었다.

왜구와 그 정벌에 대한 서술이 상세해졌다. 두 통사에는 없던 내용이 추가되었는데, 백제 유이민 자손이 일본 천황이 되었다고 한 것, 일본의 산인(山陰) 지방에 신라의 식민지가 있었다고 한 것 등이다. 왜국의 신하가 되느니 차라리 신라의 개돼지가 되겠다면서 죽어간 박제상(朴堤上) 일화도 두 통사에는 없던 내용인데, 『국민조선역사』에서는 상당한 분량을 할애하였다. 임진왜란에 대한 서술도 분량과 내용에서 크게 변화하였고, 임진왜란을 "일본이 무력으로 조선에 유학한 것"으로 평가했다.

3. 의의

일제 때의 두 통사와는 달리 해방 후의 『국민조선역사』에서 단군에 대한 서술, 한일 관계사의 서술 등이 바뀌는 것은 당연하다. 최남선은 채 못 다한 말을 해방 후에 하고 있을 뿐이다. 한국사 개설서 또는 통사로서의 『국민조선역사』의 사학사적 의의는 다른 데 있다. 『국민조선역사』에는 두 가지의 역사 인식이 두드러진다. 하나는 1920년대 문화 사학적 역사 인식이, 다른 하나는 대외 팽창적 역사 인식이 작용하고 있다는 것이다.

문화 사학적 역사 인식은 비단 『국민조선역사』뿐 아니라 앞서의 두 통사에도 일관된 역사 인식이자 최남선의 사학 전체를 관통하는 역사 인식이다. 문화 사학은 사회 상층 구조의 변화인 정치사 · 제도사 · 문화사 · 예술사 · 종교사 · 풍속사 등을 총체적으로 혹은 부분적으로 추구하여 역사 발전의 구조와 현상과 의미를 파악한다. "문화는 길고 역사는 짧다."고 하기도 했던 최남선은 자신의 통사에서 한국 역사상 문화의 융성과 성취를 곳곳에서 강조했다. 그러나 문화 사학에서는 사회 경제를 문화에 종속된 현상으로 보기 때문에 사회 경제에 대한 서술이 취약하다. 『국민조선역사』에서도 사회 경제에 대한 서술은 취약하다.

대외 팽창적 역사 인식은 특히 『국민조선역사』에서 두드러져 두 통사와는 차이가 난다. 최남선은 한국사의 전개 방향은 북방에 있다고 했다. 남방의 신라가 통일했지만, 이후의 한국사의 축심은 북방으로의 진출에 있었다고 했다. 고려와 조선의 쉼 없는 영토 개척, 조선 말기 간도와 연해주로의 한국인 이주도 북방으로 진출이라고 했다. 나아가 한국인이 이주한 북간도 · 서간도 · 남북 만주 · 시베리아 · 몽고 지역이 한국 영토의 '사실상 연장'이라고 하였다. 또한 구토(舊土) 회복은 역사적 소임이라고 하였다.

일제 시기 동안 최남선의 한국사 인식은 대체로 한반도 중심이었다고 할 수 있다. 단군을 한반도 내로 비정했고 남북국설을 채택하지 않았고 한사군도 한반도 내로 비정했다. 이러한 한반도 중심의 한국사 체계가 『국민조선역사』에서는 한반도를 넘어 만주, 즉 북방 중심으로 나타난 것이다. 이러한 입장이 일제 시기에 없었던 것은 아니나 『국민조선역사』에서 적극적으로 표출되었던 것이다.

대외 팽창적 서술을 포함하여 최남선의 해방 후 역사 서술은 해방 전과는 차이가 있다. 새로운 시대를 위해 집필된 『국민조선역사』에는 신국가 건설에 대한 기대와 열망이 담겨 있다. 이러한 기대와 열망이 『국민조선역사』 제128장 '총론'의 마지막 문장에 집약되어 있다.

> 과거의 역사가 장래의 거울이라 할 수 있으므로, 우리는 모름지기 아름다운 모습과 추한 모습을 공평히 거기에 비춰 보아 사실의 교훈 앞에 엄숙히 공손하여야 할 것이다. 새로운 한국의 건설은 곧 세계의 앞에서 치르는 크나큰 국민적 시험이다. 얼마만큼 우리 미덕을 잘 키우고, 얼마만큼 우리 오점을 불식하며, 또 얼마만큼 창조하며, 얼마만큼 비약해서, 어떻게 세계 역사의 큰 장면에서 빛나는 월계관을 집어 쓰려는가. 한국의 역사는 영광의 새 책장을 우리에게 기대한다.

이처럼 지난 역사의 교훈을 잊지 말아야 영광스러운 한국 역사가 펼쳐질 수 있다고 하였다. 이것이야말로 최남선이 이 책을 집필한 이유로, 새로운 한국이 나아갈 방향을 지난 역사에서 찾자는 것이다.

최남선 한국학 총서를 내기까지

현대 한국학의 기틀을 마련한 육당 최남선의 방대한 저술은 우리의 소중한 자산이다. 그러나 세월이 상당히 흐른 지금은 최남선의 글을 찾아보는 것도 읽어내는 것도 어려워졌다. 난해한 국한문 혼용체로 쓰여진 그의 글을 현대문으로 다듬어 널리 읽히게 한다면 묻혀 있던 근대 한국학의 콘텐츠를 되살려 현대 한국학의 발전에 기여할 것이었다.

이러한 취지에 공감하는 연구자들이 2011년 5월부터 총서 출간을 기획했고, 7월에는 출간 자료 선별을 위한 기초 작업을 하고 해당 분야 전공자들로 폭넓게 작업자를 구성했다. 본 총서에 실린 저작물은 최남선 학문과 사상에서의 의의와 그 영향을 기준으로 선별되었고 그의 전체 저작물 중 5분의 1 정도로 추산된다.

2011년 9월부터 윤문 작업을 시작했고, 각 작업자의 윤문 샘플을 모아 여러 차례 회의를 통해 윤문 수위를 조율했다. 본격적인 작업이 시작된 지 1년 후인 2012년 9월부터 윤문 초고들이 들어오기 시작했고 이를 모아 다시 조율 과정을 거쳤다. 2013년 9월에 2년여에 걸친 총 23책의 윤문을 마무리했다.

처음부터 쉽지 않은 작업이리라 예상했지만 실제로 많은 고충을 겪어야 했다. 무엇보다 동서고금을 넘나드는 그의 박학함을 따라가는 것이 쉽지 않았다. 현대 학문 분과에 익숙한 우리는 모든 인문학을 망라한 그 지식의 방대함과 깊이, 특히 수도 없이 쏟아지는 인용 사료들에 숨이 턱턱 막히곤 했다.

　최남선의 글을 현대문으로 바꾸는 것도 쉽지 않았다. 국한문 혼용체 특유의 만연체는 단문에 익숙한 오늘날 독자들에게는 익숙하지 않았다. 그렇다고 문장을 인위적으로 끊게 되면 저자 본래의 논지를 흐릴 가능성이 있었다. 원문을 충분히 숙지하고 기술상 난해한 부분에 대해서는 수차의 토의를 거쳐 저자의 논지를 쉽게 풀어내기 위해 고심했다.

　많은 난관에 부딪쳤고 한계도 절감했지만, 그래도 몇 가지 점에서는 이 총서의 의의를 자신할 수 있다. 무엇보다 전문 연구자의 손을 거쳐 전문성을 확보했다는 것이다. 특히 최남선의 논설들을 현대 학문의 주제로 분류 구성한 것은 그의 학문을 재조명하는 데 도움이 될 것으로 본다. 또한 이 총서는 개별 단행본으로 구성되었다는 것이다. 총서 형태의 시리즈물이어도 단행본으로서의 독립성을 유지하여 보급이 용이하도록 했다. 우리들의 노력이 결실을 맺어 이 총서가 널리 읽히고 새로운 독자층을 형성하게 된다면 더 바랄 나위가 없겠다.

2013년 10월
옮긴이 일동

이영화

서강대학교 사학과 졸업
한국학중앙연구원 한국학대학원 역사학과 졸업(문학박사)
현 데이터밸류 소장

• 주요 논저
『최남선의 역사학』(2003)
『테마로 읽는 우리 역사』(2004)
『영토한국사』(공저, 2006)
「북한 역사학의 학문체계와 연구동향」(2007)
「일제시기 단군을 둘러싼 한일간의 공방」(2010)

최남선 한국학 총서 18

국민조선 역사

초판 인쇄 : 2013년 12월 25일
초판 발행 : 2013년 12월 30일

지은이 : 최남선
옮긴이 : 이영화
펴낸이 : 한정희
펴낸곳 : 경인문화사
주　소 : 서울특별시 마포구 마포동 324-3
전　화 : 02-718-4831~2
팩　스 : 02-703-9711
이메일 : kyunginp@chol.com
홈페이지 : http://kyungin.mkstudy.com

값 17,000원
ISBN 978-89-499-0985-1　93910